C.C. Bergius

Schakale Gottes

Schakale Gottes

C.C. Bergius

Covergestaltung: Beate Lennartz, www.beatelennartz.de
Coverabbildung: Corbis Düsseldorf

Dieser Roman basiert auf Protokollen, die bisher nicht veröffentlicht wurden. Infolge kirchlicher und staatlicher Interventionen durften sie in einem Mordprozeß, der am 27. 2. 1912 in Petrikau (Polen) seinen Anfang nahm, nur in Bruchstücken herangezogen werden.

Im Interesse einer leichten Lesbarkeit des Romanes sind die für den Westeuropäer vielfach schwer aussprechbaren Namen der polnischen Akteure zum Teil vereinfacht.

Zum besseren Verständnis der Zeit, in der dieser Roman beginnt, ist für den interessierten Leser im Anhang (Seite 302) ein kurzer Abriß der Geschichte Polens gegeben.

Dämonen, Götter und Heilige schafft
sich der Mensch nach seinem Bilde.

Arthur Schopenhauer

I

Den 5. März 1910 sollte Tadeusz Minka nie mehr vergessen. Er war der Büttel eines kleinen Dorfes in der Nähe von Czenstochau und besaß eine jener hellblau gestrichenen polnischen Hütten, die ein tief herabreichendes Strohdach vor Wind und Wetter schützt. Allmorgendlich führte sein erster Weg ihn ins Freie, um das Federvieh aus dem Stall zu lassen. So auch an diesem für ihn so denkwürdigen Tag. Mit wuscheligem Haar schlüpfte er in seine Hose und schlurfte, die Träger noch hochziehend, in Pantinen auf den Hof hinaus.

Über der hügeligen Landschaft spannte sich ein frühlingshafter Himmel. Der Schnee schmolz in Rinnsalen dahin. Die Strahlen der Sonne wärmten die Mauer der Hütte so stark, daß erste Fliegen auf ihr saßen und regungslos die Wärme genossen.

Tadeusz reckte sich und tat einen tiefen Atemzug. Dann ging er über den Hof. Nach wenigen Schritten aber blieb er stehen. Ganz unvermittelt hatte ihn das Gefühl beschlichen, von jemandem beobachtet zu werden. Sollte ein Beamter der Ochrana, der russischen Geheimpolizei . . .? Er riß sich zusammen und drehte sich um. Zu sehen war niemand. Sein Instinkt sagte ihm jedoch, daß etwas anders war als sonst. Was war es nur?

Noch während er sich dies fragte, entdeckte er an der Klinke der Haustür einen mit Glasperlen bestickten Seidenbeutel, wie ihn vornehme Damen in den Städten tragen. Der Beutel war prall gefüllt. Wie kam er an die Haustür? Und was enthielt er?

Tadeusz Minka war skeptisch. Er hatte beim Militär gedient und das Vertrauen der Geheimpolizei gewonnen, deren vordringlichste Aufgabe es war, die Beamten der von Rußland verwalteten Bezirke Polens zu überwachen. Ihre Rechercheure waren nach gewissenhafter Überprüfung zu der Überzeugung gelangt, daß sich der ehemalige Unteroffizier niemals gegen die herrschenden politischen Verhältnisse auflehnen werde. Sie hatten jedoch nicht herausgefunden, daß er sich mit seinen inneren Nöten an die Muttergottes wandte, die ihm eine liebenswerte Vermittlerin zu Jesus Christus und dem Allmächtigen zu sein schien, vor dem ihm aus unerklärlichen Gründen graute.

Der Seidenbeutel machte Tadeusz zu schaffen. Mißtrauisch ging er zur Tür und nahm ihn mit schiefem Gesicht von der Klinke. Dann lockerte er die Schnur, die ihn zusammenhielt, und warf einen Blick auf seinen Inhalt. Heilige Maria! In allen Farben funkelten ihm Edelsteine in den unterschiedlichsten Größen entgegen. Was mochte das zu bedeuten haben? Seine Gedanken wirbelten durcheinander. Waren das wirklich Edelsteine? Er hielt den Beutel so, daß die Sonne in ihn hineinfiel. Du lieber Himmel, das glitzerte ja wie gefrorener Schnee! Was würde seine Frau dazu sagen? Nur zögernd kehrte er in die Hütte zurück.

Krystyna Minka streifte sich eben einen derben gelben Filzrock über. Unwillkürlich blickte sie ihrem Mann entgegen, sah den Seidenbeutel in seiner Hand und schaute ihn verwundert an.

Da Reden nicht Tadeusz' Stärke war, schüttete er den Beutel kurzerhand über dem Küchentisch aus. Ein Haufen funkelnder Steine kullerte durcheinander: rubinrot, smaragdgrün, schneeweiß und azurblau.

»Jessuss!« entfuhr es seiner Frau. Im nächsten Moment bekreuzigte sie sich, als wäre ihr der Leibhaftige begegnet. Ihr runzeliges Gesicht wurde fahl. »Mein Gott, Tadeusz, wo hast du das her?«

Er deutete nach draußen. »Der Beutel hing an der Tür.«

Sie faßte sich erschrocken an den Mund. »Das kann nichts Gutes bedeuten. Wir werden ins Unglück stürzen. Ja, das werden wir!« schrie sie plötzlich wie von Sinnen.

Obgleich Tadeusz weit davon entfernt war, dies zu glauben, fragte er sich nun doch, weshalb man gerade ihm, dem Büttel des Dorfes, den Beutel an die Tür gehängt hatte. Wollte man seine Ehrlichkeit auf die Probe stellen? Dann würden die Steine allerdings nicht echt sein. Doch gleichgültig, ob es sich um Nachahmungen oder Edelsteine handelte, er mußte das Vorkommnis unverzüglich seiner vorgesetzten Dienststelle melden.

»So ein Unglück!« jammerte Krystyna. »So ein Unglück!«

Tadeusz rieb sich die Bartstoppeln. Er mußte seine Frau beruhigen. Schnell schob er die Steine in den Beutel zurück und sagte mit warmer Stimme: »Aber Krystynowna! Warum soll der Fund ein Unglück sein? Ich werde Meldung erstatten, und die Sache ist erledigt.«

Ihre Augen wurden dunkel. Mit einer heftigen Bewegung griff sie nach ihrer Jacke. »Und wer wird dir glauben, daß du nicht ein paar Steinchen beiseite geschafft hast? Niemand! Kein Mensch wird dir mehr vertrauen. Immer wird es heißen . . .« Sie schluchzte. »Unser Ansehen ist dahin! Man wird dir deinen Posten nehmen!«

Tadeusz kniff die Lider zusammen. Seine Frau hatte recht. Jeder würde annehmen, daß er heimlich einige Steine unterschlagen habe. Auch die Ochrana würde das vermuten. Und mit der war nicht zu spaßen. Was also sollte er tun? Den Beutel mitsamt seinem Inhalt fortwerfen? Unmöglich! Es bestand ja die Möglichkeit, daß man ihn prüfen wollte. Er hielt dies zwar nicht für wahrscheinlich; dafür funkelten und blitzten die Steine viel zu sehr. Sie waren bestimmt wertvoll, unheimlich wertvoll!

Je länger Tadeusz nachdachte, um so mehr beruhigte er sich. Wenn der Fund ein Vermögen darstellte, dann wollte ihn kaum jemand auf die Probe stellen. Dann . . .

Seine Gedanken kreisten. Aber von welcher Seite er die Dinge auch betrachtete, er kam zu der Überzeugung, daß er nichts unternehmen dürfe, ohne zuvor Gewißheit darüber erlangt zu haben, ob der Seidenbeutel Edelsteine oder Imitationen enthielt. »Hör zu«, sagte er an seine Frau gewandt. »Ich weiß jetzt, was ich tun muß. Alles wird sich zum Guten wenden. Lauf rüber zu Jósef und sag ihm, er soll sein Pferdchen anspannen. Ich müsse in einer dringenden Ermittlungssache nach Czenstochau. Weiter sagst du nichts! Vor allem kein Sterbenswörtchen über den Beutel und seinen Inhalt!«

Krystyna umklammerte ihren Mann. »Was hast du vor?«

Er legte die Arme um sie. »Mach dir keine Sorge. Ich tu' alles, um eine Gefahr abzuwenden. Und nun lauf zu Jósef. Ich zieh' mich inzwischen an.«

Krystyna wußte, daß es keinen Zweck hatte, ihren Mann mit weiteren Fragen zu bedrängen. Wenn er energisch wurde, war er wie in früheren Tagen. Da hatte er auf Kasernenhöfen herumkommandiert und keinen Widerspruch geduldet.

Als sie ihn später mit dem Nachbarn davonfahren sah, schöpfte sie neuen Mut. Mit seiner Czapka, der hohen Krakauer Mütze, und in der roten Sonntagshose, die sich prächtig vom grauweißen Schafspelz abhob, den er sich übergeworfen hatte, sah ihr Mann fast majestätisch aus. Der Nachbar war richtig beeindruckt gewesen. Nun ja, er trug auch nur den Sukmana, den weißen Mantel der Bauern, und hatte den üblichen kleinen Flachhut aufgesetzt. Er war eben kein Büttel.

Der Hauptgrund aber, der ihr Zuversicht einflößte, war die Tatsache, daß genau in dem Augenblick, da der Kastenwagen sich in Bewegung gesetzt hatte, ein Schwarm Tauben mit klatschendem Flügelschlag aufgestiegen war und die Davonfahrenden umkreist hatte. Das mußte ein gutes Omen sein.

Die Fahrt durch den Frühlingsmorgen, der einen goldenen Schimmer über die Landschaft legte und schon die zarten Adonisröschen erahnen ließ, die bald die besonnten Lößhügel der Hochebene verschönen würden, hätte Tadeusz Minka den aufregenden Grund der Fahrt vielleicht für eine Weile vergessen lassen, wenn sein Begleiter nicht so schrecklich neugierig gewesen wäre. Unentwegt versuchte der herauszubekommen, was den Büttel nach Czenstochau trieb. Das verschwieg dieser natürlich. Als die Stadt aber heranrückte, wies er den Bauern an, nicht zum Verwaltungsgebäude des russischen Bezirksgubernators zu fahren, sondern den Weg zum Uhrmacher zu nehmen.

Der Bauer Józef spitzte die Lippen und fragte hämisch: »Was willst du denn bei dem? Ich denk', du hast in einer Ermittlungssache . . .«

»Hab' ich auch!« fiel ihm Tadeusz unwillig ins Wort. »Und sie beginnt beim Uhrmacher!«

Der schmalgesichtige Józef wies auf das in Zeitungspapier gewickelte und mit einer dicken Kordel verschnürte Päckchen, das der Büttel in der Hand hielt. »Eine Uhr ist da aber nicht drin.«

»Bist 'n Hellseher«, sagte Tadeusz belustigt. Einem jähen Einfall folgend, fügte er noch hinzu: »Wenn's 'ne Uhr wäre, würde ich nicht in einer Ermittlungssache, sondern in einer Reparaturangelegenheit nach Czenstochau fahren.«

Die Stirn des Bauern legte sich in Falten. Was mochte der Büttel damit meinen? Er verstand den Sinn der Worte nicht. Um sich zu rächen, beschloß er, den Beleidigten zu spielen.

Keine einzige Frage stellte er mehr. Er zeigte nicht einmal Interesse, als sie über eine neuangelegte, ungewöhnlich breite und mit jungen Bäumen bestandene Straße zum Marktplatz gelangten, auf dem speziell Leinwand und Tuche, hervorragende Produkte der Stadt, in den herrlichsten Farben angeboten wurden. Erst als sie das im Zentrum gelegene Geschäft des Uhrmachers erreichten, wurde er wieder versöhnlich. »Wirst du nachher 'ne Barschtsch spendieren?«

»Klar doch! Ist ja 'ne Dienstfahrt. Ich freue mich schon auf die Pastetchen, die es zur Roterüben-Suppe gibt.«

Auf den paar Metern vom Fuhrwerk zum Geschäft wurden Tadeusz Minka die Beine mit einem Mal schwer. Ihm stellte sich plötzlich die Frage, was der Uhrmacher, der ihm sagen sollte, ob die Steine echt oder unecht seien, von ihm denken würde, wenn er ihm, gewissermaßen aus heiterem Himmel, einen Beutel voller Pretiosen vorlegte. Mußte man ihn nicht für einen Dieb halten? Er hatte das nicht bedacht und würde auf der Stelle kehrtgemacht und sich die Sache nochmals gründlich überlegt haben, wenn der Bauer Jósef nicht hinter ihm auf dem Wagen gesessen hätte. Es blieb ihm nichts anderes übrig, als in das Geschäft einzutreten.

Eine silberne Glocke ertönte beim Öffnen der Tür. Unwillkürlich nahm der Büttel seine Czapka vom Kopf und wünschte: »Guten Morgen!«

»Dzień dobry!« antwortete eine eigenartig hohe Stimme aus dem Hintergrund.

Tadeusz schloß die Tür und trat an den Ladentisch. Er kam sich wie in einem Wunderland vor. An den Wänden hing eine tickende Uhr neben der anderen, und in Vitrinen, deren facettartig geschliffene Scheiben bläulich schimmerten, waren kostbare Silberkannen, Dosen und Kerzenleuchter ausgestellt. Eine gnomenhafte Gestalt mit übergroßem Kopf und zu kurz geratenen Armen und Beinen trat hinter einem Vorhang hervor und stieg mit seltsam eckigen Bewegungen auf eine Erhöhung, die offensichtlich geschaffen war, um ihr die Möglichkeit zu geben, über den Ladentisch hinweg bedienen zu können. »Sie wünschen?«

Der Büttel räusperte sich und blickte unschlüssig auf das verschnürte Päckchen. »Nu, ich bin gekommen . . . Ich hab' da nämlich . . .« Ein rettender Gedanke kam ihm. »Uhrmacher haben doch eine Lupe, nicht wahr?«

»Ja, natürlich.«

»Da hab' ich mir gedacht . . . Verstehen Sie, ich möchte gerne wissen, ob etwas echt oder unecht ist. Mit einer Lupe müßte man das doch feststellen können, oder?«

Das alt wirkende Gesicht des zweifellos noch jungen Mannes ließ Interesse erkennen. »Um was geht's denn?«

»Nu . . .« Tadeusz Minka legte seine Czapka auf den Ladentisch. »Ich hab's hier.« Er begann das Päckchen aufzuschnüren. »Denken Sie aber nichts Schlechtes von mir. Ich hab' es wirklich gefunden. Nein, das stimmt nicht«, korrigierte er sich. »Es hing heute morgen an meiner Haustür.«

Der mit Glasperlen bestickte Seidenbeutel kam zum Vorschein.

Die Miene des Uhrmachers wurde abweisend.

Tadeusz sah ihn wie hilfesuchend an. Auf seiner Stirn perlte Schweiß. Er lockerte die Kordel, die den Beutel geschlossen hielt. »Sie werden sich vorstellen können, wie betroffen ich war, als ich . . . Das ist das Werk des Teufels, dachte ich, als ich da hineinschaute.« Er öffnete den Beutel. »Sehen Sie sich das an! Hing einfach an meiner Haustür!«

Der Uhrmacher warf einen Blick in den Beutel und erstarrte. Sein Gesicht wurde ausdruckslos. Dann aber bewegten sich seine Augen plötzlich wie flinke Wiesel. Gehetzt wanderten sie zwischen den Steinen und dem Mann hin und her, der wie ein Hüne vor ihm stand, das Herz eines Hasen zu haben schien und bei aller Unsicherheit und Ungeschicklichkeit doch einen durchaus vertrauenerweckenden Eindruck machte. »Moment«, sagte er und sprang von der Erhöhung herunter. Seine kurzen Arme schaufelten grotesk durch die Luft. Er eilte zur Ladentür und schob mit energischem Ruck einen Riegel vor. Dann verschwand er mit flatternden Händen hinter dem Vorhang und kehrte gleich darauf mit einer vor das Auge geklemmten Lupe und einem Samttuch zurück, das er auf den Ladentisch warf und glattstrich. Die erwartungsvolle Freude aber, die schon zu erkennen gewesen war, wich schlagartig, als er den Beutel auf das Samttuch leerte. »Um Himmels willen!« rief er bestürzt. »Damit will ich nichts ...« Er stockte und griff nach einem Diamanten, der obenauf lag. »Das ist ja ...« Schnell hielt er ihn vor die Lupe. »Ohhh ...! Das ist phantastisch!« Er drehte den Stein. »Welch ein Feuer! Dieser Brillant dürfte mindestens vier bis fünf Karat haben!« Begeistert wandte er sich an Tadeusz Minka. Seine Augen glühten. Doch dann brach plötzlich wieder alles in ihm um. Finster und abweisend sagte er: »Nein, damit will ich nichts zu tun haben. Sehen Sie«, er nahm einen roten Stein auf, »der Wert dieses Rubins zum Beispiel ...« Überwältigt verstummte er und betrachtete den Edelstein durch die Lupe. »Daß es so etwas gibt! Ich wünschte, mein Vater könnte diese Pracht sehen. Er ist Juwelier in Warschau. Ich weiß daher gut Bescheid. Ein Vermögen würde dieses Exemplar kosten. Die Inder nennen den Rubin ›Herr der Edelsteine‹.« Er legte ihn fort und griff nach einem Saphir. »Schauen Sie sich nur diese Farbe an! In der persischen Mythologie heißt es, daß die Erde auf einem riesigen Saphir ruht, dessen Schein den Himmel blau färbt.« Er hielt den Stein vor die Lupe, wurde für eine Weile ganz still und sagte schließlich erregt: »Dieser Saphir wurde aus einer Fassung herausgebrochen. Ich sehe das. Er ist beschädigt. Und das beweist, daß wir es mit Diebesgut zu tun haben.« Er nahm die Lupe vom Auge. »Wie hätte es auch anders sein können. Eine solche Menge ...« Mit hastigen Bewegungen schob er die Edelsteine in den Seidenbeutel zurück. »Nein, damit will ich nichts zu tun haben. Und ich flehe Sie an, niemandem zu sagen, daß Sie bei mir waren. Mit der Ochrana möchte ich keinesfalls in Konflikt geraten.«

»Mit der Ochrana?« fragte Tadeusz erschrocken. »Wie kommen Sie darauf?«

Der Uhrmacher schaute ihn fast mitleidig an. »Sie scheinen wirklich nicht zu wissen, daß diese Steine«, er tippte auf den Beutel, »mit einer Million nicht aufzuwiegen sind. Der Schmuck muß, anders kann ich es mir nicht erklären, aus einem Kirchenschatz stammen. Verstehen Sie nun, weshalb ich ›Ochrana‹ sagte?«

Der Büttel bekreuzigte sich. »Heilige Maria, steh mir bei! Was soll ich tun? Wohin mit dem Zeug?«

Der Uhrmacher hob die Schultern. »Das ist Ihre Sache.«

Tadeusz Minka hörte die Antwort wie ein Echo, das von vielen Felsen zurückgeworfen wird. Ihre Sache ...! Ihre Sache ...! Der Uhrmacher hatte gut reden. Dabei hatte er eben noch enthusiastisch erklärt, der Saphir färbe den Himmel blau. Und der Rubin sei der ›Herr der Edelsteine‹. Als wenn das ... Sein Atem stockte. Was hatte der Uhrmacher gesagt? Der Schmuck müsse aus einem Kirchenschatz stammen!

Seine Gedanken überschlugen sich. Im Geiste sah er das Bildnis der Muttergottes. Die Muttergottes ist die Königin Polens! Regina Poloniae! Und ihr Bild im Kloster Jasna Góra wurde schon oft wundertätig!

Tadeusz Minka war es, als streife ihn ein Hauch der Madonna. Wie Schuppen fiel es ihm von den Augen. Natürlich, das war die Lösung! Wenn er den Mönchen, die auf dem Weißen Berg oberhalb von Czenstochau lebten, den Schmuck übergab, ohne jemandem etwas davon zu sagen, dann war er alle Sorgen los und hatte die Gewißheit, daß ihn der Fund niemals belastete. Hingegen würden die Juwelen, wenn er sie bei der russischen Sicherheitspolizei ablieferte, bestimmt verschwinden.

Spontan ergriff er die kleine Hand des Uhrmachers. »Sie haben recht: Wohin mit den Steinen, das ist meine Sache!« Fast übermütig stülpte er sich die Mütze auf und stürmte mit geröteten Wangen aus dem Laden.

Der Bauer Jósef konnte nur staunen. So hatte er den Dorfbüttel noch nicht erlebt. Mit dem Elan eines jungen Mannes schwang der sich auf den Wagen. »Was ist passiert?« fragte er verblüfft.

Tadeusz lachte. »Ich bin einem Engel begegnet.«

»Ach, nó«, sagte Jósef trocken. »Hatte er eine freudige Botschaft für dich?«

»Ja! Er gab mir den Auftrag, unverzüglich zum Kloster der Pauliner zu fahren. Zieh also die Leine und tritt dein Pferdchen in den Hintern.«

»Soll ich im Ernst da raufkutschieren?«

»Hätte ich es sonst gesagt?«

»Und was ist mit der Suppe, die du mir versprochen hast?«

»Die kriegst du. Von mir aus sogar zwei oder drei Teller. Erst müssen wir aber meinem Engel folgen.«

Der Bauer kicherte. »Möchte wissen, was deine Frau dazu sagt.«

Lachend fuhren sie davon. Der Weg war nicht weit und führte über eine leicht ansteigende Straße direkt auf das Kloster zu, das auf der Höhe eines mächtigen Hügels errichtet und zu einer Festung ausgebaut worden war. Von weitem erinnerte es an jene Burgen, die zu Weihnachten in Spielwarengeschäften ausgestellt sind. Hinter einem aus roten Ziegeln gemauerten Verteidigungswall, der von vorspringenden Bastionen flankiert wurde, erhoben sich die Baulichkeiten des Klosters, die an diesem Tag im warmen Licht der Mittagssonne besonders imposant wirkten. Der Turm der Basilika reckte sich wie ein warnend erhobener Finger in den wolkenlosen Himmel hinein. Seine unterschiedlichen Stilelemente verrieten, daß jahrhundertelang an ihm gebaut worden war. Unmittelbar neben der Basilika lag das dreistöckige Klostergebäude, das wie ein Schloß aussah und nicht vermuten ließ, daß Mönche in ihm leben. Vor dem gesamten Klosterkomplex breitete sich eine große, freie Rasenfläche aus, auf der bequem hunderttausend Menschen Platz finden können.

»Da möchte ich wohnen«, sagte Jósef, als er den Wagen am Eingangstor anhielt.

Sogleich empörten sich einige Droschkenkutscher, die vor der Anfahrt auf Fahrgäste warteten.

»Macht bloß, daß ihr weiterkommt!«

»Hier dürfen nur Fiaker halten!«

»Ihr müßt euern Wagen unten an der Wiese stehenlassen!«

»Aber wir haben im Kloster zu tun!« begehrte Tadeusz auf.

»Dann müßt ihr drüben hinfahren.« Einer der Kutscher wies nach Westen. »Auf der anderen Seite kommt ihr bis in den Innenhof hinein.«

Jósef war verärgert. »So ist es immer«, sagte er böse. »Nur weil die Vornehmen oben sind, glauben die Diener der Vornehmen, ebenfalls oben sein zu müssen. Diese Affen! Die geben ihren Pferdchen bestimmt kein so gutes Futter wie ich.«

»Reg dich nicht auf«, beschwichtigte ihn Tadeusz. »Wenn wir zu Mittag gegessen haben, wirst du dich wieder wohler fühlen.«

Sein Begleiter schaute pfiffig zu ihm hoch. »Krieg ich dann auch einen Wodka?«

»Versprech' ich dir!«

Und da wird behauptet, daß man in Polen nur mit Juden vernünftig reden kann, dachte Jósef zufrieden. Sein Ärger war verflogen. Er hatte nichts mehr dagegen, noch einmal eine Weile warten zu müssen. Der Büttel schien wirklich in einer wichtigen Sache unterwegs zu sein. Erst zum Uhrmacher, dann zu den Paulinern . . . Von denen hieß es, sie seien arm und führten ein zurückgezogenes Leben. Möglich. Wenn er jedoch ihre Gebäude und Anlagen betrachtete und sich vergegenwärtigte, daß täglich weit über tausend Wallfahrer das Kloster aufsuchten, um die wundertätige Madonna mit beachtlichen Spenden um Gnade anzuflehen, dann konnte er nicht mehr so recht an die Zurückgezogenheit glauben. Aber was ging ihn das an? Es war richtiger, nicht zu grübeln und sich auf Tadeusz' Rückkehr zu freuen. Einen Wodka bekam er nicht alle Tage.

Unterdessen wandte sich der Büttel an einen Mönch, der die weiße Kutte der Pauliner trug. »Gelobt sei Jesus Christus«, sagte er und nahm seine Czapka ab.

»In Ewigkeit, Amen!«

»Ich möchte zum Ordensvorsteher.«

»Was wünschen Sie von ihm?«

»Ich hab' ihm etwas zu übergeben.«

»Dann wenden Sie sich am besten an den Custos. Sein Officium ist drüben in der ersten Etage.« Er wies auf ein Gebäude, das an die Gnadenkapelle angrenzte. »Gehen Sie durch den Rittersaal und läuten Sie an der Tür hinten links.«

»Ich danke Ihnen«, sagte Tadeusz und fügte im Bestreben, sich besonders höflich zu geben, gesprächig hinzu: »Es handelt sich um eine sehr wichtige Sache!«

Der Pauliner lächelte. »Gehen Sie nur hinauf.«

Wenn der wüßte, was ich bringe, dachte der Büttel. Wie ein Herold würde er vor mir herlaufen! Er fieberte dem Augenblick entgegen, da er den Schmuck übergeben konnte.

Über eine breite Treppe gelangte er in einen weitläufigen Raum von außerordentlicher Schönheit. Gebannt blieb er stehen. Das mußte der Rittersaal sein. Seine mit Stuck und Ornamenten verzierten Wände gingen in ein Kreuzgewölbe über. In den Rundbogen war die Geschichte des Klosters auf großen Gemälden dargestellt, die Tadeusz allerdings weniger beeindruckten als die polierten Fliesen, in denen sich die Fenster spiegelten. Sie schienen ihm glatter als die Eisbahn zu sein, auf der er als Junge geschlittert hatte. Am liebsten hätte er einen Anlauf genommen . . .

Behutsam einen Schritt vor den anderen setzend, ging er zum Officium und zog die Glocke.

Es dauerte nicht lange, bis die Tür geöffnet wurde. Aber nur um einen Spalt. »Ja, bitte?« fragte ein junger Mönch.

Tadeusz verneigte sich. »Ich möchte zum Ordensvorsteher.«

»Der ist nicht zu sprechen.«

»Aber ich muß ihm etwas übergeben! Im Hof hat mir ein Pater gesagt, daß ich mich hier melden soll.«

»Das verstehe ich nicht. Was haben Sie ihm denn erzählt?«

»Daß ich den Ordensvorsteher sprechen muß.«

»Das kommt überhaupt nicht in Frage. Der hat wichtigere Dinge zu tun. Wenn Sie etwas für ihn haben, geben Sie es mir. Ich leite es dann weiter.«

»So geht das nicht«, ereiferte sich der Büttel.

»Dann kann ich Ihnen nicht helfen«, entgegnete der Pauliner und schloß die Tür.

Fassungslos starrte Tadeusz Minka auf die Holzmaserung. Edelsteine von immensem Wert wollte er abliefern, und er wurde nicht vorgelassen? Jósef hatte recht. Die Vornehmen sind oben, und die Diener der Vornehmen sind ebenfalls oben. In seiner Auflehnung läutete er Sturm. Er war immerhin der Büttel eines angesehenen Dorfes!

Die Tür wurde erneut um einen Spalt geöffnet. »Was fällt Ihnen ein?« fuhr ihn der Pater an.

Tadeusz stieß die Tür gewaltsam auf. »Sagen Sie dem Ordensvorsteher, ich hätte etwas zu übergeben, das Millionen wert ist!«

Der Mönch starrte ihn entgeistert an. Hatte er es mit einem Irren zu tun? »Aber, Väterchen«, sagte er beschwichtigend. »Ich kann doch nicht einfach jeden zum Prior vorlassen. Außerdem erscheint es mir unglaubwürdig, daß Sie über etwas so Wertvolles verfügen. Was wünschen Sie also?«

»Den Ordensvorsteher will ich sprechen!« polterte Tadeusz Minka unwillig. »Und damit Sie es genau wissen: die Millionen sind hier drin.« Er hob den Beutel. »Und zwar in Form von Edelsteinen!«

Der Pauliner zuckte zusammen, als hätte ein Blitz neben ihm eingeschlagen. »Was sagen Sie da?« Er zog den Büttel förmlich in das Officium und schloß hastig die Tür. »Edelsteine haben Sie gesagt?«

»Ja.«

»Warten Sie!« Der Pater eilte davon.

Tadeusz fühlte sich schon wohler, und seine Stimmung verbesserte sich noch, als der Mönch nach wenigen Minuten zurückkehrte und ihm überaus höflich versicherte, der Prior sei verständigt und werde gleich kommen. Na also, dachte er zufrieden und registrierte mit Genugtuung, daß sich mehrere Patres in den Raum drängten und ihn wie ein Weltwunder anstarrten. Dann aber falteten plötzlich alle die Hände und neigten ihre Köpfe. Der Vorsteher des Ordens war eingetreten.

Der Büttel kniete unwillkürlich nieder.

»Steh auf, mein Sohn«, sagte der Prior und machte über ihm das Zeichen des Kreuzes. »Mir wurde gemeldet, du hättest etwas zu übergeben?«

»Jawohl, Hochwürden.« Tadeusz Minka erhob sich. »Heute morgen hing dieser Beutel an meiner Haustür.« Er riß die Schnur auf und entfernte das Papier. »Wie er dahin gekommen ist, weiß ich nicht. Aber er ist prall gefüllt mit Edelsteinen.«

Der Ordensvorsteher warf den Mönchen einen warnenden Blick zu, nahm den Büttel beim Arm und führte ihn in die Bibliothek. Ihnen folgten zwei Pauliner, die anscheinend einen höheren Rang hatten. Jedenfalls war der Stoff ihrer weißen Kutten von besserer Qualität

Die Pracht der Bibliothek überwältigte Tadeusz. Bis zur gewölbten Decke, die wie ein Himmel bemalt war, aus dem Heilige herausschauten, befanden sich rundum Regale aus Edelholz. Sie waren mit Intarsien versehen und prall mit jahrhundertealten Folianten gefüllt. In der Mitte des Raumes standen zwei große Tische. Auf einen von ihnen ging der Prior zu und forderte seinen Gast auf, Platz zu nehmen.

Als müsse er sich von der ihn umgebenden Pracht befreien, öffnete Tadeusz sogleich den Seidenbeutel und schüttete die Edelsteine auf die Tischplatte. Seine Augen funkelten dabei mit den Juwelen um die Wette.

Atemloses Schweigen trat ein.

»Es ist ein Wunder!« sagte der Prior schließlich.

Die beiden Mönche stimmten ihm zu und beugten sich über die Steine. »Es sind tatsächlich . . .«

Der Ordensvorsteher unterbrach sie mit einer gebieterischen Geste und wandte sich freundlich an Tadeusz Minka. »Nun, mein Sohn, ich bin gespannt auf das, was du mir zu erzählen hast. Der Beutel hing heute morgen an deiner Haustür?«

»Ja.«

»Und wie bist du darauf gekommen, hierher zu eilen?«

Der Büttel berichtete, was er an diesem Tag erlebt und getan hatte.

»Und der Uhrmacher weiß nicht, wie du heißt?« fragte der Prior hoffnungsvoll.

»Nein, Hochwürden.«

»Auch nicht wo du wohnst?«

»Nein. Der Anblick der Juwelen hatte ihn so erregt, daß er über nichts anderes sprach. Und als er erkannte, daß es sich um Diebesgut handelt, beschwor er mich, meiner Wege zu gehen und ja niemandem zu sagen, daß ich bei ihm war. Er hat Angst vor der Ochrana, mit der er nichts zu tun haben will.«

»Verständlich«, entflog es dem Ordensvorsteher.

»Die Ochrana fürchtet jeder«, stimmte ihm der Büttel bei.

Der Prior tat einen Seufzer. »Gott hat dich geleitet und zu uns geführt.«

Tadeusz Minka schmunzelte. »Ich glaube eher, daß es die Muttergottes war. An sie habe ich nämlich gedacht, als ich nicht wußte, wohin mit den Steinen.«

Der Ordensvorsteher warf seinen Mitbrüdern einen bedeutungsvollen Blick zu. »Ich glaube, wir haben es hier mit einem neuen Wunder der Schwarzen Madonna zu tun.« Ergriffen kniete er nieder. »Lasset uns beten.«

Die Mönche und der Büttel folgten seinem Beispiel.

»In nomine patri et filii et spiritus sancti . . .«

Nach längerem Gebet erhob sich der Prior und sagte an Tadeusz Minka gewandt: »Die Geschichte unseres Klosters wurde mit Blut, Trauer, Hoffnung und mit Tränen der Freude geschrieben. Heute ist ein Tag der Freude. Und dir, Tadeusz, verdanken wir sie! Du sollst deshalb nicht ohne Lohn von uns gehen. Der Custos wird dir ein paar Rubelchen aushändigen, die du gewiß gut brauchen kannst.«

»O ja!« sagte der Büttel erfreut. »Zumal ich den Bauer Jósef zu Barschtsch und Wodka eingeladen habe.«

Die Mönche lachten.

»Erzähle ihm aber nichts von dem Fund!«

»Da können Hochwürden sich ganz auf mich verlassen.«

2

›Nichts macht in Polen so rasch die Runde wie ein wohlgehütetes Geheimnis.‹ Dieses Sprichwort bewahrheitete sich wenige Tage, nachdem Tadeusz Minka das Kloster Jasna Góra aufgesucht hatte. Das Gerücht, das plötzlich kursierte, tauchte aber in so unterschiedlichen Varianten auf, daß der zweifellos bestehende Zusammenhang mit dem Fund der Edelsteine nur für Eingeweihte erkennbar wurde. So hieß es zur Empörung der Bevölkerung, aus dem Kronenschmuck der Schwarzen Madonna, der in jenen Tagen auf 18 Millionen Goldmark geschätzt wurde, seien die kostbarsten Edelsteine geraubt und durch unechte ersetzt worden. Eine andere Version besagte, die Ochrana habe sich des Schatzes bemächtigt, um auf die mangelnden Sicherheitsvorkehrungen des Klosters aufmerksam zu machen und daraus für sich ein Aufsichtsrecht herleiten zu können.

Dieses Gerücht bewog Oberst Iwan Stepanowitsch, Chef der russischen Verwaltungsbehörde, unverzüglich nach Jasna Góra zu fahren, wo er Prior Rejman zu sprechen wünschte.

Der ansonsten besonnene hohe Ordensgeistliche, der sich der Würde seines Amtes sehr wohl bewußt war, reagierte blitzschnell. Er beauftragte seinen Sekretär, zu erklären, er bereite sich gerade für die Heilige Messe vor, sei jedoch gewillt, den Herrn Kommandanten in der Sakristei zu empfangen. Oberst Stepanowitsch durchschaute nicht, daß der Prior den für einen Empfang ungewöhnlichen Raum wählte, um das Gespräch jederzeit wohlbegründet abbrechen zu können.

»In der Sakristei riecht es wenigstens nach Weihrauch und nicht nach alten Männern«, sagte der Russe bissig, als der Sekretär ihn zur Gnadenkapelle führte.

Prior Rejman hatte in der Sakristei, deren in Pastellfarben bemaltes Kreuzgewölbe sich von der rotbraunen Wandtäfelung wie ein duftiger Blumenhimmel abhob, bereits die Alba angelegt und ließ sich gerade das Cingulum reichen, als Oberst Stepanowitsch eintrat. »Entschuldigen Sie, daß ich Sie hier empfange«, sagte er mit zuvorkommender Geste. »Aber da man mir meldete, es sei dringend ...«

»Äußerst dringend!« fiel der Russe mit Nachdruck ein. »Ich komme wegen des unglaublichen Gerüchtes, die Ochrana habe sich der Juwelen des Kronenschmuckes bemächtigt und wolle eine Kontrolle über das Kloster gewinnen.«

Prior Rejman schüttelte den Kopf. »Darüber regen Sie sich auf?«

Dem Oberst schwollen die Adern. »Erwarten Sie etwa, daß ich mich freue?«

»Das wäre zuviel verlangt. Nein, mich setzt nur in Erstaunen, daß Sie deshalb zu mir kommen. Wie kann man ein Gerücht ernst nehmen, das, zumindest was den ersten Teil angeht, jeder Grundlage entbehrt. Der Schmuck ist ja vorhanden! Und was den zweiten Teil anbelangt: Wünscht sich Ihre Regierung nicht schon seit langem eine Kontrolle über Jasna Góra? Aber da ist nichts zu machen. Zar Nikolaus I. hat uns als einzigen katholischen Orden im russisch besetzten Gebiet anerkannt. Und den Wiederaufbau unserer Verteidigungsanlagen, die Zar Alexander I. hatte schleifen lassen, hat er aus wohlerwogenen Gründen genehmigt. Ihm ging es darum, seine Toleranz vor aller Welt zu demonstrieren.«

»Das gibt Ihnen noch lange nicht das Recht, zu unterstellen, wir wünschten das Kloster zu kontrollieren! Ich fordere Sie deshalb auf, der Bevölkerung gleich in der nächsten Messe zu verkünden, daß der Schmuck nicht gestohlen worden ist und auch alle übrigen Behauptungen aus der Luft gegriffen sind.«

Der Prior warf sich die Casula über. »Erwarten Sie im Ernst von mir, daß ich im Gotteshaus Gerüchte dementiere?«

Oberst Stepanowitsch schnaubte. »Wenn Sie meinem Wunsche nicht entsprechen, werde ich . . . werde ich Konsequenzen ziehen!«

»Und wie sehen die aus?« Der Ordensvorsteher ging gemessenen Schrittes auf den Russen zu. »Nicht einmal 1863, als uns nach dem mißlungenen nationalen Aufstand unsere Ländereien genommen wurden, hat Zar Alexander II. das Kloster Jasna Góra angetastet. Und Sie wissen, warum! Das Mysterium der wundertätigen Madonna hielt ihn davon ab! Dem Zaren war bekannt, daß es weder schwedischen noch preußischen oder österreichischen Armeen jemals gelungen ist, dieses Kloster mit Waffengewalt niederzuringen. Sämtliche Kirchen Polens hat man beraubt, Jasna Góra aber blieb unangetastet. Und so wird es bis in alle Ewigkeit bleiben. Das Territorium der Schwarzen Madonna wird niemand ungestraft angreifen können.«*

Der Russe nagte an seinen Lippen. »Dann geben Sie wenigstens bekannt, daß der Kronenschmuck nicht gestohlen wurde.«

Prior Rejman lächelte. »Werden Sie mir dann ebenfalls einen Wunsch erfüllen?

* Tatsächlich blieb das Kloster auch in den beiden Weltkriegen verschont. Kaiser Wilhelm II. besuchte Jasna Góra und stiftete 10000 Mark. Im Zweiten Weltkrieg hielt sich sogar die SS weitgehend zurück.

»Wenn ich es kann.«

»Ohne jede Schwierigkeit. Sie brauchen nur zu veröffentlichen, daß die russische Bezirksverwaltung nicht beraubt worden ist. Ich erkläre dann, daß auch hier kein Einbruch stattgefunden hat.«

Oberst Iwan Stepanowitsch ballte die Fäuste. »Das ist ... Das ist ...«

Prior Rejman deutete eine Verneigung an. »Entschuldigen Sie mich jetzt, bitte. Ich habe die Messe zu lesen.«

Das Gerücht, die russische Regierung wolle eine Kontrolle über das Kloster der Pauliner erringen, trieb unzählige Gläubige nach Jasna Góra. Offen wurde gegen diese angebliche Absicht demonstriert. Einem aufmerksamen Beobachter konnte freilich nicht entgehen, daß der Orden die Erregung der Bevölkerung noch schürte. Um die Gefahr von Unruhen zu bannen, entschloß sich die russische Polizei, zur Abschrekkung einige Verhaftungen vorzunehmen.

Dann aber änderte sich die Situation mit einem Schlag. Es begann mit einem Fund, den ein Bauer aus Gidle machte. Er kehrte mit seinem Jungen vom Markt in Nowo-Radomsk zurück und entdeckte am Ufer der Warthe einen ungewöhnlich großen, rechteckigen Korb, der schräg aus dem Wasser herausragte und offensichtlich angeschwemmt worden war. »Den sollten wir mitnehmen«, sagte er und hielt den Wagen an. »Lauf runter und schau nach, ob er brauchbar ist.«

Der Junge eilte über ein noch schneebedecktes Feld zum Ufer und bemühte sich, den Korb an Land zu ziehen. Das gelang ihm jedoch nicht. »Er sieht wie neu aus, ist aber verdammt schwer«, rief er nach vergeblichen Bemühungen.

Der Vater stieg vom Wagen. »Warte, ich komme.« Er band sein Pferd an und ging zum Ufer. Zu seiner Verwunderung stellte er dort fest, daß der Korb mit einem dicken Seil verschnürt war. »Versuchen wir es zusammen«, sagte er und faßte in den Handgriff, der sich an der Stirnseite des Strandgutes befand.

Gemeinsam zogen sie den Korb an Land.

»War ein ganz schönes Stück Arbeit«, keuchte der Junge.

Der Vater nickte und zog sein Klappmesser aus der Tasche. »Bin gespannt, was drin ist.«

»Und ich möchte wissen, wie der Korb in den Fluß gekommen ist. Den kann man doch nicht verlieren.«

Der Bauer schnitt die Verschnürung auf. »Wir werden gleich mehr wissen.«

Sie schlugen den Deckel zurück und blickten auf ein gut erhaltenes, mit Wachstuch bezogenes Liegesofa.

Der Junge schaute verblüfft seinen Vater an.

Der kratzte sich den Hinterkopf. »Ohne Wodka ist das nicht zu begreifen. Man hätte das Gestell doch einfach ins Wasser werfen können. Wozu also der Korb und die starke Verschnürung?«

»Du meinst, da stimmt was nicht?«

Der Bauer zuckte die Achseln. »Heben wir das Ding mal raus.«

Das Sofa war unerwartet schwer, ließ sich jedoch ohne große Mühe herausheben. Aber dann stutzten Vater und Sohn. Am Boden des Korbes lag ein von Blut verschmiertes Kopfkissen.

Ein unheimliches Gefühl veranlaßte den Bauern, das Wachstuchsofa auf einer Seite hochzuheben und umzustoßen.

Der Junge schrie auf und bekreuzigte sich.

Sein Vater stand wie gelähmt da.

Eingeklemmt zwischen den Matratzenfedern lag ein Toter mit zertrümmertem Schädel.

»Fahr nach Hause und hole den Polizisten«, sagte der Bauer, als er den ersten Schreck überwunden hatte. »Ich bete inzwischen drei Ave Maria.«

Der Junge rannte wie gehetzt davon.

Es dauerte keine Stunde, bis der Polizeibeamte eintraf. Der Gemeindeschreiber begleitete ihn. Ihnen folgten mehrere Wagen mit Neugierigen; die Gelegenheit, einen Ermordeten zu sehen, wollte man sich nicht entgehen lassen.

Nachdem der Polizist sich einen kurzen Überblick verschafft hatte, schickte er ein Fahrzeug nach Nowo-Radomsk, um die Kriminalpolizei zu verständigen. Er selbst setzte mit dem Gemeindeschreiber ein erstes Protokoll auf und notierte gewissenhaft, was der Bauer zur Sache aussagen konnte. Soweit es ihm möglich war, gab er auch eine Beschreibung des Toten, den er auf dreißig Jahre schätzte. Im übrigen drängte er die Schaulustigen zurück. Es war ihm unverständlich, daß es Menschen gab, die sich freiwillig ansahen, was er sich notgedrungen ansehen mußte. Um so dankbarer war er für die anerkennenden Worte, die der herbeigerufene Kriminalist an ihn richtete, nachdem er das Protokoll überprüft hatte.

Kriminalmeister Pawel Bobak, ein untersetzter kleiner Mann mit rundem Gesicht, pfiffig aussehenden Augen und struppigem Bart, lobte den Beamten in erster Linie, weil dieser ihm jene unumgänglichen Schreibereien abgenommen hatte, die stets zunächst zu erledigen sind. Kopfüber konnte er sich nun in die Aufklärung des Mordfalles stürzen. Seit Jahren träumte er von einem Kapitalverbrechen in seinem Bereich. Immer und immer wieder hatte er nur Vieh- und Holzdiebstähle aufzuklären. Endlich war es ihm möglich zu zeigen, welche Fähigkeiten er besaß. Im Geiste sah er sich schon nach Warschau berufen.

»Sind die angegebenen Maße geschätzt oder gemessen?« fragte er den Polizisten.

»Nur geschätzt.«

Der Kriminalmeister gab sich nachsichtig. »Hat's dir vor der Leiche gegraust?«

»Na ja . . .«

»Trotzdem hättest du dir den Toten genauer ansehen müssen. Dann wäre dir beispielsweise nicht entgangen, daß er an Händen und Füßen gefesselt ist.«

Der Polizeibeamte blickte schuldbewußt zum Ermordeten hinüber. »Ich hab' noch nie . . .«

»Schon gut«, unterbrach ihn der Kriminalist. »Es ist noch kein Meister vom Himmel gefallen.« Er wandte sich an den Arzt, den er gleich mitgebracht hatte. »Was ist Ihr erster Eindruck?«

Der Mediziner richtete sich auf. »Die Tatwaffe könnte ein schwerer Hammer oder ein Beil gewesen sein. Der Schädel scheint mindestens drei Frakturen aufzuweisen. Genaueres kann ich erst nach eingehender Untersuchung sagen.«

»Sollen wir die Leiche aus den Matratzenfedern herausziehen?«

»Um Gottes willen! Der Tote liegt seit Tagen im Wasser! Es würde sich bei der erforderlichen Obduktion nichts mehr feststellen lassen.«

Kriminalmeister Bobak sah sich den Aufgefundenen nochmals an. »Wann, schätzen Sie, ist sein Tod eingetreten?«

Der Arzt hob unschlüssig die Schultern. »Vor vier bis fünf Tagen.«

Pawel Bobak war enttäuscht. Der Täter hatte also genügend Zeit gehabt, um seine Spuren verwischen zu können. Er wandte sich an die Dorfbevölkerung. »Kennt einer von euch den Toten?«

Allgemeines Kopfschütteln.

Der Kriminalist wollte sich schon wieder dem Polizisten zuwenden, als ein junger Mann vortrat. »Mit Bestimmtheit kann ich's nicht sagen, ich glaube aber, daß er im Hotel Polski gewohnt hat.«

»In Nowo-Radomsk?«

»Ja. Ich bin dort Kellner.«

Kriminalmeister Bobak winkte ihn heran. »Schau dir den Toten genau an.«

Der junge Mann trat näher. »Ich bin mir nicht ganz sicher«, sagte er nach einer Weile. »Ich hab' ihn nur einmal bedient. Ich weiß aber, daß der, den ich meine, mehrere Tage im Hotel gewohnt hat. Am besten sprechen Sie mit dem Wirt.«

Mein erster Weg wird mich zu ihm führen, dachte Kriminalmeister Bobak erfreut. Schneller als erhofft hatte er eine Fährte gefunden. Die Erwartungen, die er daran knüpfte, verflüchtigten sich jedoch, als er über den Fluß blickte. Die Warthe fließt von Süden nach Norden. Der Korb mußte somit, wenn der Aufgefundene schon vor vier oder fünf Tagen ermordet worden war, weit südlich von Nowo-Radomsk in den Fluß geworfen sein. In Czenstochau vielleicht. Oder noch südlicher. Dann aber konnte der Tote nicht der Gast aus dem Hotel Polski sein.

Oder doch . . .? Bestand nicht die Möglichkeit, daß der Unbekannte weitergereist war?

Dem Kriminalisten kam ein neuer Gedanke. Eine Person allein konnte den Korb unmöglich zum Fluß getragen haben. Mindestens drei oder vier Männer waren dazu nötig. Also gab es Mitwisser. Das mußte die Untersuchung erleichtern.

Fast beschwingt gab er die noch notwendigen Anweisungen. Dann verabschiedete er sich von dem Polizisten, den er verpflichtete, die Matratze mit der Leiche sofort in das Totenhaus von Nowo-Radomsk zu schaffen und den Korb bis auf weiteres in Gidle sicherzustellen.

Pawel Bobak zählte zu jenen Menschen, die hinter einem Silberstreifen am Horizont gleich massives Gold wittern. Dies verleitete ihn, die Aussage des Inhabers vom Hotel Polski viel zu hoch zu bewerten. Für ihn rückte die Auflösung des Mordfalles bereits in greifbare Nähe, als der Wirt, den er zur Identifizierung in das Totenhaus gebeten hatte, nach anfänglichem Zögern glaubte bestätigen zu können, daß der Ermordete einem Mann ähnlich sehe, der über eine Woche sein Gast gewesen war. Er habe Kielce als seinen Wohnsitz angegeben, Waclaw Wojkowski geheißen und sich mehrmals mit einem Makler getroffen, der sich seit Monaten bemühe, eine größere landwirtschaftliche Besitzung zu verkaufen.

Der hinzugezogene Makler bestätigte die Angaben des Hoteliers. Auch er vermeinte in dem Toten Waclaw Wojkowski wiederzuerkennen, fügte seltsamerweise jedoch hinzu, dies sei fast ein Trost für ihn. Er habe schon geglaubt, Wojkowski hätte ihm einen üblen Streich gespielt; denn er habe mit ihm einen Kaufvertrag über 56000 Rubel abgeschlossen und Wojkowski habe ihm versichert, nur noch nach Kielce fahren zu müssen, um das Geld bei seiner Bank abzuheben. In spätestens drei Tagen würde er zurück sein. »Das war vor einer Woche«, schloß der Makler betrübt. »Unnötig zu sagen, daß Wojkowski bis heute nicht wieder erschienen ist.«

Raubmord in einem Ort, der in der Nähe des Oberlaufes der Warthe liegt, dachte Kriminalmeister Bobak und kombinierte: Wer von Kielce nach Nowo-Radomsk fährt, muß in Czenstochau umsteigen. Womöglich hat Wojkowski sich dort einen vergnügten Abend gemacht, dabei mit seinem Geld geprotzt, und dann ist es passiert.

Pawel Bobak setzte sich unverzüglich mit der Kriminalpolizei von Kielce in Verbindung. Er mußte wissen, wann Waclaw Wojkowski das Geld abgehoben hatte und wieder nach

Nowo-Radomsk gefahren war. Die Nachricht aber, die er vierundzwanzig Stunden später erhielt, verblüffte ihn. Sein Kollege teilte ihm am Telefon mit, nur die Mutter von Frau Wojkowski angetroffen und von ihr erfahren zu haben, ihre Tochter sei nach Warschau gereist und ihr Schwiegersohn halte sich seit über einer Woche in Nowo-Radomsk auf, wo es ihm gelungen sei, ein Gut zu kaufen. Voller Stolz habe sie eine Postkarte gezeigt, auf der Waclaw Wojkowski seiner Frau dazu gratulierte, daß sie Gospodyna, Hofherrin, geworden sei. ›Leider‹, so habe es wörtlich auf der Karte geheißen, ›kann ich wegen der Übernahme der Liegenschaften und Geräte nicht vor zwei Wochen zurückkehren. Nutze also die Zeit und besuche deine Bekannten. Später wirst du nicht mehr dazu kommen. Hier wartet harte Arbeit auf uns.‹ Auf dem Kartenrand sei noch vermerkt gewesen: ›Vom Geld, das ich mitgenommen habe, sind 14000 übriggeblieben!‹

Da scheine ich ja auf eine faule Sache gestoßen zu sein, dachte der Kriminalist. Vor Erregung röteten sich seine etwas feisten Wangen.

Der Kollege, mit dem er telefonierte, schloß seinen Bericht mit der Feststellung: »Merkwürdige Sache, was?«

»Allerdings. Wann wird Frau Wojkowski zurückerwartet?«

»Morgen oder übermorgen.«

»Schick sie dann gleich rüber. Am besten begleitest du sie. Eine Leichenschau ist für eine Frau eine böse Sache. Und für dich würden zwei schöne Tage und Reisespesen herausspringen.«

»Werd' sehen, was sich machen läßt.«

Nachdenklich hängte Pawel Bobak den Hörer auf. Warum hatte dieser Wojkowski seine Frau belogen? Um Zeit zu gewinnen? Zeit wofür? Bestimmt nicht für das Gut, das er allem Anschein nach überhaupt nicht kaufen wollte. Aber warum hatte er dann so viel Geld abgehoben? Vermutlich 70000 Rubel, nämlich 14000 mehr, als der vom Makler genannte Kaufpreis ausmachte. Wenn Wojkowski tatsächlich der Ermordete war, dann hatte der Mörder, wahrscheinlich ohne es zu ahnen, in einer verteufelt undurchsichtigen Sache den Schlußpunkt gesetzt.

Bobaks Ehrgeiz wuchs wie ein subtropisches Gewächs. Das Glück schien ihm zwei Verbrechen auf einmal beschert zu haben. Unverzüglich wollte er all jene Orte aufsuchen, die südlich von Nowo-Radomsk in der Nähe der Warthe lagen. Es würde gewiß mühselig und strapaziös werden, mit dem Fahrrad von Dorf zu Dorf zu fahren, aber das war immer noch besser, als daheim zu sitzen und von einem Kriminalfall zu träumen, wie er ihn jetzt bekommen hatte. Außerdem waren überall Bauernfuhrwerke unterwegs. Da bot sich immer wieder die Möglichkeit, das Rad auf einen Wagen zu werfen und sich ein Stück mitnehmen zu lassen. Und dabei ließen sich, ohne Aufsehen zu erregen, tausenderlei Fragen stellen. Irgendwer mußte den Korb gesehen haben. Bei seiner Größe bot er fast eine Garantie dafür, daß er jemandem aufgefallen war.

Kriminalmeister Bobak täuschte sich nicht. Am zweiten Tag seiner Fahrt durch den Czenstochauer Jura, dessen Straßen an vielen Stellen noch nicht völlig schneefrei waren, erklärten ihm einige Bauern, die er auf dem Marktplatz von Rudniki ansprach, sie hätten vor knapp einer Woche ein merkwürdiges Erlebnis gehabt. Auf dem Weg vom Wirtshaus seien ihnen in der Nacht zwei offene Fiaker ohne Lampen begegnet. Da hätten sie sich natürlich gefragt: Was machen Droschken zu so später Stunde in unserer Gegend? Merkwürdiger aber noch sei gewesen, daß in einem der Wagen überhaupt niemand gesessen habe. Im anderen hätten zwei Männer gehockt. Einer von ihnen habe gefragt, ob sie wüßten, wo man noch eine Flasche Kwaß bekommen könne, jenes in Rußland so beliebte Erfrischungsgetränk, das aus Malz, Zukker, Pfefferminz und Rosinen hergestellt wird. Da hätten sie gelacht und gesagt: ›In Rudniki wohnen richtige Männer. Also gibt es hier nur Wodka zu saufen.‹ Nun ja, sie seien betrunken gewesen und hätten die Unbekannten kräftig gefoppt.

Nach dieser Erklärung überlegte Kriminalmeister Bobak: Wenn eine der Droschken leer gewesen ist, besteht die Möglichkeit, daß sie als Transportmittel für den Korb gedient hat. »Gibt's in Czenstochau viele Fiaker?« fragte er die Männer.

»Mindestens dreißig!«

»Ein Teil von ihnen steht unten am Bahnhof. Die anderen warten oben am Kloster.«

»Ein Schweinegeld verdienen die Brüder.«

Pawel Bobak spürte, daß er auf der richtigen Fährte war. Wenn er alle Droschkenkutscher vernahm, mußte er seinem Ziel näher kommen. Dennoch fuhr er nicht schnurstracks nach Czenstochau. Er befragte vielmehr auch auf der letzten Wegstrecke jeden, der ihm möglicherweise eine Auskunft geben konnte. So ließ er auch den Büttel Tadeusz Minka nicht aus. Der saß mit seiner Frau gerade in der Küche beim Nachmittagskaffee und lud ihn sogleich zu einem Stück ›Babka‹ ein. Es roch nach schwelendem Holz, Vanille und frisch gerösteten Bohnen.

Wie üblich unterhielt man sich zunächst über das Wetter. Dann kam das Gespräch auf den Mord, von dem die Zeitung berichtet hatte.

»Es wird immer schlimmer«, seufzte Krystyna Minka. »In meiner Jugend hätte es so was nicht gegeben.« Mit Unbehagen dachte sie an die Edelsteine und an die fünfzig Rubel, die der Prior ihrem Mann hatte geben lassen. Fünfzig silberne Rubelchen! Sie hatte natürlich dafür gesorgt, daß sie im Hühnerstall vergraben wurden.

Während sie so plauderten, erschien ein Mönch in der weißen Kutte der Pauliner. Er war von mittlerer Statur, hatte einen außerordentlich gepflegten Bart und auffallend volle Lippen. Seine Augen waren von verschleiertem Grau und wirkten traurig. »Gelobt sei Jesus Christus«, sagte er mit weicher Stimme.

»In Ewigkeit, Amen!« antworteten das Ehepaar und der Kriminalist.

Krystyna Minka eilte mit flinken Schritten auf den Pater zu, küßte seine Hand und bat ihn, Platz zu nehmen. Ihre runzeligen Wangen röteten sich und verrieten die Freude, die ihr der ehrenvolle Besuch bereitete.

Der Pauliner entsprach jedoch nicht ihrer Bitte. Er legte vielmehr dem Büttel, der sich ebenfalls erhoben hatte, die Hände auf die Schulter und schaute ihn lange an. »Mich wirst du wahrscheinlich nicht wiedererkennen. Vielleicht hilft es dir aber, wenn ich sage, daß seit unserem letzten Zusammensein sechzehn Jahre vergangen sind.«

Tadeusz Minka betrachtete den Mönch aus zusammengekniffenen Augen. »Sechzehn Jahre . . .? Da war ich noch Unteroffizier in Warschau.«

»Und ich war einer von denen, die du gezwiebelt hast.«

»Ich hab's!« rief der Büttel aufgeregt und umarmte den Pater. »Du bist Dabrow!«

Der Mönch lachte. »Das war mein Geburtsname. Heute heiße ich Pater Rochus.«

Dem früheren Unteroffizier stiegen Tränen der Rührung in die Augen.

»Schon lange wollte ich dich aufsuchen«, fuhr der Pauliner fort. »Ich kam nur nie dazu. Dies ist um so unverzeihlicher, als ich seit Jahren weiß, daß du hier der Büttel bist.«

»Von wem hast du das erfahren?«

»Pjetro Kiszka erkannte mich während einer Messe, die ich zelebrierte. Du wirst dir denken können, daß wir bis spät in die Nacht palavert haben.«

»Da ähnliches auch heute wieder eintreten dürfte, möchte ich mich schnell verabschieden«, sagte der Kriminalist und erhob sich.

Pater Rochus bat ihn, Platz zu behalten. »Sie stören uns ganz gewiß nicht.«

»Das glaube ich gerne«, entgegnete Pawel Bobak. »Mich ruft aber die Pflicht.«

»Leider keine schöne«, sagte der Büttel, an seinen einstigen Rekruten gewandt. »Der Herr ist vom Kriminalamt und hat den scheußlichen Mord aufzuklären, von dem in der Zeitung berichtet wurde.«

Pater Rochus horchte auf. »Ach, das ist interessant. Haben Sie schon etwas herausgefunden?«

Kriminalmeister Bobak schüttelte den Kopf. Seine Wangen wabbelten. »Gesichert scheint mir nur zu sein, daß der oder die Täter des Nachts mit zwei Droschken durch Rudniki gefahren sind. Ich bin deshalb unterwegs nach Czenstochau, um mir alle Kutscher vorzuknöpfen. Ob etwas dabei herauskommt . . .« Er hob die Schultern. »Vielleicht hab' ich Glück. Ein Holzsplitter wiegt ja oft schwerer als eine Eiche.«

Pater Rochus reichte ihm die Hand. »Dann kann ich Ihnen nur guten Erfolg wünschen.«

Der steckt in keiner guten Haut, dachte Pawel Bobak, als er das Haus verließ. Die Hand des Mönches war kalt und feucht wie die eines Kranken gewesen.

Es wurde schon Abend, als der Kriminalist in Czenstochau eintraf. Er mietete sich in einem kleinen Gasthaus ein bescheidenes Zimmer und war enttäuscht, als er auf einem ersten

Rundgang durch die kaum erhellte Stadt am Bahnhof feststellte, daß dort nicht eine einzige Droschke stand. Der Wirt, ein Mann mit breiter Brust und polternder Stimme, bedeutete ihm, das sei verständlich. Fahrgäste seien fast ausschließlich Besucher des Klosters Jasna Góra. Sie kämen des Morgens mit dem ersten Zug und führen spätestens am Nachmittag wieder fort. Ausnahmen bildeten nur einige wenige, hauptsächlich reiche Leute, die neben der Wallfahrt auch Interesse für Land und Leute hätten und zum Teil versuchten, ihr Geld mit Hilfe versierter Grenzgänger in das von Österreich besetzte Gebiet hinüberzuschmuggeln.

Da Pawel Bobak an diesem Tag nichts mehr unternehmen konnte, lud er den Wirt zu einem Wodka ein. Er hoffte etwas über die Gerüchte zu erfahren, die über den Kronenschmuck der Schwarzen Madonna in Umlauf waren.

»Jetzt heißt es sogar, die Pauliner stecken mit der Ochrana unter einer Decke«, raunte der Gastwirt verstohlen. »Sie sollen Edelsteine gegen Imitationen ausgetauscht haben.«

»Das gibt's doch nicht«, ereiferte sich Pawel Bobak.

Der Wirt blinzelte mit schlauer Miene. »Und was ist, wenn die Mönche einige Geheimpolizisten bestochen und verpflichtet haben, durch einen raffinierten Tausch die echten Steine vor der russischen Regierung in Sicherheit zu bringen? Ja, mein Lieber«, fuhr der Gastwirt gewichtig fort, »den Paulinern ist alles zuzutrauen. Denen kommt so schnell keiner bei. Als damals die Schweden mit schweren Geschützen hier anrückten, haben sie gedacht: Jetzt kriegen wir den Schmuck. Co pan sobie wyobraża! Da war nichts zu machen. Die weißen Patres hatten längst vorgesorgt. Und zwar sehr geschickt. Ihr Prior Kordecki hatte tief in die Schatztruhen gegriffen und so viel Waffen und Schießpulver wie möglich gekauft. Darüber hinaus hatte er Emissäre mit riesigen Geldbeträgen nach Schlesien, in das Krakauer Land und in die Karpaten geschickt. Ihr Auftrag lautete: Söldnertruppen organisieren und im Rücken des Feindes operieren. Der schwedische General Müller erkannte die Gefahr, nahm seine Geschütze und haute ab. Und so wird's auch heute wieder sein. Wenn es darauf ankommt, verpulvern die Pauliner Millionen: ihren Klosterschatz aber geben sie nicht her.«

»Sind die wirklich so vermögend?«

»Die schwimmen im Geld. Logisch. Es gibt doch keinen Wallfahrer, der außer der Gebühr, die jeder zu entrichten hat, nicht zusätzlich noch etliche Silberstückchen spendet. Man will ja was von der wundertätigen Madonna! Wenn die sieht, daß man kleinlich ist . . . Um Gottes willen! Und die Reichen, die aus allen möglichen Ländern hierherkommen, stiften bis zu hunderttausend Rubel! Das ist ein Betrag, den ein gut bezahlter Angestellter sein Leben lang nicht verdient.«

Das Gespräch mißfiel Pawel Bobak. Er wechselte deshalb das Thema und erkundigte sich nochmals nach den Droschken.

Der Wirt nannte ihm die Ankunftszeit des ersten Zuges und äußerte seine Verwunderung über das Interesse, das der Kriminalist an den Mietwagen nehme. Ihn erinnere das an den französischen Journalisten, der seit Wochen bei ihm wohne und jedweden mit endlosen Fragen traktiere. Im Moment sei er allerdings besorgt um ihn, da er sich in den letzten sieben Tagen nicht mehr habe blicken lassen. Früher sei er auch schon mal ein oder zwei Tage nicht nach Hause gekommen – er strolche wegen eines Berichtes, den er über das besetzte Polen schreibe, viel an der galizischen Grenze herum –, aber über eine Woche fortzubleiben, ohne Bescheid zu geben, das sei rücksichtslos. Man mache sich ja schließlich Gedanken.

Kriminalmeister Bobak wurde hellwach. »Seit wann haben Sie den Franzosen nicht mehr gesehen?« fragte er so scharf, daß der Wirt ihn betroffen ansah.

»Worauf wollen Sie hinaus?«

»Auf die Leiche, die zwischen Nowo-Radomsk und Gidle gefunden wurde. Wir glauben zwar, den Getöteten identifiziert zu haben. Es ist aber denkbar, daß ein anderer . . .«

»Sie meinen der Franzose . . .?«

Pawel Bobaks Hirn arbeitete fieberhaft. War die Annahme, der Journalist könnte der Ermordete sein, wirklich so abwegig? Natürlich bestand auch die Möglichkeit, daß der Franzose diesen Waclaw Wojkowski umgebracht hatte. Vielleicht hatten die beiden sich kennengelernt . . . Das viele Geld . . . »Sind seine Sachen noch im Haus?«

»Ja. Alles ist da.«

Bei siebzigtausend Rubel kann man auf alte Sachen verzichten, dachte Pawel Bobak und fragte: »Wie heißt der Franzose?«

»Henri Martell.«

Frage um Frage folgte. Immer mehr gelangte der Kriminalist zu der Überzeugung, daß das Verschwinden der beiden Männer in engem Zusammenhang stehe. Oder präsentierte ihm das Schicksal gar ein drittes Verbrechen?

Pawel Bobak war sich bewußt, daß er in Czenstochau keine Nachforschungen anstellen durfte, ohne die örtliche Kriminalpolizei zu verständigen. Seinen Fall wollte er jedoch um nichts in der Welt abgeben. Er suchte deshalb am nächsten Morgen seinen Kollegen auf und teilte ihm mit, daß er sich in Verfolgung der ihm übertragenen Mordsache gezwungen sehe, Nachforschungen entlang des Flußlaufes der Warthe anzustellen. Er bitte deshalb darum, seine Recherchen nicht als einen Eingriff in die Kompetenz der Czenstochauer Behörde anzusehen.

Man dankte ihm für sein korrektes Verhalten, und Kriminalmeister Bobak machte sich auf den Weg zum Bahnhof, wo weit über zwanzig Droschken standen. Von Wagen zu Wagen ging er, aber kein Kutscher konnte ihm weiterhelfen. Niemand wußte etwas von einer Nachtfahrt durch Rudniki, und alle behaupteten, sie müßten von einem so lukrativen Geschäft gehört haben, wenn es zustande gekommen wäre.

Pawel Bobak traute den Kutschern nicht. Es erleichterte ihn daher, als er am Abend den Bescheid erhielt, daß Frau Wojkowski am nächsten Tag nach Nowo-Radomsk kommen werde, um die Leiche zu identifizieren.

Ihre Aussage warf jedoch alle bisher angestellten Überlegungen über den Haufen. Der Tote war nicht Waclaw Wojkowski. Seine Frau weinte dennoch bittere Tränen. Sie vermutete, ihr Mann habe sie mit der Postkarte irregeführt, um in Ruhe mit ihrem Geld verschwinden zu können. Wahrscheinlich nach Amerika.*

Es war typisch für Pawel Bobak, daß er in seiner Enttäuschung Kombinationen anstellte, die so phantastisch waren, daß er sich selbst zur Ordnung rufen mußte. Trotzdem drängten sich ihm immer wieder Überlegungen auf, von denen er sich nicht befreien konnte. Den Anstoß gab Frau Wojkowskis Reaktion. Ihre Vermutung über die Auswanderung ihres Mannes schien ihm zu schnell gekommen zu sein. Es reizte ihn plötzlich, sich vorzustellen, sie sei ihrem Mann, nachdem er das Geld bei der Bank abgehoben hatte, bis Czenstochau gefolgt und habe ihn dort, möglicherweise gemeinsam mit einem Geliebten, erschlagen und in Ermangelung eines besseren Versteckes zunächst einmal in der Matratze eines Liegesofas verborgen. Natürlich mußte die Leiche fortgeschafft werden. Ein großer Korb stand vielleicht zur Verfügung. Mit einer Kutsche wurde der Transport bewerkstelligt. Dann schrieb sie sich selbst eine Postkarte und verreiste. Das

* In jener Zeit war die Auswanderungswelle so groß, daß heute allein in Amerika 10 Millionen Polen leben. In Chicago wohnen mehr Polen als in Warschau.

verschaffte ihr ein Alibi und belegte gleichzeitig, daß ihr Mann sie mit einem raffinierten Trick hereingelegt und sich mit ihrem Geld auf und davon gemacht hatte. Und wenn seine Leiche gefunden wurde, brauchte sie nur zu erklären: Bedaure, das ist nicht mein Mann.

Kriminalmeister Bobak war sich darüber klar, daß sein Hirn kühne Volten schlug. Seine Überlegungen ließen ihn aber nicht mehr los, und so fuhr er am nächsten Morgen nach Kielce. Er wollte feststellen, wann Waclaw Wojkowski das Geld von der Bank abgehoben hatte und ob es sich um einen Betrag handelte, der aus dem Vermögen seiner Frau stammte. Des weiteren wollte er die Postkarte mit anderen Schriftstükken Wojkowskis vergleichen. Darüber hinaus schien es ihm notwendig zu sein, Frau Wojkowski unter die Lupe zu nehmen. War sie wirklich in Warschau gewesen?

Die Fahrt nach Kielce hätte Pawel Bobak sich ersparen können. Nicht der geringste Zweifel konnte darüber bestehen, daß Waclaw Wojkowski mit dem Vermögen seiner Frau durchgebrannt war.

Diese Erkenntnis setzte dem Kriminalisten mächtig zu. Es gab nun keine Fährte mehr, die er verfolgen konnte. Außer dem Ermordeten, von dem er weder den Namen kannte noch wußte, an welchem Ort er umgebracht worden war, existierte nichts, was einen Hinweis hätte geben können. Wie sollte er da Ermittlungen anstellen?

In seiner Verzweiflung klammerte er sich an die Vorstellung, der Franzose könnte der Erschlagene sein. Er fuhr deshalb von Kielce nach Czenstochau zurück und suchte den Gastwirt auf, um ihn nochmals gründlich zu befragen. Dazu kam es jedoch nicht. Der Wirt begrüßte ihn mit der freudigen Erklärung, Henri Martell sei wiederaufgetaucht.

»Er ist allerdings schon wieder über alle Berge«, fuhr er lebhaft fort. »Er kam nur, um zu zahlen und seine Sachen zu holen. Als ich ihm sagte, daß Sie nahe daran gewesen seien, ihn für den aufgefundenen Toten zu halten, hat er schallend gelacht und gesagt: ›Bestellen Sie dem Herrn, ich sei quicklebendig und lediglich ein wenig mit der Droschke die Grenze entlanggefahren‹.«

Die Erwähnung der Droschke brachte Kriminalmeister Bobak auf eine neue Idee. Bot sich ihm hier nicht die Möglichkeit zu prüfen, ob den Kutschern zu trauen war? Wenn sie auf seine Frage nach dem Franzosen ebenso negativ reagierten wie in der Angelegenheit der nächtlichen Fahrt durch Rudniki, dann wußte er, daß er belogen wurde. Aber dann gnade ihnen Gott. Dann würde er massiv werden. Er mußte endlich zu einem Ergebnis kommen. Die Aussage der Männer von Rudniki war allerdings das einzig Konkrete, was ihm bisher zur Verfügung stand.

Das Glück war Pawel Bobak hold. Noch am gleichen Tage machte er eine Feststellung, die ihm weiterhalf. Er hatte sich zum Droschkenplatz vor dem Kloster begeben und einige dort miteinander plaudernde Kutscher gefragt, ob sie wüßten, wer von ihren Kollegen mit einem Franzosen zur galizischen Grenze gefahren sei.

»Das war Jendrek«, sagten sie und wiesen auf einen älteren Mann, der inmitten der Wagenreihe auf seinem Bock saß. »He, Jendrek, hier will dich jemand sprechen.«

Der Kriminalist war verblüfft. Er hatte mit einer verstockten Haltung der Kutscher gerechnet. Sollten die Männer von Rudniki sich doch getäuscht haben? Oder waren die beiden Droschken aus einer anderen Stadt gewesen? Er ging dem alten Kutscher entgegen. »Ich hab' nichts Besonderes«, sagte er. »Wollte mich nur erkundigen, was so eine Fahrt kostet, wie Sie sie kürzlich entlang der Grenze gemacht haben.«

Der Alte blickte nachdenklich vor sich hin. »Auch wieder für drei Tage?«

»Waren Sie mit dem Franzosen nicht über eine Woche unterwegs?«

»Nó, genau drei Tage. Dann hab' ich ihn wieder hier oben abgesetzt.«

Der Kriminalist wurde lebhaft. Seine pfiffigen Augen glänzten. »Wieso hier oben?«

»Er kam doch vom Kloster. Und dorthin ist er auch zurückgekehrt.«

»Wann war das?«

»Vorgestern.«

Pawel Bobak ließ sich nicht anmerken, daß er enttäuscht war. Er hatte gehofft, die Gilde der Kutscher auf Grund einer falschen Aussage unter Druck setzen zu können. Nun war auch diese Chance dahin.

Plötzlich aber legte seine Stirn sich in Falten. War das Verhalten des Franzosen nicht merkwürdig? Quartierte sich im Gasthaus ein und wohnte offensichtlich im Kloster? Ihm schien es angeraten zu sein, in Jasna Góra vorzusprechen. Ohne Grund hatte der Franzose sich dort gewiß nicht aufgehalten.

Der Pförtner des Officiums verhielt sich ähnlich wie an jenem Tage, da Tadeusz Minka bei ihm vorstellig geworden war. Er erklärte ruppig, über Henri Martell keine Auskunft geben zu können.

»Dann melden Sie mich Ihrem Vorgesetzten«, forderte Pawel Bobak nunmehr energisch.

Den Mönch beeindruckte das nicht. »Bedaure«, sagte er, »der Custos ist verreist.«

»Dann wünsche ich den Prior zu sprechen!«

»Der ist zur Zeit in Rom.«

Alle Welt scheint sich auf Reisen zu befinden, dachte Kriminalmeister Bobak und legte seinen Polizeiausweis vor. »Es wird doch jemanden geben . . .«

Der Pauliner änderte augenblicklich seine Haltung. Er entschuldigte sich und versuchte, seine Kratzbürstigkeit mit dem Hinweis verständlich zu machen, daß er tagtäglich viele Menschen abzuwehren habe, die Offiziale in nichtigen Angelegenheiten zu sprechen wünschten. Er werde natürlich sogleich den stellvertretenden Custos verständigen.

Dies war ein gewitzt aussehender Pater namens Bazil, der den Kriminalisten mit fast weltmännischem Gehabe begrüßte, das in krassem Gegensatz zu seinem harten Nußknackergesicht stand. »Ein Mißverständnis«, sagte er und bat Platz zu nehmen. »Ein bedauerliches Mißverständnis. Aber nun ist es ausgeräumt, und ich stehe Ihnen zu jeder Auskunft über unseren französischen Freund Henri Martell zur Verfügung. Über ihn möchten Sie ja, wie mir gesagt wurde, einiges wissen, nicht wahr?«

»Ja, ich hörte, er habe hier im Kloster gewohnt.«

Die Hände des Mönches beschrieben einen großen Bogen. »Gewohnt ist zuviel gesagt. Er hat einige Male bei uns übernachtet. Wir gewährten ihm diese Möglichkeit, weil er täglich bis tief in die Nacht hinein arbeitete. Aus der Bibliothek, die Prior Rejman ihm für seine Studien freigegeben hatte, war er kaum herauszubekommen.«

»Ich denke, er war für fünf Tage verreist.«

Die Augenbrauen des Pauliners hoben sich. »Da sind Sie falsch informiert. Er war nur drei Tage fort.«

Pawel Bobak registrierte, daß ihm nichts vorgemacht wurde. »Wissen Sie zufällig, wohin er gefahren ist?«

Pater Bazil nickte. »An die galizische Grenze. Unser Freund mußte nach seinem intensiven Studium einfach einmal ausspannen. Da hat er das Nützliche mit dem Angenehmen verbunden und ist zur Grenze gefahren, um sich ein eigenes Bild über die Verhältnisse in unserem geteilten Land zu machen. Aber warum interessiert Sie das?«

Der Kriminalist antwortete in aller Offenheit: »In Verfolgung einer Mordsache stieß ich zufällig darauf, daß Henri Martell über eine Woche nicht in das Gasthaus zurückkehrte, in das er sich einquartiert hatte. Ich glaubte schon, *er* sei der Ermordete.«

Den Pauliner schien diese Erklärung zu irritieren. Er machte plötzlich den Eindruck, als mißfalle ihm das Gespräch.

Pawel Bobak entging dies nicht. Aber noch bevor er sich Gedanken darüber machen konnte, trat ein Laienbruder in den Raum.

»Verzeihen Sie, wenn ich störe«, sagte er devot. »Dies Telegramm wurde soeben zugestellt.«

Der stellvertretende Custos übernahm die Depesche und bat den Kriminalmeister, kurz feststellen zu dürfen, ob das Telegramm etwas enthalte, das keinen Aufschub dulde. Dann öffnete er das Kuvert und las die Mitteilung.

Pawel Bobak beobachtete ihn und sah, daß der Pauliner jäh erblaßte und sichtlich um Haltung rang. Seine Hände fingen an zu zittern. »Eine unangenehme Nachricht?« fragte er besorgt.

»Oh, nein.« Pater Bazil griff sich an den Kopf. »Es ist nur . . .« Er schloß die Augen, wie um sich zu konzentrieren. »Ich habe einen Fehler gemacht, der mir peinlich ist. Das Telegramm ist nicht für mich, sondern für einen Ordensbruder bestimmt.«

»So was kann doch vorkommen«, beruhigte ihn Pawel Bobak und dachte: Ich wette zehn zu eins, daß der Herr stellvertretende Custos mir diesmal nicht die Wahrheit sagt. Die Depesche scheint eine schlimme Nachricht zu enthalten.

Der Wunsch, seinen Eindruck bestätigt zu sehen, bewog den Kriminalisten, kurz vor Antritt seiner Rückfahrt nach Nowo-Radomsk das Telegrafenamt aufzusuchen. Er wußte, daß er nicht korrekt handelte, legte dem diensthabenden Beamten aber dennoch seinen Polizeiausweis vor und verlangte Einsicht in das Telegramm zu nehmen, das am Nachmittag den Paulinern zugestellt worden war. Es dauerte nicht lange, bis ihm der Morsestreifen vorgelegt wurde. Die Punkte und Striche konnte er nicht deuten; der Beamte übersetzte ihm den Text. Er lautete:

›An Pater Markus Kloster Jasna Góra stop 17 und 22 werden gefährlich stop tritt sofort die besprochene Reise an stop alles Gute Domnik.‹

Die Brisanz des Telegrammes ließ Pawel Bobaks Nerven wie eine Stahlfeder schwingen. Sein rundes Gesicht wirkte plötzlich flach. Der Zufall hatte ihn auf eine mysteriöse Sache aufmerksam gemacht. Er wurde beinahe eifersüchtig: Warum gab es in seinem Mordfall keinen so aufregenden Hinweis? Am liebsten wäre er gleich nach Jasna Góra zurückgekehrt, um die Patres Bazil und Markus ins Kreuzverhör zu nehmen. Doch mit welcher Begründung? Mit dem Ermordeten hatte die Depesche gewiß nichts zu tun. Eher schon mit den Gerüchten, die über den Schmuck der Schwarzen Madonna kursierten.

Ein wahnwitziger Gedanke kam ihm. War es nicht denkbar, daß zwischen der aufgefundenen Leiche und den angeblich abhanden gekommenen oder ausgetauschten Edelsteinen ein Zusammenhang bestand?

Bleib auf dem Boden der Tatsachen, ermahnte er sich. Du suchst doch nur einen Grund, um im Kloster herumschnüffeln zu können.

Aber wie ehrlich er mit sich selbst auch war, der warnende Hinweis: ›17 und 22 werden gefährlich‹, gab ihm keine Ruhe. Er beschäftigte ihn um so stärker, als ihm das Erschrecken des stellvertretenden Custos immer verdächtiger erschien.

Lange überlegte Pawel Bobak, ob er nochmals nach Jasna

Góra gehen oder nach Hause fahren sollte. Erst als der Zug nach Nowo-Radomsk in den Bahnhof einlief, faßte er den Entschluß, ihn nicht zu benutzen. Um jeden Preis mußte er Pater Markus sprechen; mochte der von ihm denken, was er wollte. Wer ein verschlüsseltes Telegramm erhält, darf sich nicht wundern, wenn man sich mit ihm beschäftigt.

Da es schon spät war, suchte er das Kloster erst am nächsten Morgen auf. Der Pförtner stutzte, als er ihn sah. Er war jedoch sofort bereit, Pater Markus zu verständigen.

Es dauerte ziemlich lange, bis dieser erschien. Er war hager und blaß und machte einen gehetzten Eindruck. Die Sauberkeit seiner weißen Kutte ließ zu wünschen übrig. Seine Bewegungen waren fahrig. Er wich dem Blick des Kriminalisten aus.

Das personifizierte schlechte Gewissen, dachte Pawel Bobak und zögerte nicht, den Pauliner zu überrumpeln. »Sie haben gestern ein verschlüsseltes Telegramm erhalten«, sagte er ohne jede Vorrede. »Was bedeuten darin die Zahlen siebzehn und zweiundzwanzig?«

Pater Markus war wie versteinert. Er rang nach Luft. »Woher ... Woher wissen Sie ...?«

»Hier stelle ich die Fragen!« fuhr ihn der Kriminalmeister an. »Antworten Sie also!«

Der Mönch preßte die Lippen zusammen.

Pawel Bobak trat dicht an ihn heran. »Sie wollen nicht reden?«

»Doch.«

»Aber?«

»Sie werden es mir nicht glauben.«

»Was?«

»Daß ich selber nicht weiß, was es mit der Depesche auf sich hat. Sie können Pater Bazil fragen.« Er hob wie beschwörend die Hände. »Ich habe ihm das Telegramm unmittelbar nach

Erhalt vorgelegt, weil ich mir seinen Inhalt nicht erklären kann. Wirklich, ich stehe vor einem Rätsel. Ich weiß nicht, was ich dazu sagen soll.«

»Und wer ist Domnik?«

Die Augen des Mönches flackerten. »Ich kenne niemanden, der so heißt.«

»Ja, dann . . .« Der Kriminalist gab sich geschlagen. Mit Ausflüchten hatte er gerechnet, nicht aber damit, daß sein Gegenüber kaltschnäuzig behaupten würde, den Inhalt der Mitteilung nicht zu verstehen und seinen Absender nicht zu kennen. Entweder lag hier eine echte Mystifikation vor, oder der Pauliner verteidigte sich unglaublich raffiniert. Jedes weitere Drängen war sinnlos. Er bedeutete ihm deshalb, die Sache sei für ihn erledigt. Er habe nur Rückfrage gehalten, weil ihm das Telegramm wegen der darin enthaltenen Zahlenverschlüsselung routinemäßig vorgelegt worden sei. Insgeheim aber schwor er sich, das Kloster nicht mehr aus dem Auge zu lassen. Irgend etwas stimmte da nicht. Priester und Patres mögen den rechten Weg weisen, dachte er, aber ob sie ihn selber gehen, steht dahin.

Unzufrieden kehrte Pawel Bobak nach Nowo-Radomsk zurück. Um keinen Deut hatten ihn seine Nachforschungen weitergebracht. Er stand wieder dort, wo er angefangen hatte. Und welche Träume hatte er schon gehabt! Er war nahe daran, das Sprichwort zu beherzigen: ›Schnaps stellt jeden auf die Beine.‹ Doch dann fiel ihm der Korb ein, den er hatte sicherstellen lassen. Warum hatte er ihn sich nicht näher angesehen? Es mußte irgendwelche Spuren oder Hinweise an ihm geben. Zum Beispiel, wer ihn hergestellt hatte. Oder wo er verkauft worden war.

Noch in der gleichen Stunde schwang sich Kriminalmeister Bobak auf sein Fahrrad und fuhr nach Gidle. Er strampelte, daß ihm der Schweiß auf die Stirn trat.

Der Ortspolizist führte ihn in eine Scheune, in welcher der mit einem Laken abgedeckte Korb stand. Als der Beamte das Tuch fortnahm, hätte Pawel Bobak sich die Haare raufen mögen. Auf dem Deckel des Korbes befand sich ein Aufkleber. »War der damals schon da?« fragte er, über seine eigene Unachtsamkeit betroffen.

»Ja. Wir haben das Schild nur nicht gesehen, weil der Bauer den Deckel zurückgeschlagen hatte. Mir ist das erst aufgefallen, als wir den Korb abtransportierten.«

»Und das hast du mir nicht gleich gemeldet?«

Der Polizist antwortete bockig: »Das hätte ich bestimmt getan, wenn ein Name darauf zu finden gewesen wäre. Aber da gibt es nur bahnamtliche Nummern!«

»Nur?« rief Pawel Bobak außer sich. Seine Wangen waren rot vor Aufregung. Er beugte sich über das Etikett. Die Nummern waren verwaschen, jedoch noch gut lesbar. Sie lauteten: 10–25–7744–34. Für ihn waren die Zahlen soviel wie Hieroglyphen. Er zweifelte aber nicht daran, einen bedeutsamen Hinweis gefunden zu haben.

Tatsächlich erhielt er am Bahnhof von Nowo-Radomsk eine Auskunft, die sein Herz schneller schlagen ließ. Die Zahl 10 hieß: Südwestbahn; 25 war das Kennzeichen der Bahnstation, die den Korb zur Beförderung angenommen hatte; 7744 bezeichnete die Nummer des Transportes; 34 war die Stückgutnummer. Damit stand fest, daß der Korb in Kremenetz, der Kreisstadt des russischen Gouvernements Wolhynien, aufgegeben und von dort nach Czenstochau befördert worden war.

Czenstochau! Pawel Bobak frohlockte. Mit seinen Ermittlungen hatte er gar nicht so falsch gelegen. Jetzt brauchte er nur noch festzustellen, wer den Korb in Kremenetz abgeschickt hatte und wer in Czenstochau sein Empfänger gewesen war.

3

Pawel Bobak zählte nicht zu jenen Polen, von denen Honoré de Balzac einmal sagte: ›Man braucht ihnen nur den Abgrund zu zeigen, und schon springen sie hinein‹. Das Streben des Kriminalmeisters war es, sich zu behaupten; sein Ziel, ein erfolgreicher Mensch zu sein. Es fiel ihm deshalb schwer, auf das Ergebnis der Recherchen des Kriminalamtes von Kremenetz zu warten, das er darum gebeten hatte, den Absender des Korbes zu ermitteln. Er würde etwas dafür gegeben haben, wenn er die Nachforschungen selbst hätte anstellen können; eine so weite Dienstreise ließ sich aber beim besten Willen nicht verantworten. Ihm blieb daher nichts anderes übrig, als seine Ungeduld zu zähmen.

Nach drei Tagen traf der sehnlichst erwartete Bescheid ein. Zusammengefaßt lautete der Bericht: Der Korb wurde im November vorigen Jahres von der Fabrik Borenstein an den Korbwarenhändler Potak in Czenstochau gesandt.

Endlich hatte Pawel Bobak einen Punkt, an dem er einhaken konnte. Und der sofort von ihm aufgesuchte Händler, ein dürres altes Männchen mit weißem Spitzbart und buschigen Augenbrauen, erinnerte sich sehr genau an den großen Korb.

»Der stand lange bei mir herum«, sagte er und wies mit einer fahrigen Bewegung in den Hintergrund des Ladens, in dem Korbmöbel, Wäschebehälter, Strohmatten, Fußabstreifer, Teppichklopfer, Nähkörbchen, Peitschen und viele andere Dinge wie Kraut und Rüben gestapelt waren. »Dahinten hat der Korb gestanden. Für den Normalbedarf war er viel zu groß. Ich hatte ihn für einen Herrn bestellt, der nach Amerika ausreisen wollte. Aber dann kam das gute Stück nicht rechtzeitig an, und ich blieb auf ihm sitzen.«

»Die Vorgeschichte interessiert mich nicht«, drängte Kriminalmeister Bobak. »Für mich ist nur wichtig zu wissen, wer ihn gekauft hat.«

Der Korbwarenhändler sah ihn mißbilligend an. »Das will ich Ihnen ja gerade erzählen. Es ist nämlich purer Zufall, daß ich weiß, wohin der Korb geliefert werden sollte. Wenn der keinen Fehler gehabt hätte . . . Der Bauer hatte den nicht einmal bemerkt.«

Pawel Bobak wurde kribbelig. »Von welchem Bauern sprechen Sie?«

»Nu, von dem, der den Korb gekauft hat.«

»Und wie heißt der?«

»Das weiß ich nicht.«

»Aber Sie haben doch gesagt . . .«

»Sie lassen mich ja nicht ausreden«, ereiferte sich der Händler unwillig. »Also, das war so: der Bauer – ich glaube jedenfalls, daß es einer war, denn er trug den weißen Sukmana – hatte den Fehler überhaupt nicht bemerkt. Da hab' ich ihm gesagt: ›Hör zu, der Korb hat einen Fehler. Ich muß also einen Preisnachlaß gewähren. Und damit alles seine Ordnung hat, brauch' ich deinen Namen.‹ Da hat er gesagt: ›Wieso? Der Korb ist doch nicht für mich.‹ – ›Für wen denn?‹ hab' ich ihn gefragt. ›Weiß ich nicht‹, hat er gesagt. ›Ein feiner Herr hat mich im Kaffeehaus angesprochen und gebeten, ich solle ihm den Korb beschaffen. Er hat mir Geld gegeben und gesagt: Was übrigbleibt, darfst du behalten‹.«

»Aber Sie haben eben noch erklärt, Sie wüßten, für wen der Korb bestimmt war.«

Der Alte warf die Arme hoch. »Selbstverständlich weiß ich das! Sonst hätte ich den Korb mit dem Fehler bestimmt nicht weggegeben. Nó, das hätte ich nicht getan. Wissen Sie, dann kommt später eine Reklamation, und ich bin der Dumme. Das hab' ich dem Bauern auch gesagt. ›Nó, nó‹, hab' ich ihm gesagt, ›wenn du mir nicht sagen kannst, für wen der Korb ist, dann behalte ich ihn lieber.‹ Dann hat er gesagt: ›Den Namen von dem feinen Herrn weiß ich nicht. Aber genügt es denn nicht, wenn ich dir sage, daß ich den Korb zum Kloster Jasna Góra bringen soll?‹ – ›Tak'‹, hab' ich gesagt, ›wenn das so ist, dann genügt mir das. Du kannst dann ja bezeugen, daß ich einen Preisnachlaß gewährt habe.‹ – ›Tak‹, hat er gesagt, ›das kann ich‹.«

Pawel Bobak griff sich an den Kopf. Der Korb zu den Paulinern ...? Das würde bedeuten ... Nein, das konnte nicht wahr sein. Oder doch? Waren ihm die verdächtigen Reaktionen der Patres Bazil und Markus nicht bereits aufgefallen? Er nagte an seinen Lippen. Bestand womöglich ein Zusammenhang zwischen den Gerüchten um den Schmuck der Schwarzen Madonna und dem Ermordeten?

In Pawel Bobak rang plötzlich der Christ mit dem Kriminalisten. Er, der zweimal das Kloster in der Hoffnung aufgesucht hatte, dort vielleicht etwas Belastendes zu finden, verlor angesichts des Beweises, den er nun hatte, seinen Elan und das Verlangen, die ihm zugefallene Mordaffäre aufzuklären. Am liebsten wäre er davongelaufen. Doch er mußte seine Pflicht tun. So stieg er schweren Herzens den Jasna Góra, den Weißen Berg hinauf, der dem Kloster seinen Namen gegeben hatte.

Der Pförtner des Officiums begrüßte ihn mit einer Scheu, die in krassem Gegensatz zu seiner früheren Ruppigkeit stand.

Aber auch der Kriminalist verhielt sich anders als sonst. »Ja«, sagte er ein wenig unsicher, »an wen wende ich mich denn nun am besten?«

Der Pauliner entgegnete: »Wenn Sie Pater Markus sprechen wollen, der ist verreist.«

»Verreist?« Pawel Bobak erinnerte sich des Textes: ›17 und 22 werden gefährlich stop tritt sofort die besprochene Reise an.‹ Pater Markus hatte ihn genasführt! Auf einen billigen Trick war er hereingefallen! Wut überkam ihn. Sie verdrängte alle Hemmungen, die ihn befallen hatten. »Dann melden Sie mich dem stellvertretenden Custos!« schrie er den Pförtner an.

Der zuckte zusammen. »Pater Bazil übt das Amt zur Zeit nicht aus, da Prior Rejman und Pater Bonaventura aus Rom zurückgekehrt sind.«

»Ist Pater Bonaventura der Custos?«

»Ja.«

»Um so besser. Melden Sie mich ihm.«

Pater Bonaventura hatte nicht nur einen glückverheißenden Namen, er sah auch dementsprechend aus. Seine Wangen waren voll und gerötet wie die eines Barockengels, sein wohlgerundeter Bauch verriet guten Appetit und Bedächtigkeit. Mit der Frage: »Was kann ich für Sie tun, mein Sohn?« begrüßte er seinen Gast.

Der Kriminalist antwortete verbindlicher, als er es eigentlich wollte: »Für mich nichts, Hochwürden. Ich bin dienstlich hier. Leider in einer sehr bösen Sache.«

»Das höre ich nicht gerne«, entgegnete Pater Bonaventura mit einem scherzhaften Unterton.

Pawel Bobak entging nicht die dahinter schwingende Sorge. Ohne Umschweife erklärte er nun, daß er in Verfolgung des Mordfalles, über den in der Presse detailliert berichtet worden sei, eine Feststellung habe machen müssen, die das Kloster belaste. Er schilderte die Gründe hierfür und schloß mit den Worten: »Es kann somit als erwiesen angesehen werden, daß der Korb, in dem der Ermordete aufgefunden wurde, wenige Tage zuvor nach Jasna Góra transportiert worden ist.«

Der Custos blieb die Ruhe selber. »Darf ich aus Ihrer Formulierung schließen, daß ein eindeutiger Nachweis fehlt?«

»Das dürfen Sie nicht. Ich drückte mich nur vorsichtig aus, weil ich den Bauern noch nicht persönlich befragt habe.«

»Das wird meiner Meinung nach auch niemals möglich sein.«

Pawel Bobak horchte auf. »Und warum nicht?«

»Weil Sie den Bauern vergeblich suchen werden. Glauben Sie mir, mein Sohn, ich weiß, was von einem Menschen zu halten ist, der behauptet, ein unbekannter Herr habe ihm den Auftrag gegeben, dieses und jenes zu tun.«

»Und wenn der Betreffende unter Eid aussagt?«

»Dann müßte man seine Behauptung natürlich ernst nehmen und gewissenhaft überprüfen. Ihm sollte dann die Möglichkeit gegeben werden zu beweisen, daß er den ominösen Korb tatsächlich im Kloster abgeliefert hat.«

Kriminalmeister Bobak wurde nervös. Er war nicht gekommen, um eine Diskussion über die Glaubwürdigkeit eines Bauern zu führen. Wie aber sollte er nunmehr reagieren? Verbindlich bleiben? Massiv werden? »Hochwürden!« sagte er schließlich. »Für mich ist erwiesen, daß der Bauer dem Korbwarenhändler keine Mär aufgetischt hat. Warum hätte er das auch tun sollen?«

»Das weiß ich nicht. Aber wäre es nicht denkbar – ich spreche jetzt rein hypothetisch –, daß er der Mörder ist? Könnte es nicht sein, daß er als Bauer verkleidet war, um den Verdacht auf einen Unschuldigen zu lenken?«

Pawel Bobak sah den Custos entgeistert an.

»Ja, mein Sohn, gerade in Ihrem Beruf sollten Sie stets mit allem rechnen. Der Mensch ist unergründlich. Ein russisches Sprichwort sagt treffend: ›Fürchte den Bock von vorn, das Pferd von hinten und den Menschen von allen Seiten.‹«

Dem Kriminalisten wurde es zuviel. »Ich gebe Ihnen recht«, sagte er eisig. »Den Menschen muß man von allen Seiten fürchten. Und da Mönche keine Ausnahme bilden, sehe ich mich gezwungen, Sie zu ersuchen, unverzüglich innerhalb des Klosters nachzuforschen, ob hier irgendwann ein großer Korb aufgetaucht ist.«

Ohne dazu Stellung zu nehmen, läutete Pater Bonaventura mit einer kleinen silbernen Glocke, die vor ihm auf dem Tisch stand.

Ein junger Pauliner trat in den Raum.

»Mein Sekretarius«, stellte der Custos vor und erteilte diesem den Auftrag, innerhalb der nächsten drei Stunden jedes Mitglied des Ordens nach dem Korb zu befragen. »Punkt vier Uhr wünsche ich Meldung«, beendete er die Weisung und wandte sich an seinen Besucher. »Ich erwarte Sie ein paar Minuten früher, damit Sie selbst hören können, was festgestellt worden ist.«

Als Pawel Bobak das Kloster verließ, war er sich darüber klar, daß man ihn auf elegante Weise hinauskomplimentiert hatte. Während der letzten Minuten hatte er sich kaum noch beherrschen können. Wie einfach war es doch zu behaupten, von nichts zu wissen. Genau das hatte auch Pater Markus getan. Er hatte sich das Telegramm einfach nicht erklären können. Wenn der Bauer allein zum Kloster gefahren war, also keinen Zeugen benennen konnte, brach die mühevoll aufgebaute Beweiskette wie ein Kartenhaus zusammen. Und darauf schien der Custos zu spekulieren. Nur so ließ sich seine kaum zu begreifende Unbekümmertheit erklären. Erstaunlich war ebenfalls die Unverfrorenheit, mit der er den Bauern als möglichen Täter hinstellte.

Mit Hemmungen war Pawel Bobak zum Kloster gegangen. Nun aber, da er die Überlegenheit des Pauliners zu spüren bekommen hatte, grämte ihn die Niederlage. Der Custos hatte ihn so durcheinander gebracht, daß er sogar vergessen hatte, über die verdächtige Reise des Paters Markus zu sprechen. Aber dieser Bonaventura sollte sich noch wundern! Er würde ihm schon beweisen, daß der Korb nach Jasna Góra gebracht worden war! Nicht umsonst hieß es: Fürsten haben lange Arme, Pfaffen lange Zungen, das Volk lange Ohren. Ganz lange Ohren wollte er haben. Und wenn er von Haus zu Haus gehen und alle Welt aushorchen müßte: er würde den Mörder finden!

Wie schwer sein Weg noch werden würde, erkannte der Kriminalist, als er das Korbwarengeschäft erneut aufsuchte, um sich den Namen des Bauern geben zu lassen.

»Den hab' ich nicht«, sagte der Händler mit der größten Unschuldsmiene.

»Aber Sie haben heute morgen doch erklärt, er sei Ihr Zeuge.«

»Das ist er auch. Ich hab' ihn ausdrücklich darauf aufmerksam gemacht. Und er hat's bestätigt!«

»Und wie erreichen Sie ihn, wenn Sie seinen Namen nicht kennen?«

Die Augen des Händlers weiteten sich. »Heilige Madonna, daran hab' ich nicht gedacht.«

Pawel Bobak stürmte aus dem Laden. War er an einen Narren geraten? Da hatte er endlich eine echte Spur gefunden, und nun sollte alles wieder vergebens gewesen sein?

Es sah danach aus. Denn im Kloster, wohin er zurückkehrte, meldete der Sekretär dem Custos pünktlich um vier Uhr, die Befragung aller Patres, Fratres und Laienbrüder sei ergebnislos verlaufen. Niemand habe den beschriebenen Korb bestellt oder gesehen. Auch wisse kein Angehöriger des Ordens, daß ein solcher angeliefert worden sei.

Pater Bonaventuras Wangen glänzten. »Das gleiche gilt für die Offizialen, die ich selbst befragt habe. Selbstverständlich auch für Prior Rejman, den Ihre Annahme, in diesem Kloster könnte ein Verbrechen geschehen sein, sehr betrübt hat.«

»Dafür habe ich volles Verständnis«, entgegnete Kriminalmeister Bobak verdächtig ruhig. »Was aber wird er sagen, wenn ich den Beweis dafür antrete, daß der Korb doch hier angeliefert worden ist?«

Der Custos lächelte. »Haben Sie etwa mit dem Bauern gesprochen?«

»Ja«, log Pawel Bobak schlankweg. »Und er hat einen Zeugen!«

Die Miene Pater Bonaventuras verfinsterte sich.

Der Kriminalist verbarg, daß er frohlockte. Ihn hatte die Überzeugung, die Unbekümmertheit des Custos müsse begründet sein, alle möglichen Überlegungen anstellen lassen. Wenn er beispielsweise annahm, der Bauer sei kein Bauer, sondern ein verkleideter Mönch gewesen, dann wurde die Sorglosigkeit des Pauliners verständlich; denn dann würde es nie einen Zeugen geben. Offen blieb allerdings die Frage, warum ein verkleideter Mönch das Kloster als Bestimmungsort angegeben haben sollte. Aus Dummheit? Aus Gedankenlosigkeit?

Es reizte Pawel Bobak plötzlich, dem Custos noch mehr zuzusetzen. »Jawohl«, wiederholte er, »mein Bauer hat einen Zeugen! Im Augenblick ist der allerdings verreist. Er wird uns aber zu gegebener Zeit zur Verfügung stehen. Das versichere ich Ihnen.«

Pater Bonaventura war so verwirrt, daß er nachholte, was er bis zu diesem Augenblick unterlassen hatte. Er wies auf eine Sesselgruppe. »Wollen wir uns nicht setzen?«

Mein Schuß hat ins Schwarze getroffen, triumphierte der Kriminalist insgeheim und nutzte die günstige Gelegenheit, Rache für die Abfuhr zu nehmen, die er am Morgen erlitten hatte. »Bedaure, Hochwürden«, sagte er, »ich bin sehr in Eile. Wenn ich mich nicht spute, könnte mir unser verreister Freund durch die Lappen gehen.«

Dem Custos gelang es nicht, seine Unruhe zu verbergen. »Unser verreister Freund?« fragte er beklommen. »Wen meinen Sie damit?«

Kriminalmeister Bobak ging zur Tür. »Pater Markus!«

Im Gegensatz zu Pater Bonaventura, der besorgt zum Prior des Ordens eilte, verließ Pawel Bobak das Kloster wie ein Sieger. Er schritt durch das Jagellonen-Tor, als hätte er eine Schlacht gewonnen. Aber noch bevor er den Ausgang erreichte und durch den Lobomirski-Bogen das weiträumige Rondell betrat, vor dem die Fiaker warteten, wich seine Hochstimmung einer selbstkritischen Betrachtung. Gewiß, er hatte dem Custos gezeigt, daß noch nicht aller Tage Abend war. Vor allen Dingen hatte er zu erkennen gegeben, daß er sich nicht ohne weiteres abschütteln ließ. Erreicht hatte er jedoch kaum etwas. Im Gegenteil. Im Kloster würde man nun mehr denn je auf der Hut sein. Vielleicht war es aber ganz gut, daß er Pater Bonaventura aufgeschreckt hatte. Der Pauliner war dadurch in die Verteidigung gedrängt, während er selbst die Angriffsposition zurückgewonnen hatte. Natürlich mußte jeder Schritt jetzt genau bedacht werden. Keinesfalls durfte er das Kloster wieder betreten, ohne einen unumstößlichen Beweis in Händen zu halten.

Während Kriminalmeister Bobak noch überlegte, wo er seinen Hebel ansetzen könnte, sah er am Bock der Kutsche, auf die er zuging, ein kleines Schild mit einer Nummer. Wie elektrisiert blieb er stehen. Die Wagen waren numeriert? Ein kühner Gedanke kam ihm. Wenn alle Wagen Nummern besaßen, dann bezog sich der telegrafische Hinweis: ›Von 17 und 22 droht Gefahr‹, womöglich auf die beiden Droschken, die in der Nacht in Rudniki gesehen worden waren!

Sein Temperament ging mit ihm durch. Er stürmte an den

Fiakern entlang und schnappte sich den Kutscher, der vor dem Wagen 22 stand. »Wo ist dein Kamerad mit der Nummer siebzehn?«

»Sind Sie verrückt geworden?« empörte sich der Mann und versuchte sich zu befreien.

»Du sagst sofort, wo ich die Droschke siebzehn finde!«

»Weiter hinten!« Der Kutscher wies die Wagen entlang. »Der fünfte oder sechste wird's sein.«

»Dann führ mich schnell zu deinem Kollegen.«

»Was fällt Ihnen ein?« Der Droschkenfahrer, ein junger Mann von höchstens fünfundzwanzig Jahren, riß sich los.

In der Nähe stehende Kameraden liefen herbei.

»Der Kerl hat mich überfallen!«

Pawel Bobak zog seinen Polizeiausweis. »Ich glaube eher, daß ich nahe daran bin, diesen Burschen festzunehmen.«

Betroffen starrten ihn alle an.

»Holt den Kutscher von Wagen siebzehn! Ich muß ihn sprechen.«

»Bin schon hier«, sagte einer der Männer. Er sah alt und grau aus.

»Dann raus mit der Sprache! Oder wollt ihr beide weiterhin leugnen, des Nachts durch Rudniki gefahren zu sein?« Er wandte sich an die übrigen Kutscher. »Als ich euch vor einigen Tagen befragte, gab ich mich nicht zu erkennen. Heute aber weiß ich, daß diese beiden die von mir Gesuchten sind.«

Der junge Mann wandte sich abrupt an den Alten. »Wenn du in Rudniki warst – *ich* war es nicht! Da schwöre ich tausend Eide! Und nun«, er drehte sich dem Kriminalmeister zu, »bin ich gespannt auf das, was Sie uns zu sagen haben. Kommen Sie, kommen Sie! Legen Sie Ihre Karten auf den Tisch. Ich möchte wissen, was Sie uns anhängen wollen.«

Pawel Bobak hätte sich ohrfeigen mögen. Warum nur hatte er so unüberlegt gehandelt? Einzeln hätte er die beiden vernehmen müssen! Dazu war es jetzt zu spät. Der junge Mann hatte dem Alten unmißverständlich zu verstehen gegeben, daß er um jeden Preis schweigen würde. Und sein aggressives Auftreten sollte zweifellos deutlich machen, daß kein Grund zur Sorge bestehe. Unter diesen Umständen war es vermessen anzunehmen, den Alten durch Einschüchterung zu einem Bekenntnis bewegen zu können.

Natürlich kapitulierte der Kriminalist nicht. Aber wie drängend und drohend er auch wurde, die beiden Kutscher ließen sich nicht beirren. Nach wie vor beharrten sie darauf, niemals in der Nacht durch Rudniki gefahren zu sein.

»Ich weiß überhaupt nicht, warum ich das abstreiten sollte«, war das immer wiederkehrende und durchaus überzeugende Argument des jungen Mannes. »Nachts durch Rudniki zu fahren ist doch nicht verboten. Ich würde es also zugeben, wenn es den Tatsachen entspräche.«

Pawel Bobak ersparte es sich, seinen Verdacht zu begründen. Er besaß keinen Beweis, und er wollte nicht noch mehr einstecken müssen. Schon hatte er sich als Sieger gesehen, nun glich er einem blessierten Krieger.

Am Abend quartierte er sich im Czenstochauer Gasthof ein. Hier bestellte er sich einen großen Wodka und rauchte Machorka. Ihm graute davor, dem Natschalnik, dem russischen Vorsteher des Landkreises Petrikow, bekennen zu müssen, daß sein hoffnungsvoller Bericht, den er gleich nach Ausdeutung der auf dem Korb vorgefundenen Zahlen erstattet hatte, zu einem wertlosen Fetzen Papier geworden war. Hatte sich denn alles gegen ihn verschworen? Oder waren ihm gravierende Fehler unterlaufen?

Pawel Bobak wußte nicht mehr ein noch aus. Er saß da und grübelte und trank und rauchte. Kein vernünftiger Gedanke wollte ihm kommen. Er wurde sich nur darüber klar, daß er neu anfangen und alle bisherigen Ermittlungen überprüfen mußte. Aus diesem Grund entschloß er sich, zunächst einmal nach Nowo-Radomsk zurückzukehren.

Als er am nächsten Morgen auf dem Perron des Bahnhofs stand, fiel ihm das Telegramm ein, das an Peter Markus gerichtet gewesen war. Da der Zug Verspätung hatte, suchte er die Telegrafenstation auf. Er wollte sich die Depesche nochmals genau ansehen. Vielleicht gab es einen Hinweis, der ihm weiterhalf.

Der Beamte grinste, als der Kriminalist ihm seinen Wunsch vortrug. »Der Streifen ist längst in den Papierkorb gewandert.«

»Schade.«

»Das verstehe ich nicht. Ich hab' dir den Text doch genannt.«

»Gewiß. Ich habe aber nicht darauf geachtet, wo das Telegramm aufgegeben wurde.«

Der Beamte griff nach einem Folianten. »Das kann ich dir sagen. Bei uns werden alle Ein- und Ausgänge gewissenhaft notiert. An welchem Tag war das noch?«

Pawel Bobak sagte es ihm.

»Hier hab' ich's schon. Die Depesche wurde um elf Uhr fünfzig in Nowo-Radomsk aufgegeben.«

»Wo?« rief der Kriminalist überrascht.

»In Nowo-Radomsk! Was ist daran so verwunderlich?«

Pawel Bobaks Backen blähten sich. »Mensch, ich bin doch von dort. Und zwischen Nowo-Radomsk und Gidle . . .« Er sah, daß der Zug einlief, und eilte nach draußen. In spätestens einer Stunde würde er das Aussehen der Person kennen, die das Telegramm aufgegeben hatte. Glücklicherweise wurde nur selten telegrafiert. Da konnte man sich die Leute merken. Und den Schalterbeamten in Nowo-Radomsk kannte er als zuverlässigen Burschen. Diesmal hatte sich Pawel Bobak nicht zu früh gefreut. Die Beschreibung des Mannes aber, die ihm der Beamte gab, ließ ihn den Atem anhalten: Pauliner in weißer Kutte. Ungewöhnlich gepflegter Vollbart. Weich klingende Stimme. Das konnte nur der Mönch sein, den er beim Büttel Tadeusz Minka kennengelernt hatte!

Dem Kriminalmeister wurde es siedend heiß. Er erinnerte sich an das Gespräch, das er mit diesem Pauliner geführt hatte. Als der Büttel dem Mönch gesagt hatte, daß er, Pawel Bobak, den Mord aufzuklären habe, hatte der Pater ihn gefragt, ob er schon etwas herausgefunden hätte. Deutlich hörte er sich noch antworten: ›Gesichert scheint mir nur zu sein, daß der oder die Täter des Nachts mit zwei Droschken durch Rudniki gefahren sind. Ich bin unterwegs nach Czenstochau, um mir alle Kutscher vorzuknöpfen.‹

Pawel Bobak griff sich an den Hals. Wozu sich etwas vormachen? *Er selbst* war es gewesen, der das Telegramm ausgelöst hatte. Vielleicht war das aber gut so; denn dadurch hatte der Täter ...

Der Täter? Zieh keine voreiligen Schlüsse, beschwor er sich. Noch ist nichts erwiesen. Ein zweites Mal darfst du nicht ohne Beweismaterial dastehen. Steinchen um Steinchen mußt du nun zusammentragen.

Gleich am nächsten Morgen fuhr er nach Rudniki. Von dort eilte er mit dem Fahrrad weiter zu dem kleinen Dorf, in dem Tadeusz Minka wohnte. Er sollte ihm den Beweis für die Richtigkeit seiner Kombination liefern.

Als Pawel Bobak die Hütte des Büttels erreichte, war dieser gerade damit beschäftigt, einen Fensterrahmen neu anzustreichen. »Slawa Ci!« rief er erfreut. »Immer noch in der Mordsache unterwegs?«

»Leider. Ich bin bis jetzt zu keinem Ergebnis gekommen.«

Krystyna Minka erschien im Türrahmen. »Witajcie!«

»Seid gegrüßt!« erwiderte Pawel Bobak. »Ich hoffe, es geht euch gut.«

»Danke, danke. Wir sind dabei, alles für Ostern vorzubereiten.«

Ihr Mann legte den Pinsel fort. »Und der Herr Kryminalnej muß noch immer hinter dem Mörder herrennen.«

Krystynas Miene verfinsterte sich. »Daß du dauernd von solchen Sachen reden mußt.« Mit einem gequälten Lächeln wandte sie sich an Pawel Bobak. »Bitte, treten Sie ein.«

In der Hütte blitzte es vor Sauberkeit. Der Tisch war hell gescheuert, der Herd mustergültig aufgeräumt. Auf einem Sims abgestellte Töpfe funkelten, als seien sie neu. An der Decke hing ein kunstvolles Gebilde aus geflochtenem Stroh. Den Oberteil der Fenster schmückten kleine Gardinen aus duftigem Gespinst.

Krystyna Minka versorgte ihren Gast mit einem Glas Milch.

Pawel Bobak bedankte sich. »Ich hab' mal wieder reingeschaut, weil es mir bei Ihnen so gut gefallen hat.«

Der Büttel strahlte. »Oh, danke, danke. Das freut uns.«

Seine Frau nickte. »Ja, der Tag damals war wunderschön. Schade nur, daß Pater Rochus so wenig Zeit hatte. Er wird aber bald wiederkommen. Das hat er uns versprochen. Für uns war sein Besuch eine große Ehre.«

»Das kann man wohl sagen«, bekräftigte ihr Mann und lachte. »Früher war Pater Rochus ein Mannsbild, nach dem die Weiber sich umgedreht haben.«

»Wie war noch sein bürgerlicher Name?«

»Dabrow. Domnik Dabrow.«

Domnik! Pawel Bobak unterdrückte einen Seufzer der Erleichterung. Er hatte richtig kombiniert. Mit Domnik war das Telegramm an Pater Markus unterzeichnet gewesen. Nun konnte kein Zweifel mehr darüber bestehen, daß die beiden mit der Mordaffäre zu tun hatten. Aber er hatte sich ja vorgenommen, nicht nochmals vorschnelle Schlüsse zu ziehen.

Steinchen um Steinchen wollte er zusammentragen. Das machte es notwendig, den Büttel etwas auszuhorchen. Er verwickelte ihn deshalb in ein Gespräch über seinen ehemaligen Rekruten und erfuhr, daß der junge Domnik leicht aufbrausen und jähzornig werden konnte. Dem Ehepaar Minka hatte er eingestanden, nicht zuletzt aus diesem Grund den Entschluß gefaßt zu haben, in ein Kloster einzutreten. Er hatte Angst vor sich selbst bekommen.

Selbstverständlich erwähnte Pawel Bobak nicht, welch scheußlichen Verdacht er hegte. Wozu alte Leute erschrecken? Er konnte es jedoch kaum erwarten, sich nochmals mit den beiden Droschkenkutschern zu unterhalten.

Als er am Nachmittag den Halteplatz am Kloster erreichte, hütete er sich, sein Temperament wieder durchgehen zu lassen. Er schlüpfte vielmehr in die Rolle eines besorgten Kriminalisten und war gespannt, welche Wirkung es haben würde, wenn er sein Geschütz im rechten Moment abfeuerte.

»Kommt her«, sagte er den beiden und zog sie zur Seite. »Reden wir einmal in aller Ruhe miteinander. Vielleicht können wir uns gegenseitig helfen.«

Der junge Droschkenfahrer blinzelte zum Alten hinüber.

»Unterstellen wir, die Bauern von Rudniki hätten die Wahrheit gesagt. Dann würde feststehen, daß zwei Fiaker mit zwei Gästen durch ihren Ort gefahren sind. Vier Menschen also. Unterstellen wir des weiteren, die Fahrgäste wären inzwischen inhaftiert worden und seien geständig, mit Hilfe von zwei Kutschern einen großen Korb in die Warthe geworfen zu haben.«

»Reden Sie keinen Blödsinn!« brauste der junge Droschkenfahrer auf.

»Ich unterstelle doch nur«, beruhigte ihn Pawel Bobak. »Keineswegs behaupte ich, daß es so war. Um meine Geschichte aber zu Ende zu bringen, unterstelle ich jetzt auch noch, im bezeichneten Korb habe sich ein Toter befunden – ein Mann, der von den beiden Fahrgästen umgebracht worden war.«

Der Alte bekreuzigte sich.

»Nun kommt meine Frage: Was würde mit den beiden Kutschern geschehen, wenn sie, dem Geständnis ihrer Fahrgäste zum Trotz, weiterhin leugneten, die Fahrt durchgeführt und viel Geld dafür bekommen zu haben?«

»Der will uns fertigmachen!« schrie der junge Droschkenfahrer.

»Was sollte ich für ein Interesse daran haben?« entgegnete Kriminalmeister Bobak so ruhig wie möglich. »Gerade das Gegenteil ist der Fall. Ich will euch vor einer Riesendummheit bewahren! Was ich unterstellt habe, ist nämlich Tatsache! Die Patres Rochus und Markus haben gestanden!«

»Jessuss, Maria und Jósef!« stöhnte der Alte und sank in die Knie. »Ich hab' gewußt, daß es rauskommen wird.«

Pawel Bobaks Züge entspannten sich. Er zog den Alten zu sich hoch und wandte sich an den anderen. »Und was sagen Sie?«

»Diese Schweine! Uns haben sie schwören lassen, selbst dann nicht zu reden, wenn wir eingesperrt werden sollten. Beim Leben unserer Angehörigen und unter Anrufung des Allmächtigen, der Schwarzen Madonna und aller Heiligen haben wir schwören müssen! Stimmt's, Stanislaw?«

Der Alte zitterte am ganzen Leib. »Hinknien haben wir uns müssen. Beten und schwören haben wir müssen. Immer wieder beten und schwören, daß wir an Gott glauben, an die Muttergottes und an ihren Sohn. Und daß die Heilige Dreieinigkeit uns auf der Stelle töten solle, wenn wir reden würden.«

»Und was habt ihr für die Fahrt bekommen?« fragte Pawel Bobak mit kalter Stimme.

»Beide senkten den Kopf.

»Heraus mit der Sprache! Vor Gericht werdet ihr ohnehin Farbe bekennen müssen.«

»Wir kommen vor Gericht?«

»Glaubt ihr etwa, man würde euch nicht vernehmen? Was hat man euch also gegeben?«

»Zweihundert Rubelchen«, flüsterte der Alte.

»Jeder von euch hat zweihundert Rubel bekommen?«

»Ja.«

Der Kriminalist holte Luft. Eine solche Summe verdiente er in vier Monaten. »Gebt mir eure Namen«, sagte er nach kurzer Überlegung. »Und redet in eurem eigenen Interesse mit niemandem über die Sache. Ich müßte euch sonst einsperren lassen.«

Die beiden sahen ihn flehend an.

»Werden Sie uns anzeigen?«

Zunächst einmal werde ich zum Kloster gehen, dachte Pawel Bobak. Er hätte sich jetzt wie ein Sieger fühlen können, hatte aber nicht mehr das Verlangen, Sieger zu sein. Ihn interessierte nur noch, wer der Mörder und wer der Ermordete war.

Kriminalmeister Bobak wappnete sich mit Kälte. Es widerstrebte ihm, den Vorsteher des Ordens in eine peinliche Rolle drängen zu müssen. Ihm blieb jedoch keine andere Wahl. Er mußte den letzten Zipfel des Schleiers lüften, der sich über das Verbrechen gelegt hatte.

Als er beim Durchqueren des Rittersaales die großen Gemälde in den Rundbögen sah, mußte er unwillkürlich denken: Wieviel Tote mögen die hier dargestellten Herrscher auf dem Gewissen haben! Und dennoch werden sie verherrlicht. Sogar von der Kirche. Ein paar Stiftungen, Brosamen der Fürsten, genügen vollauf, um Raubzüge in Marksteine nationalen, gottgefälligen Heldentums umzuwandeln.

Angesichts der in demütigen Posen dargestellten Gewaltmenschen schien es ihm fast widersinnig, einen Übeltäter wegen eines einzigen Mordes zu verfolgen. Auf den Bildern schaute die Schwarze Madonna wohlgefällig auf bluttriefende Schlachten herab. Und der Heilige Geist segelte in Gestalt einer Taube über den Kämpfenden dahin. War hier nicht aus Gottesfurcht Gotteslästerung geworden? Oder war, in Umkehrung des Bibelwortes, das Fleisch willig und der Geist schwach gewesen?

Pawel Bobaks Auflehnung schwang noch in ihm nach, als er vom Pförtner des Officiums zum Ordensvorsteher geführt wurde.

Prior Rejman empfing ihn äußerst reserviert. Er blieb an seinem rotbraunen Schreibtisch sitzen und forderte ihn mit einer vagen Handbewegung auf, Platz zu nehmen. Neben ihm stand der wohlbeleibte Pater Bonaventura mit undurchdringlicher Miene.

Pawel Bobak setzte sich. Das Aussehen des Ordensvorstehers überraschte ihn. Er hatte sich einen zierlichen älteren Pater mit grauem Bart vorgestellt und sah sich nun einem Mann gegenüber, der eher in eine Ritterrüstung paßte, als in das Gewand eines Mönches. Sein Haar war rabenschwarz, sein langer Vollbart patriachalisch. Nur seine gütig blickenden Augen verrieten, daß er sein Heil im Jenseits suchte.

»Was führt Sie zu uns?« fragte er, offensichtlich darüber irritiert, daß sein Gegenüber ihn ungeniert musterte.

Der Kriminalist wandte sich an Pater Bonaventura. »Bei meinem letzten Besuch deutete ich bereits an, daß mich die plötzliche Reise des Pater Markus beschäftigt . . .«

Den Paulinern schien ein Stein vom Herzen zu fallen.

». . . und ich bin gekommen, um Sie zu bitten, mir Einsicht

in das Telegramm zu gewähren, das für ihn einging, als ich seinerzeit mit dem stellvertretenden Custos sprach.«

Der Prior hob seine Augenbrauen und wandte sich an Pater Bonaventura. »Für Bruder Markus ist eine Depesche eingegangen?«

Ihr streut mir keinen Sand in die Augen, dachte Pawel Bobak und kam dem Custos zuvor: »Ja, für ihn ist hier ein Telegramm eingegangen. Pater Bazil, der es versehentlich geöffnet hatte, war über seinen Inhalt zutiefst erschrocken. Seltsamerweise konnte sich Pater Markus, mit dem ich mich später über die Depesche unterhielt, ihren Text nicht erklären. Ihm wurde darin geraten, eine besprochene Reise anzutreten, da Gefahr im Verzuge sei. Wirklich, recht merkwürdig. Angeblich kannte er auch den Absender nicht. Und das ist es, was mich beschäftigt. Denn er *ist* abgereist! *Wohin*, frage ich mich.«

Der Prior hob die Arme. »Genaues kann ich Ihnen nicht sagen. Pater Markus nahm während meiner Abwesenheit Urlaub, um zur Kur zu fahren. Er soll von Karlsbad gesprochen haben.«

Pawel Bobak war überrascht. »Karlsbad kostet doch allerhand Geld.«

»Wir haben Vergünstigungen.«

»Dennoch: die Fahrt, der Aufenthalt, die Kur . . . Ich war der Meinung, die Mitglieder Ihres Ordens dürften persönlich kein Geld besitzen.«

Prior Rejman wurde nervös. »Das ist richtig. Seit 1864 erhält jedoch jeder Mönch einen kleinen Anteil von den Gebühren, die für das Zelebrieren der Messe gezahlt werden. Auch wir sind nur Menschen. Nach den Strapazen, die Hunderttausende von Wallfahrern das ganze Jahr über mit sich bringen, brauchen wir gelegentlich einen Erholungsurlaub.«

Kriminalmeister Bobak ließ das Thema fallen und kam auf sein Anliegen zurück. Er bat um Einsicht in das Telegramm, und als ihm bedeutet wurde, daß sein Wunsch nicht erfüllt werden könne, weil man nicht wisse, wo sich die Depesche befinde, ersuchte er darum, sich in der Zelle des abwesenden Mönches nach dem Papier umsehen zu dürfen.

Prior Rejman lehnte dies strikt ab.

Pawel Bobak wunderte sich nicht darüber. Sein Plan basierte sogar darauf, daß ihm eine Besichtigung der Zelle verweigert würde. »Das bedaure ich sehr«, sagte er. »Denn ich sehe mich nun leider gezwungen, die russische Behörde einzuschalten.«

Der Ordensvorsteher und Pater Bonaventura sahen ihn entgeistert an.

»Ich hätte das gerne vermieden«, fuhr der Kriminalist wie beiläufig fort. »Aber wenn es nicht anders geht . . .«

»Ich verstehe nicht, worauf Sie hinaus wollen«, ereiferte sich Prior Rejman.

»Auf den Durchsuchungsbefehl, den ich unter den gegebenen Umständen beantragen muß. Glauben Sie mir, ich tue nur meine Pflicht. Mir wäre wohler, wenn ich, ein Mitglied der römisch-katholischen Kirche, die Untersuchung allein hätte durchführen können.«

»Aber Sie kennen doch den Inhalt des Telegramms!« warf Pater Bonaventura ein.

»Das schon. Ich habe es aber nicht mit eigenen Augen gesehen und weiß somit nicht, wo es aufgegeben wurde. Wie soll ich die Depesche da aktenkundig machen? Man wird mir Liederlichkeit vorwerfen, wenn ich darüber hinwegsehe.«

Prior Rejman erhob sich. »Eine Haussuchung durch die Ochrana möchte ich auf alle Fälle vermeiden.«

»Dann lassen Sie mich einen Blick in die Zelle werfen«, bat Pawel Bobak.

Der Ordensvorsteher zögerte und rückte einige Schreiben zurecht, die auf seinem Tisch lagen. »Gern gestatte ich es nicht«, sagte er nach einer Weile. »Es scheint mir jedoch immer noch besser zu sein, Sie in das Kloster zu führen, als eine Reihe von . . .« Er unterbrach sich und wandte sich an den Custos. »Verständigen Sie den Circator.« An Bobak gewandt: »Er ist für die Zellen verantwortlich und soll uns begleiten.«

Pawel Bobak wurde durch das Refektorium, dessen wundervoll gestaltete Decke er gerne länger betrachtet hätte, in die erste Etage geführt, in der sich die Zellen der Mönche befanden. Voraus ging der herbeigerufene Circator, ein asketisch aussehender junger Mönch. Ihm folgte der Prior, der in den breiten und mit blitzenden Fliesen belegten Gängen dicht an den Wänden entlangging.

Seltsame Angewohnheit, dachte der hinter ihm gehende Kriminalist.

Den Schluß bildete Pater Bonaventura. Sein Keuchen ging im hallenden Klang der Schritte unter. Ihnen entgegenkommende Mönche traten zur Seite und senkten demütig den Kopf.

Vor einer der nach Norden gelegenen Zellen blieb der Circator stehen und schloß die Tür auf.

Der Prior trat ein und bedeutete dem Kriminalisten, ihm zu folgen.

Pawel Bobak zögerte. Die Kahlheit der Zelle beeindruckte ihn. An den gekalkten Wänden hingen einige Heiligenbilder: die Nachbildung der Schwarzen Madonna mit dem Jesuskind auf dem Arm; eine Darstellung der Heiligen Familie, auf der Vater Josef im Hintergrund emsig hobelt; ein Bild des Gottessohnes, der sein Gewand über der Brust auseinanderhält und ein mit Strahlen geschmücktes Herz zur Schau stellt.

Ein schlichtes Feldbett diente als Nachtlager. Das Bettzeug war geglättet und ausgerichtet wie beim Militär. An der gegenüberliegenden Wand befand sich ein mit Wachstuch überzogenes Liegesofa. In der hinteren Ecke der Zelle hing ein

Kruzifix. Darunter stand ein Betstuhl mit hochgezogenem Pult, auf dem ein Brevier lag. Auf der Fensterbank standen zwei Gläser mit Hyazinthenzwiebeln, über die spitze Papierhütchen gestülpt waren.

»Hier dürfte kein Telegramm zu finden sein«, sagte Kriminalmeister Bobak, nachdem er sich den übersichtlichen Raum genau angesehen hatte.

Das Gesicht des Priors drückte Zufriedenheit aus. »Ich habe nichts anderes erwartet.«

Pawel Bobak nickte. »Ich ebenfalls nicht. Mir ging es auch nur darum, diesen Raum kennenzulernen.«

Der Ordensvorsteher schaute ihn verwundert an. »Aber Sie sagten doch . . .«

»Gewiß«, fiel der Kriminalist ein und tat einen Seufzer. »Was sagt man nicht alles, um sein Ziel zu erreichen.«

Pater Bonaventura schnaufte: »Ich habe geahnt, daß Sie Böses im Schilde führen.«

Pawel Bobak wandte sich um. »Ist es wirklich böse, ein Verbrechen so behutsam aufklären zu wollen, daß dieses Kloster dabei nicht allzusehr in Mitleidenschaft gerät?«

Prior Rejman trat vor ihn hin. »Worauf wollen Sie hinaus?«

»Das werde ich Ihnen später sagen. Zunächst möchte ich noch die Zelle des Paters Rochus, alias Domnik Dabrow, sehen.«

Seine Worte wirkten wie ein Peitschenschlag.

»Sie haben uns hereingelegt«, keuchte Pater Bonaventura.

Der Ordensvorsteher gebot ihm zu schweigen. »Causa finita est!« sagte er und wandte sich an den Circator. »Führe uns zur Zelle von Pater Rochus.«

Der Custos erregte sich. »Wir können doch nicht . . .«

»Ich sagte: Causa finita est!« unterbrach ihn der Prior streng. »Die Sache ist zu Ende! Es hat keinen Zweck, mit untauglichen Mitteln zu versuchen ...« Er rang nach Luft. »Der Herr Kriminalmeister tut seine Pflicht, und wir wollen ihm dabei helfen, soweit uns dies möglich ist.«

Bin gespannt, wie das aussehen wird, dachte Pawel Bobak. Ihm kam die Wandlung des Ordensvorstehers zu plötzlich.

Der Circator schloß die Zelle Nummer 38 auf und bekreuzigte sich.

Prior Rejman trat zur Seite. »Bitte«, sagte er, ohne in den Raum einzutreten.

Pawel Bobak sah zwei Dinge mit einem Blick: es fehlte das Liegesofa, und Teile des Fußbodens und einer Wand waren überstrichen. »Das genügt«, sagte er. »Ich wäre Ihnen dankbar, wenn wir uns nun in Ruhe unterhalten könnten.«

Der Ordensvorsteher war bleich wie ein Leintuch. Seine Backenknochen ließen erkennen, daß er die Zähne zusammenbiß.

Schweigend kehrten sie in den Arbeitsraum des Priors zurück.

Dort angekommen, übernahm Pawel Bobak die Führung des Gespräches. Ausführlich legte er dar, welche Verdachtsmomente ihn gezwungen hatten, sich unter einem Vorwand Einblick in die Zellen der ihm verdächtig erscheinenden Patres zu verschaffen. Nur so habe er ermitteln können, wer von ihnen der Täter und wer der Mitwisser sei. Da sich der Ermordete in der Matratze eines Liegesofas befunden habe, wie es in Pater Markus' und wahrscheinlich in jeder anderen Zelle stehe, im Raum von Pater Rochus jedoch fehle, ergebe sich mit großer Wahrscheinlichkeit, daß Pater Rochus die Tat verübt habe. Dafür spreche auch, daß er es war, der das Telegramm an Pater Markus sandte. Als Beweis müsse ferner angesehen werden, daß Teile der Wand und des Fußbodens seiner Zelle neu gestrichen seien, offensichtlich, um Spuren zu beseitigen.

»Daraus ist zu schließen, daß hier im Kloster ein Mord verübt worden ist«, schloß der Kriminalist, »und es ist mir unverständlich, daß der Orden keine Anzeige erstattet hat.«

»Jetzt sind Sie voreilig«, verteidigte sich Prior Rejman. »Wir wußten doch überhaupt nicht, was geschehen war. Wohl wurde mir mitgeteilt, daß Pater Rochus das Kloster ohne Erlaubnis verlassen hatte. Daß solches gelegentlich vorkommt, muß ich leider bekennen. Mein Vorgänger war alt und hat die Zügel schleifen lassen. Seit Jahren bemühe ich mich ... Es ist manchmal sehr schwer. Der Mensch hinkt zu Gott und läuft zum Teufel.« Er strich sich über die Stirn. »Um auf Ihren Vorwurf zurückzukommen: für mich bestand kein Grund, Alarm zu schlagen. Besorgt wurde ich auch nicht, als der Circator mir meldete, die Zelle von Pater Rochus sei neu gestrichen und das Liegesofa verschwunden. Ich bin der Sache natürlich nachgegangen, und es stellte sich heraus, daß Pater Rochus am Tage vor seinem Fortgang den Klostermaler Piotr um Farbe und Pinsel gebeten hatte. Das war gewiß merkwürdig. Ebenso merkwürdig wie das Fehlen des Sofas. Beides konnte mich jedoch nicht veranlassen, an ein Verbrechen zu denken. Erst als die Presse von der in einem Liegesofa versteckten Leiche berichtete, wurde mir klar, daß sich etwas Böses ereignet hatte. Ich ließ sogleich eruieren, ob außer Pater Rochus noch jemand fehle, doch alle Patres, Fratres und Laienbrüder waren anwesend. Daraus schloß ich, daß nicht hier im Kloster, sondern anderswo etwas Schreckliches geschehen sein müsse. Doch wo auch immer: für mich stand von diesem Augenblick an fest, daß Pater Rochus eine schwere Schuld auf sich geladen hatte, und ich zog die sich daraus ergebende Konsequenz: ich fuhr mit Pater Bonaventura nach Rom und erwirkte von Papst Pius X. die Exkommunikation des in Verdacht geratenen Ordensbruders.«

»Excommunicatio major!« betonte der Custos mit erhobener Stimme. »Dieser Bann nimmt auch die bürgerlichen

Rechte! Und er wurde ›ferendae sententiae‹ ausgesprochen, also nicht infolge einer allgemeinen Vorschrift, sondern auf Grund eines Urteilsspruches!«

»Damit ist der Gerechtigkeit keineswegs Genüge getan«, erklärte der Kriminalist ungerührt. »Verlassen wir also die Welt der Kirche und kehren wir auf den Boden des Staates zurück. Noch heute muß ich einen Fahndungsbefehl beantragen.«

Der Prior, dessen Lauterkeit außer Zweifel stand, atmete schwer. »Wäre es möglich, diesen auf den Namen Domnik Dabrow . . .?«

»Das ist ausgeschlossen!« fiel Pawel Bobak ein. »Der Flüchtige trägt die Kutte der Pauliner.«

»Bitte, bedenken Sie, welcher Schaden unserem Kloster entstehen wird!«

»Die Schuld liegt nicht bei mir.«

»Bei uns ebenfalls nicht. Wir sind doch nur eine Schneeflocke in der Lawine, die nun ins Rollen gerät.«

»Dem will ich gerne Rechnung tragen. Da die Leiche im Kreis Petrikau gefunden wurde, werde ich mich an den dortigen Staatsanwalt wenden. Das wird zwar nicht viel helfen, aber die Glocken von Petrikau dürften in Czenstochau nicht ganz so laut zu hören sein. Ich muß Sie allerdings bitten, mir jetzt über alles, was Sie wissen, reinen Wein einzuschenken.«

Prior Rejman blickte bedrückt vor sich hin.

Dem Custos perlte der Schweiß auf der Stirn.

Pawel Bobak schaute von einem zum anderen. »Wissen Sie, wer der Ermordete ist?«

»Wir haben nicht die geringste Ahnung«, antworteten beide wie aus einem Munde.

»Es gibt auch keinen Hinweis, der mir weiterhelfen könnte?«

Der Ordensvorsteher schüttelte den Kopf. »Wir stehen

selbst vor einem Rätsel. Ich kann Ihnen versichern, daß niemand einen Fremden im Klostertrakt gesehen hat.«

»Und was ist mit Pater Markus?«

Der Prior hob die Schultern. »Er hat, wie ich schon sagte, während meiner Abwesenheit um Urlaub nach Karlsbad gebeten. Nach allem, was ich nun weiß, vermute ich jedoch, daß er nicht dorthin gefahren ist.«

»Gibt es einen Hinweis, wohin er gefahren sein könnte?«

»Wir wissen nur, daß er sich mit dem Gedanken trug, nach Amerika auszuwandern. Dort leben die Angehörigen seiner Familie.«

Kriminalmeister Bobak erhob sich. »Ich werde alles tun, um möglichst wenig Staub aufzuwirbeln. Ganz wird sich die Öffentlichkeit natürlich nicht ausschalten lassen.«

Prior Rejman machte eine hilflose Geste. »Unheil beklagen, das nicht zu ändern ist, heißt das Unheil vergrößern. Trösten wir uns damit, daß Gottes Haustür immer offen ist.«

4

Kriminalmeister Bobak konnte zufrieden sein. Er hatte einen Mord, bei dem nicht einmal der Tatort bekannt gewesen war, so gut wie aufgeklärt. Das Lob, das auf ihn herabregnete, tat ihm gut; es tröstete ihn jedoch nicht darüber hinweg, daß der Fahndungsbefehl, der nun an alle Polizei- und Bahnstationen herausgehen sollte, gewaltigen Staub aufwirbeln würde. Ein Pauliner steckbrieflich gesucht! Noch dazu als Mörder!

Es waren jedoch nicht Glaubensgründe, die dem ehrgeizigen Kriminalisten zu schaffen machten. Ihm war klar, daß der Fahndungsbefehl den Geflüchteten veranlassen würde, sich schnellstens in einen Zivilisten zu verwandeln. Das konnte seine Festnahme nur erschweren. Ohne Steckbrief ging es allerdings nicht. Für Pawel Bobak war es deshalb ein Geschenk des Himmels, als Prior Rejman ihn am nächsten Morgen in Nowo-Radomsk anrief und mit sich überschlagender Stimme verkündete, er habe ihm eine wichtige Mitteilung zu machen. »Sie ist von eminenter Bedeutung«, rief er so laut, daß die Hörmuschel vibrierte. »Wahrscheinlich wird die öffentliche Fahndung sogar unnötig werden.«

Der Kriminalmeister traute seinen Ohren nicht.

»Hier ist soeben erneut ein Telegramm für Pater Markus eingegangen. Es wurde um acht Uhr dreißig in Koniecpol aufgegeben.«

Pawel Bobak notierte sich Ort und Zeit.

»Der Text lautet: ›Brauche dringend die Reiseunterlagen stop erwarte dich morgen früh mit dem Zug neun Uhr zehn in Poraj!‹ Unterschrift: ›Domnik‹.«

Vor Aufregung hatte Pawel Bobak nur die Hälfte mitschreiben können. Er bat darum, ihm den Text nochmals vorzulesen.

Prior Rejman entsprach seiner Bitte und fragte danach: »Sind Sie nicht auch der Meinung, daß sich eine öffentliche Fahndung unter diesen Umständen erübrigt?«

»Ich glaube schon.«

»Mir fällt ein Stein vom Herzen.«

Kein Wunder, dachte Pawel Bobak.

»Gott sei mit Ihnen, mein Sohn!«

Mit einem Mal bin ich sein Sohn.

»Ich werde ein Tedeum singen.«

Und ich Hosianna, wenn mir dieser Rochus ins Netz gegangen ist, dachte Pawel Bobak grimmig. Der Fahndungsbefehl mußte um jeden Preis gestoppt werden; jetzt konnte er den Gesuchten nur warnen.

Um keine Zeit zu verlieren, meldete Kriminalmeister Bobak unverzüglich ein dringendes Gespräch nach Koniecpol an. Er mußte wissen, ob Pater Rochus dort in der Mönchskutte aufgetreten war. Zu seiner Erleichterung wurde ihm gesagt, das Telegramm sei von einem Pauliner aufgegeben worden. Daraufhin ersuchte er die Staatsanwaltschaft in Petrikau, den Fahndungsbefehl vorerst nicht herausgehen zu lassen. Da seine Begründung einleuchtend war, wurde seiner Bitte entsprochen und er für seine Umsicht gelobt.

Nach reiflicher Überlegung entschloß sich Pawel Bobak, nicht gleich nach Poraj zu fahren. Das Städtchen liegt etwa zwanzig Kilometer südlich von Czenstochau, und es bestand die Gefahr, daß Pater Rochus von seiner Ankunft erfuhr, wenn er sich in dem kleinen Ort einquartierte. Es war natürlich auch möglich, daß der Geflüchtete sich noch nicht in Poraj aufhielt und erst am nächsten Morgen dorthin kommen würde. Unabhängig davon mußte Pawel Bobak besonders vorsichtig zu Werke gehen, weil der Gesuchte ihn bei Tadeusz Minka kennengelernt hatte.

Um keinen Fehler zu machen, wählte er nicht den Frühzug nach Poraj. Er übernachtete in Czenstochau und stieg im Morgengrauen auf sein Fahrrad. Zwei Stunden brauchte er für die Fahrt, die über relativ flaches Gelände führte. Er genoß den frischen Morgen, der schon den kommenden Frühling erahnen ließ.

In Poraj informierte er den Bahnhofsvorsteher, nachdem er sich als Polizeibeamter ausgewiesen hatte. Dann bezog er hinter einem Fenster des Aufsichtsraumes Stellung.

Die Zeit schien stillzustehen. Immer wieder schaute er zur Uhr, bis endlich im Stellwerk ein hartes Geläut den herannahenden Zug ankündigte.

»Werden viele Passagiere zusteigen?« fragte er den Bahnbeamten.

»Nur ein altes Weib. Es hat eine Fahrkarte bis zur nächsten Station gelöst.«

Pawel Bobak fieberte, als der Zug einlief. Würde der Pauliner sich seiner Verhaftung widersetzen? Er hatte den Bahnhofsvorsteher gebeten, ihm notfalls Hilfestellung zu leisten.

Der Zug hielt an. Zwei Türen der Vierten Klasse und eine der Zweiten Klasse wurden geöffnet. Insgesamt stiegen fünf Personen aus: zwei Bäuerinnen, ein Bauer, ein junger Mann und ein Geistlicher in der schwarzen Soutane.

Kriminalmeister Bobak wurde nervös. Blieb Pater Rochus womöglich im Zug, weil Pater Markus nicht auf dem Bahnsteig stand? Oder hielt er sich irgendwo im Hintergrund verborgen?

Bei dieser Überlegung schoß dem Kriminalisten das Blut in den Kopf. Er hatte einen unverzeihlichen Fehler gemacht. Wenn Pater Rochus seinen Ordensbruder erwartete, mußte er sich ja bereits in Poraj aufhalten!

So schnell wie möglich lief Pawel Bobak ins Freie und um den Bahnhof herum. Außer dem Beamten und den Passagieren, die den Zug verlassen hatten, war nur ein schäbig gekleideter Knecht zu sehen, der neben einem Kastenwagen stand, auf den die Bäuerinnen und der Bauer zugingen. Sie begrüßten ihn und stiegen auf den Wagen, nachdem sie den Geistlichen und den jungen Mann aufgefordert hatten, mit ihnen zu fahren.

Kriminalmeister Bobak blickte suchend nach allen Seiten. Weit und breit war keine Mönchskutte in Sicht. Er hätte heulen können vor Wut. Da hatte er sich schon am Ziel seiner Wünsche gesehen ... Es wäre aber wohl zu glatt gegangen, wenn er den Pauliner ohne weiteres hätte festnehmen können. Und dennoch: irgend etwas stimmte nicht. Man schickt kein Telegramm und kommt dann einfach nicht. Schon gar nicht, wenn man dringend ›Reiseunterlagen‹ braucht. Was damit gemeint war, wußte er nicht. Vielleicht Ausweispapiere, ein Koffer oder Geld.

Je länger Pawel Bobak über alle Möglichkeiten nachdachte, um so überzeugter wurde er, daß es für das Ausbleiben des Paters Rochus nur einen Grund geben konnte: der Geflüchtete mußte gewarnt worden sein. Aber von wem? In Frage kamen ausschließlich Pauliner. Nur im Kloster konnte bekanntgeworden sein, daß Pater Rochus seinen bereits über alle Berge verschwundenen Ordensbruder telegrafisch aufgefordert hatte, nach Poraj zu kommen. Gewiß wußte im Kloster auch jeder, daß der Prior die Kriminalpolizei informiert hatte. Wie aber sollte er unter hundert oder noch mehr Mönchen denjenigen ausfindig machen, der die Warnung ausgesprochen hatte?

Pawel Bobak wurde mit einem Mal hellwach. Wenn Pater Rochus die Depesche am vergangenen Vormittag in Koniecpol aufgegeben hatte, konnte ein Mitglied des Klosters ihn nicht persönlich gesprochen haben. Er mußte telegrafisch gewarnt worden sein.

Der Kriminalist konnte nicht schnell genug nach Czenstochau zurückkehren. Unter den gegebenen Umständen mußte es mit dem Teufel zugehen, wenn er das Versteck des Gesuchten bis zum Abend nicht kannte.

Der Beamte des Telegrafenamtes feixte, als Pawel Bobak ihn erneut aufsuchte. »Geht's immer noch um die Depesche von damals?«

»Nein«, sagte er. »Ich interessiere mich heute für ein Telegramm, das *hier* aufgegeben wurde.«

»Wann?«

»Gestern.«

Der Beamte griff nach einer Akte. »Wie lautet die Adresse?«

»Die möchte ich gerade von dir erfahren.«

»Na, hör mal.«

»Denk scharf nach: Hat gestern ein Pauliner ein Telegramm aufgegeben?«

»Ja, gegen Mittag.« Er blätterte in seiner Akte. »Diesmal hast du mehr Glück. Ausgehende Depeschen werden nämlich eine Woche lang aufbewahrt. Von wegen Reklamationen und so. Hier ist sie schon. Angenommen elf Uhr sechzehn. Getickt um elf Uhr zwanzig.«

»Wohin?«

»Nach Myszkow.«

»Liegt das nicht hinter Poraj?«

Der Beamte nickte. »Adressiert an Propst Jordanski. Text: ›Sollte mein Freund bei Ihnen sein, dann bestellen Sie ihm, er möge nicht nach Poraj fahren stop Markus ist verreist stop herzliche Grüße Bazil.‹«

Pawel Bobaks Herz schlug schneller. Pater Bazil war es auch gewesen, der ›versehentlich‹ das an Pater Markus gerichtete Telegramm geöffnet hatte. Du lieber Gott! Hatte er in ein Wespennest gestochen? »Ich nehme das Formular mit«, sagte er an den Beamten gewandt. »Du bekommst es noch heute wieder.«

»Trotzdem muß ich eine Quittung haben.«

»Kriegst du.« Der Kriminalist unterschrieb ein Papier und machte sich unverzüglich auf den Weg nach Jasna Góra. Um keine Zeit zu verlieren, leistete er sich eine Droschke. Prior Rejman tat ihm leid. Was mochte in diesem aufrechten Gottesmann vor sich gehen, wenn er erfuhr, daß ein Mitglied seines Ordens den Mörder nun auch noch gewarnt hatte!

Der Ordensvorsteher brach fast zusammen, als Pawel Bobak ihm die Depesche vorlegte. »Das ist doch nicht möglich«, stammelte er verwirrt. »Unser Kloster scheint einem Regenbogenlicht zu gleichen – Tränen, in die Sonnenstrahlen einfallen. Wenn schon der stellvertretende Custos . . .« Sein Atem ging schwer. »Ich will beten. Sprechen Sie selbst mit Pater Bazil. Ich kann ihn jetzt nicht sehen. Ich laufe sonst Gefahr . . .« Er rang nach Luft. »In welchen Sumpf sind wir geraten! Aber ich muß an die eigene Brust klopfen. Mea culpa, mea culpa, mea maxima culpa! Ich hätte durchgreifen müssen, als einige meiner Ordensbrüder . . .« Er vergrub sein Gesicht in den Händen.

In seiner Ratlosigkeit sagte Pawel Bobak: »Verschüttetes Wasser kann man nicht auffangen.«

Der Prior hob den Kopf und sah ihn verwundert an.

»Wappnen Sie Ihr Herz und lassen Sie Pater Bazil rufen. Ich muß ihn sprechen, möchte es aber nur in Ihrer Gegenwart tun.«

Zögernd griff der Ordensvorsteher zur Glocke. Er glich einem gebrochenen Mann. Mühsam hielt er sich aufrecht. Als sein Sekretär in den Raum trat, bat er mit einer Stimme, die stumpf wie Blei war, ihm den stellvertretenden Custos zu schicken. Danach blickte er starr vor sich hin und sagte kein Wort, bis der Herbeigerufene erschien.

Dessen Miene verriet, daß ihm Böses schwante.

Prior Rejman ging auf ihn zu, als wäre er in einen schweren Panzer gezwängt. »Ist dir Propst Jordanski bekannt?«

Die Augen Pater Bazils weiteten sich. »Ja.«

»Und du hast ihm gestern«, er hielt ihm das Formular unter die Nase, »diese Depesche geschickt?«

Der stellvertretende Custos wurde bleich. »Ich . . .«

»Ja oder nein?« forderte der Ordensvorsteher mit einer Stimme, die plötzlich alle Kraft zurückgewonnen hatte.

»Ja.«

»Dann erkläre mir, was dich dazu bewogen hat. Du weißt, daß Pater Rochus im Verdacht steht, einen Mord begangen zu haben.«

»Eben das ist es, was ich für unmöglich halte«, verteidigte

sich Pater Bazil, nunmehr überraschend selbstsicher. »Ich kenne ihn seit zwölf Jahren und kann nicht glauben, daß dieser gütige und stets hilfsbereite Mensch zum Mörder geworden sein soll. Das ist doch absurd.«

Erstaunlich, wie schnell er sich gefangen hat, dachte Pawel Bobak verblüfft.

»Pater Rochus ist niemals fähig, einen Mord zu begehen«, fuhr der stellvertretende Custos mit Nachdruck fort. »Deshalb habe ich versucht, mit ihm in Verbindung zu treten.«

»Du meinst, ihn zu warnen!«

»Ich fühlte mich dazu verpflichtet.«

»Das wird Sie teuer zu stehen kommen!« fiel Kriminalmeister Bobak grob ein. Die Arroganz des Mönches empörte ihn. »Zumindest Fluchthilfe haben Sie geleistet! Ganz zu schweigen von dem Schaden, den Sie dem Kloster zugefügt haben.«

»Begreifst du denn nicht?« erregte sich der Prior. »Ohne dein Eingreifen hätte sich eine Fahndung erübrigt! Jetzt wird sie nicht mehr zu vermeiden sein. Alle Welt wird erfahren, daß du, der stellvertretende Custos unseres berühmten Klosters, den Gesuchten gewarnt hast.«

Pawel Bobak ergriff das Wort. »Aus dem Text Ihrer Depesche geht hervor, daß Sie nicht mit Sicherheit wissen, wo sich Pater Rochus aufhält. Weshalb vermuten Sie ihn bei Propst Jordanski?«

»Weil uns dieser würdige Vater im Laufe der Jahre ein echter Freund geworden ist.«

Der Blick des Ordensvorstehers glich plötzlich dem eines Habichts. »Ein Geistlicher außerhalb des Ordens wurde euch zum Freund? Wie soll ich das verstehen? Wer ist Propst Jordanski überhaupt?«

»Er verwaltete früher in Posen das Stift der ›Damen vom Herzen Jesu‹. Heute lebt er zurückgezogen in Myszkow. Wir lernten ihn auf einer Wallfahrt kennen.«

»Und was machte ihn zu eurem Freund?«

Pater Bazil wurde wortkarg. »Das hat sich so ergeben.«

»Ihr habt ihn regelmäßig aufgesucht?«

»Von Zeit zu Zeit.«

Prior Rejmans Augen wurden zu Schlitzen. »Wurde er euer Beichtvater?«

Der stellvertretende Custos blieb die Antwort schuldig.

Die Lippen des Ordensvorstehers bebten. »Wenn ihr außerhalb des Klosters gebeichtet habt, muß es schlecht um euch bestellt sein. Dann habt ihr euch nicht getraut, einem Confessionarius unseres Ordens eure Sünden einzugestehen.« Er wandte sich an den Kriminalisten. »Ich erspare es mir, bei Ihrer weiteren Befragung zugegen zu sein. Ein Gebet erscheint mir sinnvoller.« Wie ein Fliehender verließ er den Raum.

Pawel Bobak trat ans Fenster. Ohne sich umzuwenden sagte er: »Sie wissen so gut wie ich, daß Sie mir seinerzeit nicht die Wahrheit gesagt haben. Sollten Sie heute in den gleichen Fehler verfallen, würde ich mich gezwungen sehen, Sie wegen Fluchthilfe anzuzeigen. Hiervon kann ich nur Abstand nehmen, wenn ich den Eindruck gewinne, daß Sie nicht nochmals versuchen werden, in das Räderwerk der Gerechtigkeit einzugreifen.«

»Verstehen Sie mich doch! Ich habe damals . . .«

Kriminalmeister Bobak flog herum. »Das Damals interessiert mich nicht! Nur das Heute! Und über Pater Rochus will ich im Augenblick nicht mit Ihnen reden. Da habe ich meine eigene Meinung. Außerdem weiß ich genau, daß Sie nicht an seine Unschuld glauben. Sie verteidigen ihn nur, um Ihr Telegramm begründen zu können. Gewarnt haben Sie ihn, weil Sie Angst haben, in den Sog seiner Untat zu geraten.«

»Das ist nicht wahr!« widersprach der Pauliner aufgebracht. »Mit dem Mord habe ich nichts zu tun.«

Jetzt hält er den Mord schon für gegeben, dachte Pawel Bobak. »Und wovor haben Sie Angst? Vor einer Sache, die Sie und Pater Rochus dem Propst gebeichtet haben?«

»Wie kommen Sie darauf?«

»Weil ich kombinieren kann. Das hat übrigens auch Prior Rejman getan. Oder meinen Sie, er hätte uns ohne Grund allein gelassen? Ihm geht es darum, das Ansehen des Klosters nicht zu gefährden. Und da er weiß, daß dies ebenfalls mein Wille ist, gibt er Ihnen die Chance, sich mir zu offenbaren. Herauskommen wird sowieso alles. Also reden Sie!«

Pater Bazil ging unruhig durch den Raum. »Vielleicht haben Sie recht«, sagte er schließlich mit verknitterter Miene. »Ich werde bekennen, was Pater Rochus und mich veranlaßt hatte, einen Beichtvater außerhalb des Klosters zu suchen. Wir ... wir haben eine Geliebte.«

Eine einschlagende Granate hätte keine größere Wirkung haben können. »Gemeinsam haben Sie eine Geliebte?« fragte Kriminalmeister Bobak entgeistert.

»Nein, nein, jeder hat ... Meine Geliebte ist aber vermögend. Ich hatte niemals Geldsorgen.«

Was ist das nun wieder, dachte Pawel Bobak verwirrt und sah Pater Bazil prüfend an. »War das bei Pater Rochus der Fall?«

»Darüber möchte ich nicht reden.«

»Also hatte er finanzielle Sorgen!«

»Ich sagte, daß ich darüber nicht reden will. Die Sache hat nichts mit der anderen Geschichte zu tun. Sie wollten wissen, wovor ich Angst habe, und das habe ich Ihnen gesagt.«

Pawel Bobak überlegte, wie er fortfahren sollte. Er hatte viel herausbekommen, aber konnte ihm das in der Mordsache weiterhelfen? Geldsorgen konnten natürlich das Motiv der Tat sein. »Noch einmal«, sagte er kurz entschlossen. »Hatte Pater Rochus Schulden?«

»Ganz gewiß nicht.«

»Woher wissen Sie das so genau?«

Der stellvertretende Custos wurde ausflüchtig. »Genau weiß ich es nicht. Pater Rochus hat aber nie erwähnt, daß er Schulden hat.«

»Kennen Sie seine Geliebte?«

»Nein. Er traf sich mit ihr außerhalb von Czenstochau. In Warschau, Wien und anderen Städten.«

»Wie Sie?«

»Nun ja.«

»Der Name der Dame ist Ihnen bekannt?«

»Nein.« Er hob die Hand zum Schwur. »Ich will auf der Stelle sterben, wenn ich Ihnen nicht die Wahrheit sage.«

»Dann habe ich nur noch eine Frage: Wissen Sie, wer der Ermordete ist?«

»Ich würde es Ihnen sagen, wenn ich es wüßte.«

Pawel Bobak gab sich keinen Illusionen hin. Einem Mönch, der fast nebenbei eingestand, eine Geliebte zu haben, konnte er nicht trauen. Wohl hatte er menschliches Verständnis für die Übertretung des Gelübdes der Keuschheit. Die Gelassenheit aber, mit der Pater Bazil darüber hinweggegangen war, verhieß wenig Gutes. Auch wußte er nicht, was er von dem wie zur Entschuldigung vorgetragenen Hinweis halten sollte, seine Geliebte sei vermögend. Lag hier eine gedankliche Fehlleistung vor? Spielte Geld in der Mordaffäre eine Rolle? Wie es auch sein mochte, er hatte in etwas hineingeleuchtet, das den Mord vielleicht einmal erklären, ihm im Moment jedoch nicht weiterhelfen konnte. Seine Aufgabe war es, den Täter festzunehmen. Somit konnte nichts im Augenblick dringender sein, als nach Myszkow zu fahren und mit Propst Jordanski zu sprechen.

Glücklicherweise erreichte er am Nachmittag noch einen

Zug. Die Zeit drängte. Spätestens bis zum Abend mußte er sich entscheiden, ob er die Staatsanwaltschaft bitten solle, den Fahndungsbefehl um einen weiteren Tag hinauszuschieben.

Propst Jordanski, ein alter Priester, empfing den Kriminalmeister im Lehnstuhl sitzend. Er hatte die Blässe eines Schwerkranken. Seine faltenreichen Hände lagen auf einer Wolldecke, die um seinen Unterkörper gewickelt war. »Seltsam«, sagte er, als Pawel Bobak ihm vorgetragen hatte, daß er in der Hoffnung gekommen sei, Pater Rochus anzutreffen. »Gestern erhielt ich ein Telegramm, aus dem hervorgeht, daß auch sein Freund der Meinung ist, er halte sich bei mir auf. Das ist aber nicht der Fall. Er war nur ganz kurz hier. Und ich muß Ihnen gestehen, daß er mir Sorge bereitet hat. Er war völlig verändert. Nicht nur äußerlich.« Der Propst lächelte. »Ein verrückter Einfall, sich auf einmal den Bart abnehmen zu lassen. Ich habe ihn im ersten Moment überhaupt nicht wiedererkannt. Zumal er sonst immer die weiße Kutte trug.«

»Diesmal nicht?«

»Nein, er hatte wegen irgendeiner Sondermission, die ihn über die Grenze nach Krakau führen sollte, die Soutane angelegt.«

Pawel Bobak ballte die Fäuste. Zum zweitenmal war er dem Mann begegnet, nach dem er fahndete. Zuerst bei Tadeusz Minka, dann auf dem Bahnsteig in Poraj. Der Geistliche in der schwarzen Soutane mußte Pater Rochus gewesen sein! Er trauerte der verpaßten Gelegenheit aber nicht lange nach. Jetzt wußte er wenigstens, daß der Flüchtige sich getarnt hatte.

Während der Kriminalist in Gedanken schon mit Petrikau telefonierte, erzählte Propst Jordanski, was ihm des weiteren an Pater Rochus nicht gefallen hatte. Der Pauliner sei schrecklich nervös gewesen, habe über Gliederschmerzen geklagt und sich erkundigt, ob es in Zawiercie einen guten Arzt gebe. Er habe ihm einen genannt, doch der Arme sei wahrscheinlich nicht dazu gekommen, ihn aufzusuchen. Denn gerade in dem Moment, da er aufbrechen wollte, sei ein Bauer gekommen und habe inständig gebeten, seiner mit dem Tod ringenden Frau die Sterbesakramente zu erteilen. Da er, der Propst, nicht in der Lage gewesen sei, diesem Wunsche zu entsprechen, habe Pater Rochus sich bereit erklärt, ihn zu vertreten. Er sei dann auch gleich mit dem Bauern davongefahren und habe sich seitdem nicht wieder gemeldet.

Kriminalmeister Bobak lief es kalt über den Rücken. Es war kaum zu glauben. Ein Mörder sollte einer Sterbenden beigestanden und ihr die Letzte Ölung gegeben haben?

Der Staatsanwalt von Petrikau fand Worte höchsten Lobes, als Pawel Bobak ihn telefonisch über die Verwandlung des Pauliners informierte. Er versicherte, den Fahndungsbefehl noch in der nächsten Stunde herausgehen zu lassen und auch die Presse zu verständigen. Spätestens in achtundvierzig Stunden sei der Steckbrief in allen größeren und mittleren Städten bekannt. Dem Kriminalisten empfahl er, in Myszkow zu bleiben, da anzunehmen sei, daß der Gesuchte sich noch im dortigen Raum aufhalte und den Versuch machen werde, über die Grenze in das von Österreich verwaltete Galizien zu flüchten.

Pawel Bobak nutzte die Zeit in seiner Weise. Gleich am nächsten Morgen fuhr er in das Dorf, das Pater Rochus aufgesucht hatte, um der im Sterben liegenden Bäuerin die Letzte Ölung zu erteilen. Mit gemischten Gefühlen stellte er fest, daß der Pauliner bis zu ihrem Tod, der am nächsten Morgen eingetreten war, an ihrer Seite ausgeharrt hatte. Beim Abschied hatte der Pater dem Bauern noch fünf Rubel gegeben und ihn aufgefordert, für ein besonders feierliches Begräbnis zu sorgen. Vom Knecht war er dann nach Poreba gebracht worden, von wo er weiter nach Olkusz fahren wollte.

Dieser Hinweis veranlaßte den Kriminalisten, die Initiative zu ergreifen. Er gab allen nahe gelegenen Polizeistationen telefonisch eine Schilderung des Gesuchten und bat um sofortige Verständigung, falls der des Mordes Verdächtige auftauchen sollte. Und er hatte Glück. Noch am gleichen Abend meldete ihm der Polizeibeamte von Lazy, der Apotheker des Ortes sei soeben zu ihm gekommen und habe zu Protokoll gegeben, daß ein unbekannter Geistlicher am Nachmittag bei ihm ein Mittel gegen Gliederschmerzen gekauft habe. Leider habe er erst am Stammtisch erfahren, daß ein als Priester verkleideter Verbrecher gesucht werde. Sonst hätte er sich selbstverständlich früher gemeldet. Im übrigen habe er darauf aufmerksam gemacht, daß ›sein‹ Priester, im Gegensatz zur Polizeibeschreibung, eine Brille getragen habe.

Nichts konnte Pawel Bobak mehr davon abhalten, schnellstens nach Olkusz zu fahren. Die Verhaftung des Paters wollte er nach Möglichkeit selbst vornehmen, um das Kloster Jasna Góra, das infolge des Kleiderwechsels des Geflüchteten im Fahndungsbefehl nicht mehr hatte erwähnt werden müssen, weiterhin heraushalten zu können.

Die Fahrt nach Olkusz brachte ihm nicht den erhofften Erfolg. Keine der in Grenznähe liegenden Polizeistationen konnte etwas Positives melden; der Gesuchte war nirgendwo gesehen worden. Auch in den nächsten beiden Tagen wurde keine Spur entdeckt. Dann aber überstürzten sich die Ereignisse.

Es begann damit, daß dem Buffetfräulein eines am Stadtrand von Olkusz gelegenen Speiserestaurants das herrische Auftreten eines mit einem Fell bekleideten Fuhrmanns mißfiel, der eine Flasche Wodka verlangte, jedoch nur den normalen Ladenpreis zahlen wollte. Sie erklärte ihm weniger freundlich, als es sonst ihre Art war, er solle sich den Schnaps gefälligst im Monopolgeschäft kaufen. Daraufhin nannte er sie eine eingebildete Ziege, spuckte auf den Boden und verließ das Lokal. Empört über sein Benehmen und in der Absicht, ihm eine Grobheit nachzurufen, lief sie zum Fenster. Sie machte ihr Vorhaben aber nicht wahr, weil sie auf dem Fahrerbrett des Kastenwagens einen Mann sitzen sah, dessen feingeschnittenes, blasses Gesicht sie faszinierte. Er hatte sich eine Wolldecke übergeworfen und hielt die Zügel wie jemand, der nicht damit umzugehen versteht. Der Fuhrmann stieg krakeelend auf den Wagen und griff unwirsch nach der Pferdeleine, wodurch die Wolldecke seines Begleiters für einen Moment auseinanderfiel und die Soutane eines Priesters sichtbar wurde.

»Jessuss!« entfuhr es der Mamsell. »Das ist ja . . .« Sie griff sich erschrocken an den Mund. Sollte sie einen Mann verraten, der so sympathisch aussah? Wie in Trance kehrte sie zum Buffet zurück, wo sie versponnen ihrer Arbeit nachging, bis sich das Restaurant mit den Mittagsgästen füllte. Unter ihnen befanden sich auch einige Honoratioren der Stadt, und sie konnte plötzlich der Versuchung nicht widerstehen, sich in den Mittelpunkt zu stellen. Sie erzählte, was sie gesehen hatte, und dramatisierte ihre Schilderung so gut wie möglich.

Ein unerwarteter Tumult war die Folge. Der Kreissekretär hielt es für seine Pflicht, sofort die Polizei zu verständigen, doch der Wirt war dagegen. Er traute seiner Angestellten nicht, vermutete Wichtigtuerei. Das führte zu einem Streit, in dessen Verlauf die meisten Gäste den Standpunkt des Wirtes einnahmen. Dies wiederum veranlaßte den um sein Ansehen besorgten Kreissekretär, von seinem Vorhaben Abstand zu nehmen.

Später aber, als er in sein Büro zurückgekehrt war, informierte er die Polizei. Diese alarmierte Kriminalmeister Bobak, der in Anbetracht der Tatsache, daß das Restaurant an der Straße nach Trzebinia lag, unverzüglich die dortige Gendarmerie verständigte und sich mit einer schnellen Droschke in die fast an der Grenze gelegene Stadt bringen ließ. Doch er kam zu spät. Man eröffnete ihm, daß der Fuhrmann, den man mühelos hatte stellen können, ohne Begleitung gewesen war. Er streite nicht ab, einen Priester als Fahrgast gehabt zu haben, und sei stolz darauf gewesen, ihn zu dem in der ganzen Gegend bekannten Grenzgänger Wadas gebracht zu haben. Beide hätten sich noch in der gleichen Stunde auf einem Schleichweg in das von Österreich besetzte Gebiet begeben. Abschließend habe er zu Protokoll gebracht: ›Mein Fahrgast war ein echter Priester. Er hat während der ganzen Fahrt im Brevier gelesen. Und er hat Wadas und mir je zwanzig Rubel gegeben, was beweist, daß er kein Verbrecher, sondern ein feiner Herr ist.‹

Da Pawel Bobak sich in Galizien nicht betätigen durfte, rief er schweren Herzens das Kriminalamt in Krakau an und bat den zuständigen Kommissär, den Fall für ihn zu übernehmen. »Viel werden Sie nicht zu tun bekommen«, tröstete er den Beamten. »Ich gehe jede Wette ein, daß Pater Rochus nach Krakau fahren wird. Natürlich als Priester verkleidet. Wenn Sie den Bahnhof bewachen, läuft er Ihnen in die Arme. Er ahnt ja nicht, daß er auch drüben verfolgt werden kann.«

Seine Vermutung traf zu. Es dauerte allerdings drei Tage, bis der österreichische Kriminalist, der von Stund an die Ankunft jeden Zuges persönlich überwachte, einen blassen, feingliedrigen Geistlichen auf sich zukommen sah. Der Kommissär trat an ihn heran, als wolle er einen alten Bekannten begrüßen. »Sie san Pater Rochus, net woahr?« sagte er schlicht.

Der Ausdruck der glanzlosen Augen des Pauliners veränderte sich nicht. Ohne mit der Wimper zu zucken, antwortete er: »Ja, der bin ich.«

»Dann muß ich Sie verhaften. Sie stehn im Verdacht, einen Mord verübt zu haben.«

Pater Rochus tat einen Seufzer. »Ich bin gekommen, um mich festnehmen zu lassen. Deshalb habe ich heute auch den Zug benutzt.« Er nahm seine Brille ab. »Ich kenne meinen Steckbrief und bin gestern und vorgestern mit einem Bauernfuhrwerk nach Krakau gefahren.«

»Sie waren schon in der Stadt?«

»Ja.«

»Und was haben Sie dort gemacht?«

Die eingefallenen Wangen des Paters vibrierten. »Das ist eine Geschichte, von der ich noch nicht weiß, ob ich sie zu Protokoll geben werde.«

»Dann sagen Sie mir wenigstens, wer der Ermordete ist.«

»Das gehört zu der Geschichte, von der ich sprach.«

»Sie können doch seinen Namen nennen.«

»Nein, ich werde im Zusammenhang berichten.«

»Es wäre aber wichtig für uns zu wissen, wer . . .«

Pater Rochus unterbrach den Kommissär. »Ich habe nein gesagt, und es bleibt dabei! Schmutziges Wasser schüttet man nicht auf die Straße. Führen Sie mich also ab.«

5

›Gott wohnt zu hoch und der Zar zu weit‹, hätte man über den Bericht setzen können, den Pater Rochus zu Protokoll gab, nachdem er vom Krakauer Kriminalkommissariat an die Staatsanwaltschaft in Petrikau ausgeliefert worden war. Seine

Geschichte begann im Sommer 1908 in einer Warschauer Villa an der Ujazdower Allee. Ihren Anfang nahm sie seltsamerweise aber ohne ihn. Sein Schicksal hatte Karten gemischt, mit denen andere spielten, bis eine kühne Volte ihn unversehens einbezog und in einen wirbelnden Strudel riß.

In der Ujazdower Allee, die zu den Schlössern Lazienki und Belvedere führte, wohnte eine ungewöhnlich skurrile alte Dame, die nur noch über sehr geringe Geldmittel verfügte. Sie selbst beklagte diesen Umstand nicht. In den über achtzig Jahren ihres Lebens hatte sie erfahren, daß Erinnerungen, die wie Sterne in tropischen Nächten leuchten, wertvoller sein können als aller Mammon. Ohne Trauer hatte sie aufgegeben, was einst ihr Stolz gewesen war, und ohne Scham auch sammelte sie nach kleinen Festessen, die sie aus wohlerwogenen Gründen von Zeit zu Zeit arrangierte, all jene ›Scheinchen‹ ein, die von ihren verständnisvollen und noblen Gästen unauffällig in die Servietten praktiziert wurden. Beim Einsammeln durfte natürlich niemand zugegen sein; das wäre unter ihrer Würde gewesen. Ihre Nichte Natascha und ihr Neffe Roman Górski, die mit ihr die Villa bewohnten, berücksichtigten dies. Wenn die alte Dame sich nach einem Bankett erwartungsvoll die Hände rieb und mit einem für ihr hohes Alter erstaunlich übermütigen Blick zum Speisesaal hinüberblinzelte, wußten sie, was folgen würde. »Laßt mich einen Moment mit meinem Herrgott allein«, pflegte sie dann zu sagen und rauschte behend wie ein junges Geschöpf davon. Bei ihrer Rückkehr drückte sie den beiden regelmäßig eine Banknote in die Hand und äußerte zutiefst befriedigt: »Der alte Seneca hat schon recht: eine ernste Sache ist eine wahre Freude.«

Ihr eigentlicher Name war im Laufe der Jahrzehnte in Vergessenheit geraten. Von allen Verwandten, Freunden und Bekannten wurde sie nur Babuschka, Großmütterchen, genannt.

Sogar ihre Sluschanka, ihr russisches Dienstmädchen Anusja, nannte sie so. Das hatte die alte Dame freilich selbst betrieben. Sie suchte engen Kontakt mit dem Mädchen, das sie aus nüchterner Berechnung eingestellt hatte. In jenen Tagen gab es nichts, für das die russische Behörde sich nicht interessierte. Von der Warschauer Ochrana wurde sogar behauptet, sie schnüffele des Nachts im Kehricht herum. Da war es gut, ein russisches Mädchen zu beschäftigen. Man lief dann nicht Gefahr, von einem Fremden belauert zu werden; es war ja viel einfacher, sich der Sluschanka als Spitzel zu bedienen.

Darauf baute Babuschka. Sie umgarnte Anusja, und zwar in erster Linie, um ihrem Neffen Roman, der Geschichte studierte und einer geheimen Freiheitsbewegung angehörte, die Möglichkeit zu geben, sich ungefährdet mit seinen Kameraden zu treffen.

Roman Górski kam nicht darüber hinweg, daß seine Eltern nach Sibirien verbannt worden waren. Sein ganzes Sinnen und Trachten war darauf ausgerichtet, den Russen Schwierigkeiten zu bereiten und Schaden zuzufügen.

Seine Schwester Natascha unterstützte ihn dabei. Sie informierte ihn über Dinge, die sie als Telefonistin in der Hauptzentrale Warschau zufällig auffing oder bewußt abhörte. Skrupel kannte sie nicht. Die Bühne, die ihr das Leben zugewiesen hatte, war ihr ohnehin zu klein. Sie träumte davon, den Rahmen zu sprengen, der sie gefangenhielt. Ein großes Leben wollte sie führen, selbst wenn sie dafür zur Mätresse werden müßte. Sie hielt wenig von Liebesgeflüster, das allzu schnell verfliegt. Samtschimmernde Perlen und feurige Edelsteine schienen ihr dauerhaftere Gunstbezeigungen zu sein. Wenn sie vor dem Spiegel ihre Augenbrauen nachzog, stellte sie sich vor, ihre Finger seien mit kostbaren Ringen geschmückt. Gewiß war es kein Zufall, daß sie sich mit dem Angestellten eines Juweliers liiert hatte.

Dieser hieß Fedor Zadek, besaß das Diplom eines Goldschmiedes und war ebenfalls von einem krankhaften Ehrgeiz besessen. Ungeduldig wartete er auf den Tag, der ihm die Chance zum großen Sprung nach oben bringen sollte. Er hoffte, eine Frau kennenzulernen, die in der Lage sein würde, ihm die Mittel zur Verfügung zu stellen, die ihm fehlten. Seine athletische Gestalt, sein pechschwarzes Haar, seine brennenden Augen und sein auf Kultiviertheit getrimmtes Auftreten waren seiner Meinung nach dazu angetan, sich in ihn zu verlieben. Natürlich würde so schnell keine Frau mit der gertenhaften Natascha konkurrieren können. Aber was hatte er von ihrer Schönheit? Abrackern mußte er sich und konnte ihr dennoch nicht einmal die kleinsten Wünsche erfüllen.

Aber vielleicht geschahen noch Wunder. Ihr Bruder Roman hatte ja tolle Pläne. Postraub! Dieser blauäugige Idealist! Sah wie ein Wikinger aus und wollte es dem großen Freiheitskämpfer Pilsudski gleichtun, der Züge überfallen hatte, um die Ausbildung seiner in Galizien stehenden Einheiten finanzieren zu können.

Fedor Zadek war noch nicht davon überzeugt, daß Roman Górski es wirklich riskieren würde, einen Postzug zu überfallen. Sollte er es aber tun, dann wollte er mit von der Partie sein. Für die Beteiligten würde bestimmt ein schöner Batzen abfallen.

Es war absurd, daß der Goldschmied Nataschas Bruder zutraute, sich bei dem in Aussicht genommenen Überfall selbst zu bereichern. Schon das zu Beginn eines jeden Kameradschaftstreffens von Roman gesprochene Gebet: ›Um den großen Krieg aller Völker, der allein Polen noch befreien kann, bitten wir dich, o Herr!‹, hätte ihm deutlich machen müssen, daß er es mit jemandem zu tun hatte, dessen Fanatismus und Gläubigkeit jeden Gedanken an einen eigenen Vorteil ausschlossen.

Babuschka liebte ihren Neffen Roman heiß. Am liebsten hätte auch sie noch für die Freiheit ihres Landes gekämpft. Sie haßte die Russen, die jedes polnische Eigenleben im Keim erstickten und dem einstmals stolzen Reich sogar den Namen geraubt und es in ›Weichselland‹ umbenannt hatten. Mehr aber noch empörte sie sich über das früher von ihr so geachtete Deutschland. Sie konnte nicht vergessen, daß Bismarck in einer Ansprache erklärt hatte: ›Man sollte gegenüber Polen und Sozialdemokraten das Kriegsrecht anwenden.‹ Und es wurde behauptet, er habe in einem Brief geschrieben: ›Haut die Polen, daß sie am Leben verzagen. Ich habe volles Mitleid für ihre Lage, aber wir können, wenn wir bestehen wollen, nichts anderes tun, als sie ausrotten.‹*

Ausrotten! Nicht irgendwer, ein deutscher Staatsmann hatte diesen Vorschlag gemacht.

Babuschka freute sich deshalb über alles, was ihr Neffe gegen die Besatzungsmächte unternahm. Sein neuer Plan faszinierte sie so sehr, daß ihr Herz schneller schlug, als er eines Tages in ihr Boudoir stürzte, ihre Wange küßte und ihr ins Ohr flüsterte: »Es ist soweit! Schick Anusja fort.«

Sie wurde lebhaft, als sei ihr ein großes Geschenk gemacht worden. Ihr gestärktes weißes Leinenhäubchen geriet in Schwingungen und drohte, ihr schütteres Haar sichtbar werden zu lassen. »Wird erledigt«, erwiderte sie gedämpft. »Anusjas Freund hat heute abend sowieso frei.« Mit geröteten Wangen und einem für ihr Alter erstaunlichen Elan erhob sie sich und rauschte davon. Es rauschte wirklich, da sie ausschließlich Taftkleider trug. Eben weil diese so schön rauschten.

»Anusja!« rief sie, noch bevor sie die Küche erreichte. »Wäre es möglich, daß du heute abend hierbleibst und dafür

* Tatsächlich hat Bismarck dies seiner Schwester geschrieben.

morgen freinimmst? Roman hat mir eben gesagt, daß Nataschas Freund zum Essen kommen wird.«

Die Sluschanka machte ein langes Gesicht. »Heute hat Wadim Petrowitsch frei!«

Die alte Dame griff sich an die Stirn. »Wie hab' ich das bloß vergessen können. Ja, dann darf ich dich natürlich nicht zurückhalten. Die Liebe ist das Amen des Universums.« Sie griff in die Falten ihres Taftrockes und förderte einen mit Glasperlen bestickten Seidenbeutel zutage, dem sie ein Fünfkopekenstück entnahm. »Ein Fläschchen Kwaß und ein Schächtelchen Papirossy werden euch gefallen, wie?«

Anusja klatschte in die Hände. »Ihr seid so gut zu mir.«

Babuschka warf die Münze in die Luft. »Wo Armut herrscht, wohnt Reichtum im Herzen. Ich wünsche euch einen vergnügten Abend.«

Es war eine seltsame Gesellschaft, die sich nach Eintritt der Dunkelheit in der Villa an der Ujazdower Allee traf. Babuschka saß im Hintergrund ihres Salons unter einem Spiegel, dessen breiter Goldrahmen mit vielen kleinen Facetten ausgelegt war. Sie gab sich desinteressiert, beobachtete jedoch jeden der jungen Leute, die in der Mitte des Raumes an einem Marmortisch Platz nahmen. Es waren ihr Neffe Roman und ihre Nichte Natascha, der Goldschmied Fedor Zadek, ein Bahnangestellter und zwei Arbeiter der Metallindustrie. Roman Górski trug die für Studenten typische Samtjacke. Seine Schwester tat sich durch eine hauchdünne weiße Bluse und eine Herrenhose hervor, die ihren Oppositionsgeist betonen und ihre Körperformen zur Schau stellen sollten. Fedor Zadek spielte wie eh und je den Geck. Sein von einem schwarzen Ripsband eingefaßtes Pepita-Sakko entsprach der neuesten Mode. Hervorstechende Merkmale der beiden Arbeiter und des Bahnangestellten waren schlichte Kleidung und vertrauenerweckende Männlichkeit.

Mit den Worten: »Übermorgen startet das Unternehmen!« eröffnete Roman Górski die geheime Besprechung. »Natascha hat ermittelt, daß im Postwagen des Eilzuges, der übermorgen abend um sechs Uhr dreißig von Warschau abgeht, hundertzwanzigtausend Rubel befördert werden.«

Ein begeisterter Aufschrei quittierte diese Feststellung.

»Leise!« warnte Roman ungehalten. »Wenn uns draußen jemand hört, sind wir geliefert.«

Fedor rieb sich die Hände. »Was bleibt für uns hängen?«

»Nichts.«

»Sollen wir vielleicht auch noch die Reisespesen übernehmen?«

»Keine Sorge, die werden erstattet.«

Natascha blinzelte zu ihrem Geliebten hinüber.

Der begriff, daß sie etwas in petto hatte, von dem ihr Bruder nichts wissen sollte.

Roman breitete eine Landkarte aus und wandte sich an den Bahnangestellten. »Welche Stelle würdest du vorschlagen?«

»Da es dunkel sein muß, kommt nur eine weit von Warschau entfernt liegende hohe Böschung in Frage. Den Ausschlag muß die Bewachung geben. Wie sieht's da aus?«

Natascha zündete sich eine Zigarette an. »Der Postwagen wird von zwei russischen Soldaten bewacht. Zusätzlich sitzt im letzten Abteil des vorgespannten Waggons ein Angehöriger der Ochrana in Zivil.«

Fedor hob die Hand. »Den übernehme ich.«

»Einverstanden«, sagte Roman. »Für die Zweite Klasse bist du der richtige Mann.«

Der Bahnangestellte grinste und beugte sich über die Karte. »Zwischen Klomnice und Rudniki, das sind etwa zwanzig Kilometer vor Czenstochau, macht die Bahn einen scharfen

Bogen, der nicht zu verfehlen ist. Er hat überdies noch den Vorteil, daß die Chaussee dort zweimal geschnitten wird. Einmal hinter Klomnice, dann wieder kurz vor Rudniki. Das gibt eine gute Operationsbasis. Der Bahndamm ist an der Stelle auch hoch genug, und vor dem Bogen befindet sich ein Signal.«

»Das du übernimmst.«

»Beim Überfall möchte ich aber dabeisein.«

Einer der Arbeiter lachte. »Ohne dich schaffen wir es bestimmt nicht.«

»Unser größtes Problem sind die beiden ›Grünen‹, die im Postwagen sitzen«, sagte Roman Górski.

»Mit denen werden wir fertig«, erklärte der Bahnangestellte. »Es muß nur einer von uns morgen früh nach Petrikau fahren und meinen Schwager verständigen. Er ist Zugkontrolleur. Wenn er in Petrikau in den Postwagen steigt und den müden Mann spielt, sitzt er neben der Wache und kann die Schiebetür öffnen, sobald der Zug gestoppt ist.«

Roman Górski nickte zustimmend. »Eine gute Idee, sofern die Zuverlässigkeit deines Schwagers verbürgt ist.«

»Hundertprozentig! Er wurde in Krakau ausgebildet und gehört seit Jahren der PPS an.«*

»Dann fahre ich morgen zu ihm.«

»Und wie geht's hier weiter?« fragte Fedor Zadek.

»Spätestens am Abend bin ich zurück. Wenn Natascha bis dahin keinen gegenteiligen Bescheid gibt, fahren wir vier übermorgen mit dem ersten Zug nach Czenstochau. Natürlich in verschiedenen Abteilen. Du benutzt den Abendzug und unterhältst dich zu gegebener Zeit mit dem Kerl von der Ochrana.«

* Die Polska Partia Socjalistyczna – PPS (Polnische Sozialistische Partei) wurde 1892 in Paris gegründet. Ihre Mitglieder entwickelten eine rege Untergrundtätigkeit.

»Dabei aber beachten, daß wir, in Zugrichtung gesehen, auf der linken Seite des Bahndammes liegen werden«, betonte der Bahnangestellte. »Lock ihn also nach rechts heraus.«

»Mit oder ohne Kanone?«

Roman griff in eine Ledertasche, die er mitgebracht hatte. »Zeugen darf es nicht geben.« Er übergab ihm einen 12-Millimeter-Galand-Revolver.

»Danach fahre ich im gleichen Zug weiter nach Czenstochau?«

»Und trittst dort als empörter Reisender auf. Du mußt den Hergang so schildern, daß man nicht uns, sondern andere sucht.«

»Und wie wird das Geld weggebracht?«

»Mit einem Bauernfuhrwerk, das ich in Petrikau organisieren werde. Wir haben dort einen guten Verbindungsmann.«

Natascha zündete sich erneut eine Papyrós an. »Und wer schafft das Geld über die Grenze? Wie ich herausbekommen habe, befindet es sich in zwei Koffern.«

Roman wandte sich an Fedor. »Hast du Zeit?«

»Jede Menge!« erklärte Natascha, noch bevor ihr Freund antworten konnte.

Der Bruder wurde stutzig. Welches Interesse hatte seine Schwester daran, daß der Goldschmied den Transport übernahm?

»Natascha hat recht«, sagte Fedor. »Wenn's sein muß, kann ich mich für acht Tage freimachen.«

Da scheint mir Vorsicht geboten zu sein, dachte Roman Górski. Für den Lebenshunger seiner Schwester hatte er Verständnis, nicht aber für ihre Liaison mit dem geschniegelten Goldschmied. Er hielt ihn zwar für politisch zuverlässig; bereits zweimal hatte er bewiesen, daß er draufgängerisch und hart sein konnte. Natascha wünschte er jedoch einen anderen Mann.

Er griff in die Ledertasche und legte zwei weitere Schußwaffen auf den Tisch: einen russischen Kruka-Revolver und ein Schweizer Chamelot-Modell. »Die sind für euch«, sagte er und schob sie den Metallarbeitern zu.

»Schießt aber nicht auf meinen Schwager, der mit der Wache im Postwagen sitzen wird!« warnte der Bahnangestellte.

Babuschka stieß mit dem Fuß auf. »Die Finanzierung des Freiheitskampfes mag illegale Maßnahmen erfordern«, erklärte sie unwillig. »Wenn ihr aber den Gebrauch von Waffen einplant, gleicht ihr den ›Nihilisten‹, die da glaubten, die Welt mit Gewalt verändern zu können.«

»Aber Babuschka!« fiel Natascha temperamentvoll ein. »Die damaligen Verhältnisse in Rußland lassen sich doch nicht mit der Situation in unserem Land vergleichen. Mit Waffengewalt wurden wir niedergerungen, also können wir uns auch nur mit Waffen befreien.«

»So ist es«, stimmte ihr der Bruder zu. »Und du, liebste Babuschka, weißt das sehr genau. Außerdem ist dein Vergleich an den Haaren herbeigezogen.«

»Keineswegs«, protestierte die alte Dame. »Die Nihilisten haben ausschließlich Gewalt angewendet!«

Roman Górski erhob sich, ein untrügliches Zeichen dafür, daß er sich auf etwas konzentrierte. »Ja, das haben sie«, entgegnete er und ging auf Babuschka zu. »Aber welches waren ihre Ziele? Und was waren das für Menschen?«

Da sie seine Fragen mit einem Achselzucken beantwortete, sah er sich veranlaßt, ein Bild von jenen jungen Männern und Frauen zu geben, die sich um 1870 in Rußland gegen die bestehende Ordnung aufgelehnt und mit der Forderung: ›Ubiwaite, strjeljaite, buntnite!‹ – ›Mordet, schießt, macht Krawall!‹, versucht hatten, die Grundlagen der Gesellschaft und des Staates so weit zu zertrümmern, daß nichts (nihil), aber auch gar nichts übrigbleiben würde. Sie rekrutierten sich in erster Linie aus Intellektuellen und Halbgebildeten beiderlei Geschlechts, die ›Kommunen‹ bildeten, in denen sie ihre Partner nach Gutdünken wechselten. Ihr Hauptanliegen aber war es, sich durch Banküberfälle Geld zu verschaffen und durch Mord und Brandstiftung die Bevölkerung zu beunruhigen. Polizei- und Regierungsorgane schüchterten sie mit Attentaten so sehr ein, daß sie trotz ihrer auffälligen Kleidung ungeniert auftreten konnten und so schnell keine Verhaftung befürchten mußten. Die Mädchen hatten ihr Haar kurz geschnitten, trugen blaue Brillen und bevorzugten unsaubere Blusen, die sie lose über den Rock fallen ließen. ›Ins Volk gehen‹ nannten sie es, und ›Ins Volk‹ ging auch der männliche Teil der Nihilisten. Er verzichtete darauf, seine langgewachsenen Haare und Bärte zu kämmen, und legte verschmutzte Bauerngewänder an. Gesicht und Hände färbten die Männer sich braun, um nur ja nicht wie Städter auszusehen. Und ihren zumeist gefälschten Paß trugen sie für jeden sichtbar im Stiefelschaft.

Das rigorose Vorgehen und das Außenseitertum der Nihilisten hatte in den gebildeten Kreisen eine erstaunliche Reaktion. In literarischen Zirkeln wurde es ›schick‹, für sie eine Lanze zu brechen. Und als die Nihilistin Wera Sassulitsch, ein junges Mädchen, das den Petersburger Stadthauptmann Trepow erschossen hatte, in einem sensationellen Prozeß freigesprochen wurde, applaudierte das Publikum wie nach einer grandiosen Theateraufführung. Zugegeben, es hatte sich herausgestellt, daß die bis dahin unbescholtene Wera Sassulitsch den Mord begangen hatte, um Gefangene zu rächen, die vom Stadthauptmann höchstpersönlich geprügelt worden waren. Die Begeisterungsstürme aber, die das Urteil auslöste, reduzierten das Ansehen des russischen Gerichtswesens in so hohem Maße, daß es sich die von namhaften Anwälten beratenen Nihilisten künftighin leisten konnten, die Anklagebank zum

Rednerpodium zu machen. So weigerte sich der wegen eines Verbrechens vor Gericht gestellte Myschkin, auf die übliche Einleitungsfrage, ob er sich schuldig bekenne oder nicht, mit Ja oder Nein zu antworten. Er erklärte vielmehr, Mitglied der sozial-revolutionären Partei zu sein und erlaube es sich als solcher, die Zeitung ›Obstschina‹ zu zitieren, aus der er dann über zwei Stunden lang vorlas. Das Gericht konnte erst einschreiten, als er seine Ausführung mit groben Schimpfkanonaden und mit Kraftausdrücken schloß, wie sie zuvor noch in keinem Gerichtssaal zu hören gewesen waren.

Myschkins Beispiel machte Schule. Gerichtsverhandlungen gegen Nihilisten gestalteten sich fortan zu dramatischen Szenen, die oftmals mit Schlägereien zwischen den Angeklagten und der Polizei endeten.

Auch vor der Kirche machten die Nihilisten keinen Halt. In Petersburg drangen sie in die Kasaner Kathedrale ein und bemächtigten sich des Sarges eines dort aufgebahrten Studenten, den sie gegen den Widerstand der Kirchendiener unter lautem Gejohle ins Freie trugen.

Vor spektakulären Brandlegungen scheuten sie ebenfalls nicht zurück. So ließen sie unter anderem den Petersburger *Kaufhof* in Flammen aufgehen.*

Zum erstenmal wurden auch ›Todesurteile‹ verschickt, für die ein ›Executiv Comité‹ die Verantwortung übernahm. Den äußeren Anlaß gaben Hungerstreiks, die von inhaftierten Nihilisten inszeniert und von der Gefängnisleitung mit gewaltsamer Ernährung (durch Einführen von Nahrungsstoffen mit Hilfe eines Schlauches) beantwortet worden waren. Kein geringerer als General Mesenzew, Chef der ›Dritten Abteilung‹ der kaiserlichen Kanzlei, die der Deutsche Graf Benkendorff

* Es sei darauf hingewiesen, daß alle in diesem Zusammenhang gemachten Angaben, die erstaunliche Parallelen zu Geschehnissen in unseren Tagen aufweisen, ebenfalls den Tatsachen entsprechen.

als Geheime Staatspolizei aufgebaut hatte, erhielt als erster sein Todesurteil zugestellt. Und er wurde, allen Schutzmaßnahmen hohnsprechend, wenige Tage später beim Morgenspaziergang von zwei elegant gekleideten jungen Männern überfallen und ermordet.

Die nun einsetzende Verängstigung der Bevölkerung wurde von den Nihilisten zu Erpressungen größten Stiles ausgenutzt. Wer vermögend war, zögerte nicht, sein Weiterleben durch beachtliche Zahlungen zu erkaufen. Und das Executiv-Comité, das ein Todesurteil nach dem anderen aussprach, erdreistete sich, in Flugblättern den Geldraub als ›Confiscation‹ und den politischen Mord als ›Hinrichtung‹ zu deklarieren. Der Gouverneur von Charkow, in dessen Gefängnisbereich einige der in den Hungerstreik getretenen Nihilisten gestorben waren, wurde ermordet. Ihm folgten viele andere, bis schließlich sogar Zar Alexander II. das Opfer eines Attentats wurde.

»Unser Freiheitskampf läßt sich in keiner Weise mit dem anarchistischen Treiben der Nihilisten vergleichen«, schloß Roman Górski. »Und es steht dahin, ob es gut für uns war, daß Zar Alexander ermordet wurde. Vielleicht wirft sein Tod aber ein bedeutsames Schlaglicht auf die prophetischen Worte des russischen Dichters Lermontov, der 1830 schrieb: ›Ein Jahr wird kommen, ein schwarzes Jahr für Rußland / Da wird die Krone des Zaren fallen / Das Volk wird seine frühere Liebe für ihn vergessen / Und die Nahrung für viele wird Tod und Blut sein.‹«

»Ein Chaos in Rußland wäre die Rettung für uns«, begeisterte sich Natascha.

Ihr Bruder schüttelte den Kopf. »Da bin ich anderer Meinung. Wir könnten leicht in einen gefährlichen Sog geraten.«

Seine Schwester stand auf. »Wie es auch sein mag: ich koche

jetzt Kaffee«, sagte sie und wandte sich an Fedor. »Komm, hilf mir dabei.«

Roman dachte augenblicklich an Nataschas Bestreben, ihren Freund mit dem Weitertransport des Geldes nach Krakau zu beauftragen. Offensichtlich wollte sie ihn deshalb sprechen. Er ging zu Babuschka hinüber und fragte: »Hab' ich dich überzeugen können?«

Sie hielt ihm die Hand hin. »Wie immer.«

Er flüsterte ihr zu: »Folge den beiden! Ich muß wissen, was Natascha von Fedor will.«

Babuschka erhob sich auf der Stelle.

»Nicht so auffällig«, warnte Roman und kehrte zu seinen Kameraden zurück. »Gehen wir nochmals die einzelnen Punkte durch.«

Während er sich mit dem Bahnangestellten und den beiden Metallarbeitern besprach, verließ Babuschka mit kleinen Schritten den Raum. Dabei legte sie die Hände auf den Taftrock und drückte ihn an sich, um das Rauschen des Stoffes zu dämpfen. Was mochte Roman veranlaßt haben, der eigenen Schwester zu mißtrauen? Sie liebte ihre Nichte nicht weniger als ihren Neffen, und sie schätzte auch Fedor Zadek, wenngleich es ihr nicht paßte, daß die beiden wie Mann und Frau miteinander lebten. Doch Natascha war fünfundzwanzig Jahre alt und verlor durch die Verbannung ihrer Eltern die besten Jahre ihres Lebens; da konnte sie ihr schlecht Vorhaltungen machen.

Als sie auf den Flur hinaustrat und die Tür leise hinter sich schloß, hörte sie ihre Nichte in der Küche sagen: »Du kannst unbesorgt sein. Die Koffer enthalten nicht hundertzwanzig-, sondern hundertfünfzigtausend Rubel. Ich kenne meinen Bruder und habe ihm nicht den wahren Betrag genannt. Wenn du das Geld nach Krakau transportierst, sind wir gemachte Leute.«

Es folgte eine Pause. Allem Anschein nach küßten sich die beiden.

Babuschka stieg das Blut in den Kopf. Sie war mit Romans Auffassung, daß jeder nur ein paar Rubelchen erhalten sollte, gewiß nicht ganz einverstanden. Aber dreißigtausend hintenherum kassieren zu wollen, das ging zu weit.

»Deine Intelligenz in allen Ehren«, hörte sie den Goldschmied sagen. »Fünfzigtausend wären aber mehr gewesen.«

Natascha lachte. »Du bist und bleibst ein Nimmersatt.«

»In jeder Hinsicht!«

»In einer bestimmten dürftest du unersättlicher sein.«

»Soll ich dich auf der Stelle . . .?«

Babuschka kehrte eilig in den Salon zurück. Dreißigtausend Rubelchen! Um das viele Geld tat es ihr leid. Dennoch freute sie sich darüber, daß Roman den beiden einen Strich durch die Rechnung machen würde. Besser mit Schaden klug werden, als mit Schande.

Durch die Hitze eines Hochsommertages war Roman Górski nach Czenstochau gefahren. Wie gebannt hatte er den halben Tag über aus dem Fenster des Zuges geschaut und sich an der Schönheit seiner Heimat erfreut. Beim Anblick des goldgelben Getreides, das stellenweise stark mit Mohn, Kornblumen und Wicken durchflochten war, vergegenwärtigte er sich die Mühen der Bauern. Eine stille Traurigkeit überkam ihn. Doch das tiefe Blau des Himmels und die unermeßlich erscheinende Weite der Felder weckten Hoffnungen in ihm und ließen die Zukunft Polens in helleren Farben erscheinen. Er suchte und fand Halt in der Natur; ihm graute vor der kommenden Nacht, die es notwendig machen würde, Leben zu vernichten. Zerfetzte Geräusche, erstickte Seufzer und klagende Rufe marterten ihn schon den ganzen Tag. Wie würde es erst werden, wenn die Stimme der Dunkelheit hinzukam und das Pochen der Sekunden zu einem Dröhnen anwuchs!

Er erinnerte sich an den Brief, den Pilsudski vor seinem ersten Überfall auf einen Postzug an seinen Freund geschrieben hatte. Tausend Skrupel hatte der große Freiheitskämpfer überwinden müssen. Bedenken, Gewissensbisse und Sorgen standen zwischen seinen Zeilen. ›Ich muß dokumentieren, daß ich meine Mitkämpfer nicht als Werkzeug benütze und jederzeit bereit bin, mir selbst die Hände schmutzig zu machen!‹ – ›Zwingende Notwendigkeit treibt mich.‹ – ›Zur Verwirklichung unserer Ziele brauchen wir dringend Geld.‹ – ›Eine Nation, die für sich selbst nicht kämpfen kann, die vor jedem Peitschenschlag zurückschreckt, ist es nicht wert, zu existieren.‹

Pilsudskis Worte hämmerten in Roman Górskis Hirn. Ihn bangte mit einem Male nicht mehr vor der Nacht. Seine Sehnsucht nach Freiheit hatte das Los über ihn geworfen. Er spürte die Verpflichtung, die dahinterstand; sie konnte ihn nur noch beugen wie einen fruchtbeladenen Ast. Dennoch fühlte er sich erst erlöst, als er zu später Stunde den Bahndamm erreichte und von seinen Kameraden begrüßt wurde.

»Ist mit dem Wagen alles klargegangen?« fragte einer der Metallarbeiter.

Im Licht der Sterne leuchtete das Weiße in Romans Augen. »Er steht keine fünfhundert Meter von hier entfernt. Und es ist ein Kastenwagen mit doppeltem Boden. Bis zur Grenze wird es also keine Schwierigkeiten geben. Der Fahrer ist ein zuverlässiger Bauer von über siebzig Jahren, den niemand mit einem Postraub in Verbindung bringen wird.«

»Bei mir sieht's ebenso erfreulich aus«, sagte der Bahnangestellte. »Das Signal kann ich ohne Schwierigkeit von der ›Schleife‹ lösen. Der Nachteil ist nur, daß ich auf dem Mast sitzen bleiben muß, um zu gegebener Zeit wieder ›Fahrt‹ geben zu können.«

»Dann bleibst du eben oben. In der Dunkelheit sieht dich ja niemand.«

»Und was ist mit dem Überfall? An ihm wollte ich mich schließlich beteiligen.«

»Wenn du den Zug stoppst und wieder in Schwung bringst, bist du reichlich beteiligt.«

Noch eine gute Stunde mußte vergehen. Die Männer legten sich ins Gras der Böschung und schauten zum flimmernden Sternenhimmel hoch. Sie kauten an Halmen, sprachen nur wenig und lauschten in die Stille der Nacht. Die Unermeßlichkeit der Welt wurde spürbar. Niemand wagte daran zu denken, daß in dem Frieden, der sie umgab, bereits jene rote Glut züngelte, die zum Leid der Menschheit geworden ist.

In das Summen der Telefondrähte mischte sich plötzlich ein dumpfer Ton. Es klang, als dringe er aus der Erde.

»Der Zug!« raunte Roman Górski.

Vom Signalmast ertönte ein kurzer Pfiff. Gleich darauf schob sich ein rotes Glas vor die Laterne, die bisher grün geleuchtet hatte.

»Flach auf den Boden legen, damit uns der Lokführer nicht sieht!«

Die Erde schien zu rumoren, die Luft zu schwingen. Ein fernes rhythmisches Rauschen erfüllte die Nacht. Langsam ging es in ein immer lauter werdendes Rattern über. Funken sprühten. Dann war jäh das scharfe Schleifen von Bremsen zu hören. Das Rattern erstarb. Ein ohrenbetäubendes Quietschen setzte ein. Zischend donnerte die Lokomotive vorbei. Der Boden bebte.

Das Inferno der Geräusche erreichte seinen Höhepunkt, als Roman mit seinen Männern aufsprang und die Böschung hinauflief. Der Bahnangestellte hatte gut geschätzt. Nicht weit von ihnen entfernt würde der letzte Waggon stehenbleiben. Alles hing jetzt von Fedor Zadek und dem Zugkontrolleur ab, der in Petrikau in den Postwagen einsteigen und die Schiebetür öffnen sollte. Mit lautem Gekreische und einem harten Ruck blieb der Zug stehen.

Die beiden Metallarbeiter entsicherten ihre Revolver und rannten auf den Postwagen zu, unter dessen Schiebetür sie sich duckten.

Roman Górski blieb am letzten Abteil stehen, um notfalls zu verhindern, daß der Beamte der Ochrana auf der linken Zugseite ausstieg.

Das Fenster des Abteils war geschlossen. Er hörte Fedor auf russisch rufen: »Da sind Männer!«

»Wo?«

»Hinten am Waggon!«

Die Tür auf der gegenüberliegenden Seite wurde aufgestoßen. Eine Gestalt sprang ins Freie.

Der Goldschmied setzte ihr nach.

Roman eilte zum Postwagen, dessen Tür gerade aufgeschoben wurde. Im trüben Schein einer mit einem Drahtmantel umgebenen Deckenlampe waren der Zugkontrolleur, ein Postbeamter und zwei Soldaten in der grünen russischen Uniform zu sehen.

Die Metallarbeiter zögerten nicht und schossen.

Unmittelbar darauf peitschte auch auf der anderen Seite des Zuges ein Schuß durch die Nacht.

Die Russen im Postwagen brachen zusammen.

Roman sprang mit seinen Kameraden in den Waggon. »Hände hoch, oder ihr seid ebenfalls dran!« kommandierte er auf russisch.

Der Zugkontrolleur und der Postbeamte gehorchten.

»Fesseln!«

Die Metallarbeiter zogen Stricke aus ihren Taschen.

Roman Górski ergriff zwei mittelgroße Koffer, schleuderte sie nach draußen, sprang hinterher und rannte mit ihnen davon.

Nach etwa hundert Metern blieb er stehen und schaute zurück. Das Herz klopfte ihm in der Kehle. Er sah Fedors Silhouette am Fenster des letzten Abteils auftauchen, sah, daß zwei leblose Gestalten aus dem Postwagen geworfen wurden und zwei Männer hinterhersprangen.

Ein kurzer Pfiff ertönte. Am Signalmast erschien grünes Licht. Der Zug setzte sich in Bewegung.

In Czenstochau wurden Fedor Zadek keine Schwierigkeiten bereitet. Er gab zu Protokoll, daß der Überfall seiner Meinung nach von Russen durchgeführt worden sei. Eindeutig habe er russische Kommandos gehört, und er verbürge sich dafür, daß ein Russe, mit dem er im letzten Abteil gesessen habe, unmittelbar nach Anhalten des Zuges in die Dunkelheit hinausgestürzt und nicht wieder zurückgekehrt sei. Bereitwillig legte er seine Papiere vor und gab an, das Kloster der Pauliner besuchen zu wollen.

Es war schon spät, als er einen Gasthof erreichte. Glücklicherweise war das Restaurant noch geöffnet, und er gönnte sich ein gutes Essen und etliche Gläser Wodka. Er brauchte den Alkohol nicht etwa, um zu vergessen. Für ihn war die Welt in Ordnung. Daß einige Russen ihr Leben verloren hatten, beschäftigte ihn nicht. Sie waren Feinde, Unterdrücker, Blutsauger – gehörten einer Nation an, die der Welt nach seiner Ansicht keine einzige vernünftige Idee geschenkt hatte. Er fand, das einzig Bemerkenswerte an Rußland sei seine gewaltige Ausdehnung von der Weichsel bis zur Beringstraße.

An diesem Abend schwelgte er in kühnen Plänen. Dreißigtausend Rubel warteten auf ihn! Die Vorstellung machte ihn schwindelig. Er verdiente sechzig Rubel im Monat; Natascha fünfundvierzig. Sobald die Beute eingebracht war, würde er sich selbständig machen. Am besten in der Ujazdower Allee. Dort promenierten die Warschauer bis spät in die Nacht. Die Straße führte zu den Schlössern, zur Sternwarte und zum Botanischen Garten. Da gab es viele elegante Läden. Wenn er Natascha heiratete, konnte er in Babuschkas Villa ein Prachtgeschäft einrichten. Die Umbaukosten einschließlich Mobiliar, Vitrinen und Werkstattausrüstung schätzte er auf höchstens sieben- bis achttausend Rubel. Für gut zwanzigtausend konnte er dann noch Waren einkaufen. Der Haken war nur, daß er nicht wußte, ob Natascha mitmachen würde. Sie war unberechenbar. Manchmal hatte er das Gefühl, daß sie ihn lediglich aus Gewohnheit akzeptierte. Geistig war sie ihm überlegen. Und das ließ sie ihn fühlen. »Sei nicht traurig darüber«, hatte sie einmal spöttisch gesagt. »Die Entwicklung eines Hirns braucht seine Zeit.«

Wahrscheinlich würde sie aber mitmachen. Ihrem Bruder hatte sie die dreißigtausend Rubel gewiß nicht ohne Grund verschwiegen. Auch sie war den einförmigen Trott ihres Daseins leid und wartete darauf, endlich festen Boden zu gewinnen.

Euphorie und Alkohol ließen Fedor Zadek unrealistische Pläne schmieden. Er jonglierte mit Geldern, die er noch nicht besaß.

Auch am nächsten Morgen schwebte er auf rosaroten Wolken, und da er sich mit Roman Górski erst für den Abend verabredet hatte, faßte er den Entschluß, den Tag auszunutzen und die wundertätige Madonna aufzusuchen. Sonst ging er nur zur Kirche, wenn es unbedingt sein mußte. Sonntags, zum Beispiel. Die Madonna rief er jedoch gelegentlich aus innerem Bedürfnis an. Sie war die Königin des Landes. Regina Poloniae! Wer sie nicht verehrte, war kein Pole.

Die guten Zukunftsaussichten verleiteten ihn, sich eine Droschke zu mieten. Wenn er das Geld erst hatte, würde er sich eine Equipage leisten. Dreißigtausend Rubel! Fünfzigtausend wären natürlich mehr gewesen. Dann könnte er ganz anders loslegen. Natascha hatte da leider etwas versagt. Ihm war schon der Gedanke gekommen, das Glück zu korrigieren und nur hunderttausend abzuliefern. Er brauchte nur zu behaupten, es sei nicht mehr in den Koffern gewesen. Natascha müsse sich verhört haben.

Er genoß die Fahrt zum Kloster und war gespannt auf die berühmten Schätze der Pauliner. Als Goldschmied hatte er schon viel darüber gelesen.

Die Bauwerke von Jasna Góra beeindruckten ihn ebenso sehr wie die vielen Menschen, die in kleineren und größeren Gruppen den Berg hinaufpilgerten, fromme Lieder sangen und Litaneien beteten. Immer wieder erklang es im Chor: O Maria hilf!

Der Eingang des Klosters war umlagert von Frauen, die Votivbilder, vergoldete Blechherzen, gesegnete Rosenkränze und Schmuckimitationen zum Verkauf anboten.

Mönche wiesen die Gruppen ein. Wer kommunizieren wollte, mußte rechts heraustreten. Auf einem Platz im Freien standen an die dreißig Beichtstühle. Alle ohne Vorhang. Die Beichtväter deckten ihre Augen mit der Hand ab, um sie vor der Sonne zu schützen. Sie rutschten von einer zur anderen Seite und erteilten unablässig Absolutionen. Dennoch gab es Stauungen. Man stand Schlange, kniete links im Beichtstuhl nieder, während rechts noch Sündenbekenntnisse gewispert wurden.

Nonnen kassierten Gebühren und verkauften Ablaßbilder. Ordner führten die Gruppen zur Gnadenkapelle. Man wurde durch den Hof geschoben.

O Maria hilf!

Wie benommen trieb Fedor Zadek im Strom der Wallfahrer. Am liebsten wäre er ausgeschert. Als er aber in die Gnadenkapelle eintrat, hielt er den Atem an. Bis hoch zum Dekkengewölbe waren die Wände mit Schmuckstücken behangen. Perlenkolliers, Gold-, Silber-, Lapis-, Türkis- und Korallenketten, wohin man schaute. Dazwischen Glasperlen und Imitationen aller Art, die vom guten Willen jener zeugten, die nicht mehr hatten geben können. Ihr Opfer war gewiß höher zu bewerten als das der Reichen, die sich mit Kostbarkeiten Lossprechung zu erkaufen suchten.

Er wandte sich dem Altar zu, der hinter einem verschlossenen Gitter lag, an dessen oberem Rundbogen die Krücken der von der wundertätigen Madonna Geheilten hingen. Der Altar war mit unzähligen kostbaren Kolliers geschmückt, die Schwarze Madonna aber war nicht zu sehen. Wohl befand sich in der Mitte des Altars ein schwerer Rahmen aus Gold und Silber; er faßte jedoch kein Bild, sondern eine kunstvoll ziselierte Silberplatte ein.

Während Fedor Zadek noch nach dem berühmten Bildnis Ausschau hielt, erschollen plötzlich Fanfaren mit solcher Intensität, daß er zusammenfuhr. Die Menschen warfen sich auf den Boden und verhüllten ihre Gesichter. Es war, als würde der Weltuntergang angekündigt. In den metallischen Klang der Fanfaren, der von den Wänden und Säulen in schrillen Synkopen zurückgeworfen wurde, mischten sich die dröhnenden Bässe einer Orgel. Die Kapelle erbebte. Himmel und Hölle schienen im Kampf miteinander zu liegen.

Unterdessen wurden im Gitter vor dem Altar drei Tore geöffnet. Priester und Ministranten erschienen, knieten nieder und blickten mit gefalteten Händen zu dem schweren Rahmen hoch, dessen Silberplatte sich langsam hob und das Bild der Schwarzen Madonna freigab.

Der Ausdruck ihres Gesichtes war von einer so rührenden

Güte, daß Fedor Zadek nichts anderes als ihr Antlitz sah. Wie gebannt starrte er auf die beiden Narben, die Hussiten einst in ihre Wange geschlagen hatten. Doch dann erwachte der Goldschmied in ihm. Nur das Gesicht und die Hände der Madonna und ihres Kindes waren gemalt, der Kopfschmuck und die Gewänder waren echt und darübergesetzt. Beide trugen aus Gold getriebene, mit Edelsteinen geschmückte Kronen, und ihre über und über mit Diamanten besetzten Gewänder versprühten ein Feuer, das unwirklich anmutete und nicht von dieser Welt zu sein schien. Allein der Kronenschmuck stellte ein unschätzbares Vermögen dar. Größer aber noch war der ideelle Wert des Bildes, das der Evangelist Lukas gemalt haben soll.

Ein eigenartiges Glücksgefühl erfaßte Fedor Zadek. Er hätte frohlocken mögen und wunderte sich nicht, als ein Chor Wechselgesänge im Rhythmus einer Mazurka anstimmte. Die Herzen hüpften der Madonna förmlich entgegen, und die beschwingte Atmosphäre wäre erlösend gewesen, wenn nicht viele Gläubige begonnen hätten, auf den Knien um den Altar herumzurutschen. Andere wiederum warfen sich mit flehenden Gesten zu Boden. Fedor Zadek schauderte. Wie konnte die Kirche eine derartige Erniedrigung dulden?

Der verängstigte Ausdruck in den Gesichtern der Wallfahrer, die sich vermutlich nur kleiner und kleinster Vergehen schuldig gemacht hatten, sich aber wie von der Sünde Gebrandmarkte gebärdeten, trieb Fedor Zadek aus der Kirche.

In der Tür stieß er mit einem Pauliner zusammen. »Nanu«, sagte der Pater lachend. »Laufen Sie etwa dem Herrgott davon?«

»Nein. Aber der Kirche, die Menschen so verängstigt, daß sie sich der Länge nach auf die Erde werfen und wie geschlagene Hunde winseln.«

Der Mönch wurde ernst. »Sie rühren da an einen Punkt, der

mich sehr beschäftigt.« Er deutete ins Freie. »Wollen wir ein paar Schritte gehen?«

»Gerne.«

»Ich will offen zu Ihnen sein. Wenn ich mich nach der Konsekration den Gläubigen zuwende und sehe, wie viele sich vor Gott verkriechen, dann denke ich oft: Jetzt, da am Altar die Wandlung der Elemente stattgefunden hat und der geopferte Christus wirklich gegenwärtig ist, sollte man erhobenen Hauptes seine Segnung empfangen und nicht wie ein Tier vor seinem Herrn kuschen.«

Der Goldschmied wurde lebhaft. »Es freut mich, das von Ihnen zu hören. Mit Ihrer Auffassung werden Sie jedoch ziemlich allein stehen.«

»Keineswegs. Eine große Anzahl meiner Ordensbrüder ist schon aus ästhetischen Gründen gegen das Hinwerfen und Herumkriechen. Aber was sollen wir machen? Das sind Relikte aus einer Zeit, da der Mensch an die leibhaftige Anwesenheit des Teufels und anderer böser Geister glaubte. In gewisser Hinsicht leben wir immer noch im Mittelalter. Für unsere Bäuerinnen beispielsweise ist der Akt des Gebärens nach wie vor eine Befleckung, von der sie glauben, nur gereinigt werden zu können, wenn sie nach Beendigung des Wochenbettes mit einer brennenden Kerze in der Hand auf den Knien um den Altar herumrutschen.«

Der Pater beeindruckte Fedor Zadek. Trotzdem entgegnete er aggressiv: »Und wer hat das den Bäuerinnen beigebracht?«

»Natürlich die Kirche!« gab der Mönch unumwunden zu. »Ob sie allerdings auch für all das verantwortlich ist, was sonst noch geglaubt wird, steht dahin.« Er schlug den Weg zu einer der Bastionen ein, die das Kloster umgeben. »Haben Sie etwas Zeit?«

»Zufällig sogar sehr viel.«

»Dann begleiten Sie mich. Ich muß die Arbeiten am Kreuzweg überwachen, der da drüben«, er wies nach Norden, »außerhalb der Verteidigungsmauer errichtet wird.«

Ein sympathischer Mensch, dachte Fedor Zadek und musterte den Pater unauffällig von der Seite. Er hatte sehr gleichmäßige Züge, einen außerordentlich gepflegten Bart und auffallend volle Lippen. Hervorstechendes Merkmal aber war seine weiche, vertrauenerweckende Stimme.

»Der Kreuzweg wurde von Stefan Szyller entworfen«, sagte der Pauliner, nachdem sie einige Schritte gegangen waren.

»Ein guter Name.«

»Er sagt Ihnen etwas?«

Fedor Zadek nickte. »Ich bin Goldschmied. Da interessiert man sich für Künstler aller Art.«

»Goldschmied sind Sie?« Der Mönch schlug die Hände zusammen. »Wie schade, daß unsere Schatzkammer zur Zeit geschlossen ist. Die Restauration ist erst in drei Wochen beendet. Können Sie nicht nochmals kommen? Sie müssen sich unsere Schätze unbedingt ansehen. Die Schönheit und Kostbarkeit der Monstranzen, Kelche, Szepter, Statuetten und was es sonst alles gibt, ist unbeschreiblich. Wenn Sie kommen, werde ich Sie führen. Sie sollten mir vorher nur eine Karte schreiben, damit ich mich freimachen kann. Ich bin Pater Rochus. Werden Sie sich melden?«

»Gerne. Mein Name ist Fedor. Ich komme aus Warschau.«

»Eine herrliche Stadt. Wenn ich Urlaub habe, verbringe ich stets einige Tage dort.« Er dämpfte seine Stimme. »Ich wohne dann im Bristol.«

Das möchte ich mir auch leisten können, dachte der Goldschmied verblüfft und nicht ganz neidlos.

»Man ist dann in der Nähe des Palais Potocki«, schwärmte

der Mönch, »kann bequem die Gemäldeausstellung der polnischen Künstler aufsuchen oder sich in einer der herrlichen Parkanlagen ergehen. Die Hautevolee findet man im Sächsischen Garten, die Juden im Krasinskischen, und die jungen Paare«, er schnalzte mit der Zunge, »treffen sich im Park Frascati.«

Fedor Zadek kam aus dem Staunen nicht heraus. Fast zwei Stunden begleitete er den Pauliner, der immer gelöster wurde und es offensichtlich genoß, einmal über etwas anderes als über Gott, Gebete und Gehorsam sprechen zu können.

»Werden Sie wirklich kommen und sich die Schatzkammer ansehen?« fragte er beim Abschied.

»Ganz gewiß!«

Sie gaben sich die Hand und schieden wie Freunde, die einander gut verstehen.

6

Für Fedor Zadek wäre es vielleicht ein Trost gewesen, wenn er die Worte von Papst Innozenz III. gekannt hätte: ›Des Reichtums Erwerb ist mit Mühe und Arbeit verbunden, sein Besitz von Furcht und sein Verlust von Schmerzen begleitet; immer ermüdet und beschwert er die Seele.‹

Der ehrgeizige Goldschmied mußte die Erfahrung machen, daß schon die Nichterfüllung eines Traumes vom Reichtum in Ratlosigkeit und Verzweiflung stürzen kann. Bis zum Abend, an dem er sich um sieben Uhr mit Roman Górski in der Bahnhofshalle von Czenstochau treffen wollte, hatte er keine Sekunde daran gezweifelt, daß er das erbeutete Geld nach Krakau bringen sollte. Zur verabredeten Zeit war aber nicht Nataschas Bruder, sondern einer der beiden Metallarbeiter erschienen und hatte ihm zugeraunt:

»Der Transport hat sich erledigt. Für Roman gab es eine günstige Gelegenheit, die Koffer direkt zur Grenze zu schaffen. Er hat mir für jeden von uns fünfzig Rubelchen gegeben. Wir sollen getrennt nach Hause fahren.«

Fedor Zadek war wie erstarrt. Er hatte sich bereits als Inhaber eines eleganten Juweliergeschäftes in der Ujazdower Allee gesehen, und nun sollten all seine weittragenden Pläne wie eine Seifenblase geplatzt sein? Dreißigtausend Rubel waren dahin?

Die Tatsache, daß ein lächerlicher Zufall ihn um den schon sicher geglaubten Besitz des Geldes gebracht hatte, raubte ihm fast den Verstand. Er betrank sich an diesem Abend, bewies am nächsten Morgen jedoch, daß er mehr Rückgrat hatte, als zu vermuten gewesen war. Denn etwas gab er von seinem vermessenen Traum nicht wieder her: den Wunsch, sich selbständig zu machen. Und er sah eine Möglichkeit, ihn zu verwirklichen. Natürlich nicht so mühelos, wie er sich das vorgestellt hatte. Viel Arbeit würde es kosten, aber es war zu schaffen, wenn Natascha ihm half und Babuschka ihm entgegenkam.

Es war überraschend: der eher leichtsinnige als zielstrebige Fedor Zadek, den Natascha einmal einen ›mißlungenen Herkules‹ genannt hatte, kehrte nicht enttäuscht und entmutigt, sondern hoffnungsvoll nach Warschau zurück. Er trug einen grünen Zweig im Herzen und war überzeugt, daß sich ein Vogel darauf niederlassen würde.

Zunächst sah es freilich nicht danach aus. Als Natascha erfuhr, daß ihr Bruder die Koffer mit dem Geld selbst nach Krakau bringen würde, schleuderte sie unbeherrscht eine Vase an die Wand. Sie tobte wie von Sinnen, nannte ihren Geliebten einen Versager und weinte schließlich bittere Tränen.

Fedor strich über ihr Haar. »Wer weiß, wofür es gut war, daß es nicht geklappt hat. Geld, das einem auf diese Weise zufliegt, kann zum Fluch werden.«

Natascha glaubte nicht richtig zu hören. Das waren ja völlig neue Töne.

»Ich habe die Schwarze Madonna besucht ...«

»... und bist von ihr verwandelt worden?«

»Wer weiß«, antwortete er hintergründig. »Immerhin habe ich einen Pater kennengelernt, der mich auf eine tolle Idee gebracht hat.«

»Da bin ich aber neugierig.«

Fedor erzählte, was er in Czenstochau gesehen und erlebt hatte. Er berichtete vom Reichtum des Klosters, von seinem Gespräch mit dem Pauliner und von dessen Absicht, ihm die Schatzkammer zu zeigen, und er fügte in aller Offenheit hinzu: »Daran erinnerte ich mich heute morgen, als ich meinen Rausch ausgeschlafen hatte. Und dann kam mir ein Gedanke, der mich nicht mehr losläßt.« Er setzte sich zu Natascha. »Es ist doch so, daß ein Goldschmied, der nicht selbständig ist, nur seine Arbeit, nicht jedoch ihren künstlerischen Wert bezahlt bekommt. Um selbständig werden zu können, braucht man aber Kapital, es sei denn, man hat jemanden, der den Auftrag erteilt, dieses und jenes anzufertigen. Zum Beispiel eine Monstranz, einen kostbaren Kelch oder dergleichen. Sakrale Kunstgegenstände werden fast ausschließlich im Auftrag hergestellt.«

»Du meinst, das Kloster könnte dir einen solchen geben?«

»Warum nicht? Zumindest versuchen will ich es. Und ich bin überzeugt, daß Pater Rochus mir helfen wird.«

Natascha lachte verächtlich. »Nur, weil du dich einmal mit ihm unterhalten hast?«

»Nein, weil er anders ist als andere. Stell dir vor: er wohnt im Bristol, wenn er nach Warschau kommt! Er mischt sich unter die Hautevolee, ist nicht bigott, sondern aufgeschlossen, spricht mit einer Stimme, die so weich ist, daß man glaubt, in Watte eingepackt zu werden, hat das Aussehen eines Adonis und ist von einer Männlichkeit, die ... die an Achilles denken läßt.«

»Der sich bekanntlich für eine von zwei Möglichkeiten entscheiden mußte«, entgegnete Natascha spöttisch. »Entweder bei frühem Tod ewigen Ruhm zu erringen oder ein langes, ruhmloses Leben zu führen. Dein Pater Rochus dürfte sich für letzteres entschieden haben.«

Fedor wurde unsicher wie immer, wenn Natascha über Dinge sprach, die ihm ein Buch mit sieben Siegeln waren. »Denk, was du willst«, sagte er unwillig. »Ich werde jedenfalls auf Biegen und Brechen versuchen, mit den Paulinern ins Geschäft zu kommen. Die verfügen über Millionen und abermals Millionen und können Aufträge ungeahnten Ausmaßes erteilen. Durch sie will und werde ich selbständig werden, das habe ich mir geschworen. Als simpler Angestellter arbeite ich auf die Dauer keinesfalls weiter.«

Natascha war von dem starken Willen ihres Geliebten überrascht. »Gratuliere!« sagte sie anerkennend.

»Wozu?«

»Zu deiner Wandlung. Die wundertätige Madonna scheint dich geküßt zu haben.«

»Du hilfst mir?«

»Wobei?«

»Einen großen Auftrag einzuheimsen. Wenn wir Hand in Hand arbeiten, wird es uns gelingen.«

Natascha glich plötzlich einer Katze, die auf der Lauer liegt. »Du meinst, ich soll frauliche Reize ins Spiel bringen?«

»Ein bißchen Knistern könnte nicht schaden.«

»Du bist verrückt.«

»Überlege, Natascha! Ein Auftrag, wie er mir vorschwebt,

wird nicht von heute auf morgen erteilt. Da muß zuerst ein entsprechender Kontakt geschaffen werden.«

»Und das soll meine Aufgabe sein?«

»Unsere! Wenn du mitmachst, könnten wir den Mönch einladen, uns zu besuchen.«

Sie lachte schallend. »Uns, ein Paar, das in sündiger Verstrickung lebt?«

»Wir geben uns einfach als Geschwister aus. Babuschka wird Verständnis dafür haben, da es auch ihr Vorteil sein wird, wenn ich die erforderliche Werkstatt bei euch einrichte und Miete zahle.«

Natascha wurde ernst. »Deine Pläne scheinen weit gediehen zu sein.«

»Der Gedanke ist mir eben erst gekommen.«

Sie blickte nachdenklich vor sich hin. »Du bist durchtriebener, als ich es für möglich gehalten habe. Aber es gefällt mir, daß du mit allen Mitteln versuchen willst, dein und damit wohl auch mein Leben auf eine andere Ebene zu stellen. Ich werde dich also unterstützen; es war ohnehin schon lange mein Wunsch, einmal nach Czenstochau zu fahren. Ob dein Pater Rochus von meiner Anwesenheit allerdings angetan sein wird, wage ich zu bezweifeln. Er hat sich immerhin für ein beschauliches Leben entschieden und sehnt sich bestimmt nach keiner Briseïs.«

»Wer ist denn das nun wieder?«

»Das war die Geliebte des Achilles.«

Die Tür wurde geöffnet, und Babuschka trat in den Raum. »Was höre ich da? Ihr sprecht von Achilles?«

»Ist etwas dagegen einzuwenden?«

Babuschka sah die Scherben der zerstörten Vase und kombinierte: Mit den dreißigtausend Rubelchen hat es nicht geklappt. »Ich kann diesen Griechen nicht ausstehen«, antwortete sie. »Dreimal hat er Hektor um Troja herumgeschleift. Er war noch tausendmal schlimmer als Boleslaw Smialy, der den Bischof von Kraukau in der Kirche erschlug. Traurige Gestalten sind das. Eine Schande sind sie und kein Gesprächsthema!«

Natascha lachte. »Aber wir haben Achilles doch nur ...«

Die alte Dame wurde ungehalten. »Schluß damit! Ich will von dem Kerl nichts hören.« Sie wandte sich an Fedor Zadek. »Wie ist der Überfall ausgegangen? In der Zeitung hat nichts gestanden.«

»Weil die Russen sich nicht blamieren wollen«, antwortete er und reichte ihr die Hand. »Nachrichtensperre! Aber es ist alles glatt über die Bühne gegangen.«

»Kein Schuß ist gefallen«, betonte Natascha.

»Dafür danke ich dem Herrgott.«

»Roman bringt das Geld jetzt nach Krakau.«

Babuschka stellte sich verwundert. »Sollte das nicht deine Aufgabe sein?«

»Ja. Aber für Roman ergab sich unerwartet eine günstige Transportmöglichkeit.«

»Und Fedor nahm die Gelegenheit wahr, die Schwarze Madonna aufzusuchen«, fiel Natascha lebhaft ein. »Dabei lernte er einen Pater kennen und hofft, über ihn einen Goldschmiede-Auftrag zu erhalten.«

Babuschka hob die Augenbrauen. Deshalb also hatten die beiden sich so schnell gefangen.

Fedor fing wieder an zu schwärmen. »Der Pauliner ist ein großartiger Mann. Ganz anders als andere Patres.«

Natascha umarmte Babuschka übermütig. »Halte dir die Ohren zu. Es kann sich nur noch um Sekunden handeln, dann erzählt er auch dir, der Mönch habe das Aussehen eines Adonis und sei von einer Männlichkeit, die an Achilles erinnert.«

Babuschka wandte sich entrüstet an den Goldschmied. »Ja, bist du denn überhaupt noch ein Pole? Unter Männlichkeit verstehen wir doch wohl etwas anderes. Zum Beispiel Aufrichtigkeit, Festigkeit und vor allen Dingen Ritterlichkeit.« Sie ging auf einen Sessel zu. »Setzt euch! Ich möchte euch etwas aus der polnischen Geschichte erzählen.«

Natascha und Fedor sahen sich an, als wollten sie sagen: Das hat uns gerade noch gefehlt.

Babuschka nahm Platz. »Ich erinnerte mich eben an den jungen König Sigmund II., dessen Leben wahrhaftig erzählenswerter ist, als das eures vielgerühmten griechischen Helden. Der König hatte Barbara Radziwill geheiratet und lehnte sich standhaft gegen die Würdenträger des Reiches auf, die von ihm verlangten, sich von seiner Frau zu trennen. Man forderte dies, weil die Radziwills dem Landadel und nicht der Aristokratie angehörten. Vor allen Dingen Sigmunds Mutter, die Italienerin Bona aus dem Hause Sforza, war gegen diese Ehe. Um das Volk auf ihre Seite zu bringen, stellte sie die Behauptung auf, König Sigmund I. sei aus Kummer über die Eheschließung seines Sohnes gestorben. Unversöhnlich drängte sie, Barbara notfalls mit Gewalt fortzuschaffen. Der Kastellan von Wilna entwarf einen Entführungsplan und schlug vor, sie in ein Kloster zu sperren. Der Aristokratie war das nicht genug. Sie wünschte Barbaras Tod und verlangte, daß sie in der Weichsel ertränkt werde. Ebenso unmenschlich reagierte der Woiwode von Sandomir. Er verstieg sich zu der Erklärung, er sehe lieber den türkischen Erzfeind Suleiman in Krakau, als eine Radziwill auf dem polnischen Thron. Sogar Bischöfe forderten Sigmund II. auf, sich scheiden zu lassen. Als er einwandte, gemäß Lehre der katholischen Kirche sei Scheidung doch eine Sünde, erklärten sie heuchlerisch, in diesem Fall sei es lediglich eine kleine Verfehlung, an der Gott keinen Anstoß nehmen werde.

Der König ließ sich nicht beirren. Er stellte sich dem Reichstag, überhörte alle persönlichen Angriffe und erklärte immer wieder, er sei nicht bereit, seine Frau zu verlassen. Ihr habe er ewige Treue geschworen, und er halte diesen Eid, komme, was da wolle. Seine Frau sei ihm lieber als alle Königreiche der Erde.

Sein aufrechter Charakter ließ die Zahl seiner Gegner mit der Zeit kleiner werden, und die wenigen, die absolut nicht nachgeben wollten, beugten sich schließlich der Sprache des Geldes. So gab der Bischof von Krakau seinen Widerstand auf, als ihm 12000 Zlotys gezahlt wurden.

Zur Krönung aber führte der junge König eine Frau, von der er wußte, daß sie nur noch kurze Zeit leben würde. Es sollte die ›Krönung‹ ihres Lebens sein. Er pflegte die Leidende bis zu ihrer letzten Stunde. Und er erfüllte auch ihren Wunsch, sie in ihrer weit entfernten Heimatstadt Wilna beizusetzen. Keinen Augenblick wich er von ihrer Seite. Über einen Monat ritt er hinter ihrem Sarg, und als das Ziel endlich erreicht war, schickte er sein Gefolge fort und kniete eine Nacht hindurch allein neben der Toten.«

Babuschka tat einen tiefen Seufzer. »Das, mein lieber Fedor, ist die Tat eines Polen.«

Es verging fast eine Woche, bis Roman Górski von Krakau zurückkehrte. Die Erinnerung an die Schönheit der Stadt, die ihn stark beeindruckt hatte, konnte während der Fahrt durch das russisch besetzte Polen kaum den traurigen Anblick der Dörfer verdrängen, in denen die Menschen nicht viel besser als ihr Vieh lebten. In seiner Bedrücktheit waren ihm die Worte Heinrich Heines eingefallen: ›Mir wurde gar wehmütig, als ich den elenden Zustand der polnischen Bauern betrachtete.‹ Wie zum Trost hatte der Dichter dahinter gesetzt: ›Aber die Menschen in Polen sind gut.‹

Roman atmete auf, als er wieder daheim war. Er sehnte sich

nach Babuschkas Wärme und skurriler Strenge, nach Nataschas Leichtigkeit und ihrer manchmal auch schwierigen Art – ja, er sehnte sich sogar nach Fedors geckenhaftem Gehabe. Die Schüsse am Bahndamm vor Czenstochau hallten ihm immer noch in den Ohren.

Babuschka eilte ihrem Neffen entgegen. »Gott sei Dank, daß du wieder da bist. Ich habe mir viel Sorge um dich gemacht.«

Er küßte ihre Wange und drückte sie an sich. »Ein Glück, daß wir dich haben.«

Seine Innigkeit ließ die alte Dame aufhorchen. »Bedrückt dich etwas?«

»Nein, nein«, wehrte er ab. »Ich bin nur froh, wieder daheim zu sein.«

Sie führte ihn in ihr Boudoir. »Heraus mit der Sprache! Ich sehe dir an, daß du mir etwas verheimlichst.«

»Ach, wo.«

»Denk daran, daß die Lüge wie ein Schneeball ist: je länger man ihn wälzt, um so größer wird er. Rede also!«

Roman holte tief Luft. »Wenn ich denn mit der Tür ins Haus fallen soll: ich werde Warschau verlassen und nach Krakau gehen.«

»Um dich militärisch ausbilden zu lassen?«

»Um Gottes willen, nein. Ich habe die Möglichkeit, in Krakau mein Studium zu beenden.«

Babuschka tat einen Seufzer der Erleichterung. »Und du hast geglaubt, mir das schonend beibringen zu müssen?« Sie dämpfte ihre Stimme. »Ich bin doch froh, wenn du aus dem russisch besetzten Gebiet heraus bist.«

Er lachte. »Ich hatte tatsächlich befürchtet, du würdest mich bitten, hierzubleiben.«

Ihre Hände fuhren durch die Luft. »An der hiesigen Universität wird nicht Geschichte, sondern russische Geschichtsverdrehung gelehrt. Sage aber niemandem, daß du nach Krakau gehst.«

»Klarer Fall. Wilna heißt meine nächste Station.«

»Ist es nicht schrecklich, daß wir nicht einmal mehr die Wahrheit sagen dürfen!«

»Wie tief wir gesunken sind, habe ich in Krakau erkannt. Du machst dir keine Vorstellung von dem Leben, das dort herrscht. Die Österreicher lassen jeden gewähren. Niemand hat Sorge, belauert oder belauscht zu werden. Jeder redet, wie ihm der Schnabel gewachsen ist. Und das auf polnisch!«

»Leise!« warnte Babuschka. »Anusja könnte dich hören.«

Natascha wirbelte in den Raum. »Keine Angst, ich habe sie fortgeschickt. Für die nächste Stunde sind wir sicher.« Sie umarmte ihren Bruder, als wäre er ihr Geliebter. »Alles klargegangen?«

»Ja. Und stell dir vor: in den Koffern waren nicht hundertzwanzig-, sondern hundertfünfzigtausend Rubel!«

Babuschka gab sich verwundert. »Und trotzdem hast du jedem deiner Leute nur fünfzig Rubelchen gegeben?«

»Damit waren die Unkosten reichlich gedeckt.«

»Das vielleicht«, erwiderte die alte Dame trocken. »Für die Beteiligten war es unter diesen Umständen aber nicht gerade ein schöner Überfall.«

»Das war er ohnehin nicht!« erklärte Roman seltsam betont.

Babuschka stutzte und blickte von einem zum anderen. »Natascha hat mir gesagt, es sei nicht geschossen worden.«

Er nickte. »Das war so abgesprochen. Du solltest nichts davon erfahren. Ich halte es aber nicht mehr aus; ich muß darüber sprechen. Tag und Nacht verfolgen mich die Schüsse.«

»Fedor ergeht es ähnlich«, sagte Natascha in ihrer Verwirrung.

»Ist das wahr?« fragte der Bruder verwundert.

»Ja.«

»Ich war der Meinung, er würde es nicht so schwer nehmen.«

»Ich auch. Ich bin aber froh, daß ich mich getäuscht habe. Vorher bedenkt man so etwas nicht, doch hinterher . . .«

»Hinterher ist es entsetzlich«, bekräftigte Roman. »Nichts kann einem dann mehr helfen. Und wenn man sich hundertmal sagt: Es ist wie im Krieg, es geht um unsere Freiheit! Es ist eben *kein* Krieg. Man steht nicht auf dem Schlachtfeld, sondern schießt aus dem Hinterhalt. Dem Gegner bleibt praktisch keine Chance.«

Babuschka erhob sich. »Falle nicht von einem Extrem ins andere«, sagte sie nachsichtig, fügte jedoch, als Roman protestieren wollte, schnell hinzu: »Ich weiß, ich weiß. Du denkst, ich hätte eher Grund, mit dir zu rechten. Aber du täuschst dich. Ich habe mit dem Schlimmsten gerechnet und geahnt, daß ihr mir die Wahrheit vorenthalten habt, um mich zu schonen. Lieb gedacht, jedoch nicht notwendig, da ich nicht gedankenlos durch meine Räume rausche. Ich habe über das Problem, das sich euch stellte, lange nachgedacht, und ich gebe Rousseau recht, der unmißverständlich formulierte: ›Auf seine Freiheit verzichten heißt auf seine Menschenwürde und Menschenrechte, ja selbst auf seine Pflichten verzichten‹.«

»Richtig«, stimmte ihr Roman zu. »Wenn Freiheit aber mit einem schlechten Gewissen erkauft werden muß, wähle ich die Knechtschaft.«

Natascha sah ihn ungläubig an. »Was ist denn in dich gefahren? Du bist ja total verändert.«

»Ja, das bin ich. Und ich kann dir auch sagen, warum. Weil ich, wie das Sprichwort sagt, ›Hoppla‹ gerufen habe, bevor ich gesprungen bin. Drei Menschen habe ich nun auf dem Gewissen! Möglich, daß andere mit solcher Belastung besser fertig werden als ich. Möglich auch, daß unser Freiheitskampf den

Einsatz ungewöhnlicher Mittel erfordert. Ich aber habe, wie ich jetzt weiß, nicht das Zeug, mit den Konsequenzen fertig zu werden.«

Babuschka trat an ihren Neffen heran. »Es ehrt dich, daß du das offen aussprichst. Und ich bin glücklich über deinen Entschluß, kein weiteres Unternehmen durchzuführen. Freiheit aber, das muß ich dir sagen, wird niemals mit schlechtem Gewissen erkauft. Die Knechtschaft, ja. Zu ihr wird gezwungen, wer nicht zu sterben bereit ist. Denk daran, wenn andere sich in Zukunft die Hände schmutzig machen müssen. Unser Freiheitskampf ist notwendig, gleichgültig, wie wir ihn führen. Nicht von ungefähr haben wir durch ihn im Ausland, und ganz besonders in Deutschland, ein so hohes Ansehen gewonnen, daß Männer wie Fürst Pückler-Muskau, E. T. A. Hoffmann, Adelbert von Chamisso, Christian Dietrich Grabbe, Georg Büchner, Ludwig Uhland und viele, viele andere entschieden für uns eintraten. Und der Dichter Karl von Holtei hat sich mit uns sogar so weit solidarisiert, daß er nach Niederschlagung unseres Aufstandes in einer Versammlung ausrief: ›Ich bin der letzte Pole, ich‹!«

Schon wenige Tage später kehrte Roman Górski nach Krakau zurück. Er hatte sich ein Dokument verschafft, das ihn als Bewohner Galiziens auswies. So konnte er die Grenze ohne Schwierigkeit passieren. Er brauchte nur den Schnellzug nach Wien zu besteigen.

Die wenigsten Polen besaßen echte Ausweise. Es galt fast als nationaler Sport, russische Behörden mit gefälschten Papieren zu düpieren.

Natascha war glücklich über die Abreise ihres Bruders. Sie gönnte ihm die Freiheit, der er entgegenfuhr, freute sich allerdings auch darauf, ihn eines Tages besuchen zu können. Über die nähere Umgebung von Warschau war sie noch nicht hinausgekommen. Sie fieberte deshalb der Stunde entgegen, da sie mit Fedor nach Czenstochau fahren sollte.

Seit der Goldschmied anstrebte, sich selbständig zu machen, hatte er in Babuschkas Achtung sehr gewonnen. Er studierte Bücher über sakrale Kunst, entwarf Kelche und Monstranzen und war kaum wiederzuerkennen, wenn er über den Stil sprach, den er zu entwickeln gedachte. Er strebte fort von den glatten und hochpolierten Flächen der Goldschmiedekunst, träumte von gehämmerten Werken und weniger pompösen, schlichten Linienführungen.

Natascha war so angetan von Fedors Entwürfen, daß sie die Skepsis verlor, die sie bisher davor geschützt hatte, sich ernsthaft in ihn zu verlieben. Echte Zuneigung trat an die Stelle ihrer bisherigen, vom Egoismus bestimmten Haltung. Es war ihr plötzlich ein Bedürfnis, den Geliebten in seinen Bestrebungen zu unterstützen, und sie geriet in eine beinah euphorische Stimmung, als es soweit war, daß sie sich mit ihm auf den Weg nach Czenstochau machen konnte.

Es war ein herrlicher Herbsttag. Sogar im Zug spürte man, daß sich draußen kein Lufthauch regte.

Natascha konnte nicht genug zu sehen bekommen. Unentwegt starrte sie aus dem Fenster. Hier hackte jemand Holz, dort schlugen Frauen ihre Wäsche an einem Bach. Wagen rollten schwerfällig über die Felder, Rauch quoll aus Kartoffelfeuern, Enten watschelten einem Weiher entgegen, Kühe, Schafe, Hühner, Gänse – der unentwegte Wechsel des Bildes nahm kein Ende. Vorbei ging es an Dörfern und Städten. Hügel mit Schlehdornsträuchern weckten sehnsüchtige Träume. »Würde die Fahrt doch nie enden«, rief sie begeistert.

Fedor gab ihr einen Kuß. Sie waren allein in ihrem Abteil. »In Czenstochau erwarten dich noch viel interessantere Dinge.«

Natascha war es, als öffne sich ihr Herz zum ersten Male richtig. Sie hätte die Welt umarmen mögen.

In Czenstochau fuhren sie mit einer Droschke zum Weißen Berg der Pauliner hinauf. Natascha war überrascht vom Ausmaß des Klosters und seinen hinter einem hohen Wall halbverborgenen Baulichkeiten. Die größte Überraschung aber war für sie Pater Rochus. Da Fedor ihm geschrieben hatte, wartete er bereits am Eingang auf sie.

»Ich habe mich schon gefreut, als Ihr Bruder mir mitteilte, daß Sie ihn begleiten werden«, sagte er überschwenglich. »Nun aber, da ich Sie sehe – bitte, erschrecken Sie nicht –, bin ich entzückt.«

Dies aus dem Munde eines Mönches zu hören, verwirrte Natascha so sehr, daß ihr das Blut in den Kopf stieg.

Er reichte ihr die Hand und deutete eine chevalereske Verneigung an.

»Es ist sehr liebenswürdig von Ihnen, uns hier zu erwarten«, sagte Fedor aufgekratzt.

»Bis Sie sich zu mir durchgefragt hätten, wäre eine Stunde vergangen«, erwiderte Pater Rochus und wandte sich an Natascha. »Ein Zeitverlust, den ich mir nie verzeihen würde.«

Diese Bemerkung konnte sie nicht übergehen, und so fragte sie forsch: »Ist es ein Gebot Ihres Ordens, Frauen Komplimente zu machen?«

»Ein Gebot nicht gerade«, antwortete er verschmitzt. »Wahrscheinlich färbt unser Marienkult etwas ab.«

Natascha war verblüfft.

»Hinzu kommt natürlich, daß wir selten Gelegenheit haben, uns mit einer ebenso attraktiven wie charmanten jungen Dame zu unterhalten.«

»Das erklärt vieles«, stellte Fedor lachend fest. Die Dinge entwickelten sich besser, als er zu hoffen gewagt hatte.

Pater Rochus wurde ernst. »Ich war wohl zu kühn«, sagte

er und wies auf den Himmel. »Das schöne Wetter scheint mich dazu verleitet zu haben.«

»Seien Sie nicht traurig darüber«, entgegnete Natascha. »Ich bin ebenfalls in einer Hochstimmung. Erst die Fahrt, dann dieses Kloster . . . Es ist einfach wunderbar, hier zu sein.«

»Sie waren noch nicht in Czenstochau?«

»Nein.«

»Dann gibt es ja eine ganze Menge, was ich Ihnen zeigen kann.«

»Vor allen Dingen die Schatzkammer!« betonte Fedor Zadek.

Pater Rochus wandte sich lächelnd an Natascha. »Bei ihm bricht der Goldschmied durch und läßt ihn vergessen, daß das Heil der Seele wichtiger ist als irdische Werte. Aber ich möchte Sie nun zunächst über den Wall führen und Ihnen von unserem Orden und der Schwarzen Madonna berichten.«

Sie gingen durch den Lobomirski-Bogen und das Jagellonen-Tor.

Natascha, die sie in die Mitte genommen hatten, beobachtete Pater Rochus heimlich von der Seite. Ihr war es unerklärlich, daß dieser gut aussehende Mann sich in ein Kloster zurückgezogen hatte.

»Es ist überliefert, daß die ersten Pauliner 1382 hier erschienen«, begann er bedächtig. »Sie kamen aus Ungarn und übernahmen eine schlichte Holzkirche, die der Heiligen Jungfrau gewidmet war. Entsandt hatte sie der König von Ungarn und Polen, Ludwig von Anjou, der seinen Neffen, den von ihm zum Gubernator ernannten Herzog Wladislaw von Oppeln, gebeten hatte, auf dem Gipfel des Krakau-Czenstochauer Juras ein Kloster zu errichten. Der Herzog deponierte seine auf vielen Feldzügen gemachte Beute im Kloster und baute es vorsorglich zu einer Festung aus. Seine politische Laufbahn nahm jedoch ein schnelles Ende, als Ludwig von Anjou starb. Der zum katholischen Glauben übergetretene litauische Fürst Jagello heiratete die Tochter des Verstorbenen und wurde so König von Polen. Wohl oder übel mußte der Herzog von Oppeln seinen Platz räumen; er verließ das Land unter Mitnahme seines in Jasna Góra gehorteten Vermögens. Nur das Bildnis der Schwarzen Madonna, das er in Ruthenien erworben hatte, blieb zurück. Warum er es nicht mitnahm, weiß man nicht. Es wird angenommen, daß er hoffte, den Herrgott mit dieser Gabe zu bewegen, seine übrigen Schätze zu beschützen. Vielleicht hat er auch nicht den Mut gehabt, die Schwarze Madonna zu entführen; denn es heißt, die Holzplatte, auf die das Bild gemalt ist, sei die Tischplatte der Heiligen Familie von Nazareth gewesen.«

»Das dürfte eine liebenswerte Legende sein«, wagte Natascha einzuwerfen.

Pater Rochus nickte. »Darum sagte ich: Es heißt! Und dennoch: es ist etwas Besonderes an dem Bild.«

»Sie denken an das schwarze Antlitz der Madonna?«

»Nein, das ist wahrscheinlich auf den Kerzenrauch zurückzuführen, dem das Bild jahrhundertelang ausgesetzt war. Erst seit 1673 ist es durch eine silberne Abdeckplatte geschützt, die nur zur Heiligen Messe hochgezogen wird. Das Besondere an dem Bild ist etwas anderes. Hussiten haben es 1430 mit Säbelhieben schwer beschädigt, und es widersetzt sich seitdem allen Versuchen, den angerichteten Schaden zu beseitigen. Die Schnittwunden in der Wange der Madonna nehmen keine Farbe an.«

Natascha beeindruckte dies sehr.

Fedor hingegen dachte nüchtern: Temperafarben gehen eben mit den früher verwendeten Wachsfarben keine Verbindung ein.

»Es ist eines der vielen Wunder, die sich hier immer wieder ereignen«, fuhr Pater Rochus versonnen fort. »Ich sprach eben vom litauischen Fürsten Jagello, der zum katholischen Glauben übertrat, um König von Polen werden zu können. Er verbannte den Herzog von Oppeln, der, wie ich schon sagte, das Land verließ, ohne die wertvolle Schwarze Madonna mitzunehmen. Der König setzte sich aber nicht in den Besitz des zurückgelassenen Gutes, wie das früher so üblich war. Er überließ das unschätzbare Kunstwerk unserem Orden und gewährte ihm darüber hinaus Privilegien, die erst die materielle Voraussetzung für die Weiterentwicklung von Jasna Góra schufen.«

»Entschuldigen Sie, wenn ich unterbreche«, sagte Natascha. »Man weiß doch, daß es Jagello ausschließlich darum ging, sich als guten Katholiken darzustellen.«

»Eben. Die Tatsache, daß die Habsburger die Anerkennung der Gesetzmäßigkeit seiner Ehe mit der Tochter Ludwigs von Anjou verweigerten, veranlaßte ihn, seine Glaubenstreue durch immer neue Stiftungen zu beweisen.«

»Das Kloster wurde also zum Nutznießer«, stellte Fedor sachlich fest.

»Gewiß. Man kann es aber auch als Wunder ansehen. Denn die Folge von Jagellos Großzügigkeit war, daß plötzlich jeder etwas spenden wollte. Wer Rang und Namen hatte, stellte Geld, Gold und Edelsteine zur Verfügung. Es war somit die Schwarze Madonna, die hier entscheidende Veränderungen herbeiführte. Sie griff gewissermaßen auch in das Leben des Ordens ein, dessen Angehörige sich ursprünglich zu einsiedlerischer Abgeschiedenheit und Bußfertigkeit verpflichtet hatten. Durch das Aufblühen von Jasna Góra zu einem der bedeutendsten Pilgerorte Europas wurde es jedoch unmöglich, den Kontakt mit der Außenwelt zu vermeiden. Zwangsläufig wurden wir weltlicher und aufgeschlossener. Und Prior Kordecki«, er zeigte auf ein Denkmal, an dem sie gerade vorübergingen, »der ruhmreich gegen die Schweden gekämpft hat, bewies darüber hinaus, daß wir auch das Kriegshandwerk verstehen.«

»Diplomaten scheinen die Pauliner ebenfalls zu sein«, fügte Fedor Zadek trocken hinzu. »Die Statue des Zaren Alexander II. dort drüben deutet jedenfalls darauf hin.«

Pater Rochus schmunzelte. »Wir hoffen, das Denkmal eines Tages durch eine Statue der Heiligen Jungfrau Maria ersetzen zu können.«

Natascha klatschte Beifall. »Ihr Patriotismus gefällt mir, wenngleich er Ihr diplomatisches Talent in Frage stellt.«

Unversehens kam eine gelockerte Atmosphäre auf. Pater Rochus wurde lebhaft, seine Rede mitreißend. Er erzählte so farbig, daß die Zeit wie im Fluge verging.

»Jetzt müssen wir aber die Schatzkammer aufsuchen«, sagte er nach einem Blick auf die Turmuhr der Hauptkirche. »In einer Stunde beginnt die nächste Messe, die Sie gewiß besuchen wollen.«

Durch die Basilika und die Sakristei führte er sie über Treppen und durch Gänge in die Schatzkammer, die von zwei schweren Türen verschlossen war. Ein älterer Pater öffnete sie ihnen. In der Schatzkammer befanden sich so viele Kunstgegenstände, daß Natascha und Fedor nicht wußten, wohin sie schauen sollten. Meßgewänder aus dem 15. Jahrhundert, goldgewirkte und mit Perlen bestickte Roben einstiger Könige, Reichsinsignien, Szepter, Kassetten, Statuetten, Monstranzen, Reliquienschreine, Kruzifixe, Kelche, Kerzenleuchter und Gefäße aller Art gab es in vielfachen Formen und Ausführungen. Und alles war aus purem Gold und mit kostbaren Edelsteinen verziert. Einige Vasen, die die Königin Maria Josefine gestiftet hatte, wiesen Smaragde und Rubine in einer Größe auf, daß Fedor neiderfüllt ausrief: »Zwei von diesen Steinen, und ich brauchte nicht mehr zu arbeiten.«

Unvorstellbar war der Wert jedes einzelnen der Kunstgegenstände, die von namhaften Goldschmieden für die Potentaten Europas hergestellt und von diesen der Schwarzen Madonna zu Füßen gelegt worden waren.

Fedor Zadek konnte sich nicht satt sehen. Er kannte viele Gegenstände von Abbildungen her, war aber dennoch überrascht von der Pracht, die sich ihm darbot.

Natascha kehrte immer wieder zu einem venetianischen Kelch zurück, den König Wisniowiecki dem Kloster vermacht hatte.

»Gefällt er Ihnen so gut?« fragte Pater Rochus.

Sie nickte. »Hier deutet sich der auf Schlichtheit ausgerichtete Stil an, in dem Fedor arbeiten möchte.«

Der Mönch schaute zu dem jungen Goldschmied hinüber, der gerade eingehend ein Reliquien-Kruzifix betrachtete. »Arbeitet er an sakralen Werken?«

»Er möchte es, ist aber bei einem Juwelier angestellt und muß anfertigen, was verlangt wird.« Vorsorglich verlor sie kein weiteres Wort über Fedors Absichten und Pläne.

Natascha nahm keinen Anstoß daran, daß Fedor nach dem Besuch der Schatzkammer erklärte, nicht mit in die Kirche gehen zu wollen. Im Gegenteil, die Vorstellung, eine Weile mit Pater Rochus allein zu sein und sich von ihm in die Gnadenkapelle führen zu lassen, war nicht ganz ohne Reiz für sie.

Dem Pauliner schien es ähnlich zu gehen; denn er hatte sofort Verständnis dafür, daß der Goldschmied auf den Besuch der Messe verzichten und die Zeit dazu benutzen wollte, einige Skizzen vom Kloster zu machen.

Fedor Zadek amüsierte sich über die beiden. Die kleinen Funken, die zwischen ihnen überspringen mochten, störten ihn nicht. Wichtig war ihm einzig und allein, daß ein Kontakt geschaffen wurde, der sich durch eine Einladung nach Warschau, die Natascha bei passender Gelegenheit aussprechen sollte, noch festigen ließ. Im übrigen wollte er die nächste Stunde dazu benutzen, eine Monstranz in den Grundformen des Turmes der Basilika zu entwerfen. Das war vielleicht kitschig, gewiß aber wirkungsvoll.

Mehrfach schaute er hinter Natascha und Pater Rochus her, die, statt eilig der Kirche entgegenzustreben, immer wieder stehenblieben und lebhaft miteinander redeten. Er beobachtete, wie der Pauliner temperamentvoll die Hände zusammenschlug und sich nach hinten bog, so daß man ihn förmlich lachen hörte.

Sie weiß ihn zu nehmen, dachte der Goldschmied zufrieden und skizzierte mit schnellen Strichen das ungewöhnliche Bild, das Natascha und Pater Rochus boten. Hier Wespentaille, Rüschen an Kragen und Ärmeln, ein sich bauschender langer Rock und hochhackige Schuhe. Dort die schlichte, glatt herabfallende weiße Kutte des Pauliners, unter der flache Sandalen hervorlugten.

Fedor Zadek eilte zum Vorplatz unterhalb der Festungsmauer und stellte angenehm überrascht fest, daß die Form des drei Stilepochen aufweisenden Kirchenturmes eine geradezu ideale Vorlage für die Gestaltung einer Monstranz bot. Er brauchte nur den massiven Unterbau zu verjüngen, den Platz der Turmuhr zu einem kleinen Tabernakel für die Hostie umzugestalten und einen streng gegliederten Strahlenkranz anzubringen.

Sogleich machte er sich an die Arbeit, und er vertiefte sich so sehr darin, daß er die Zeit vergaß und erstaunt aufblickte, als Natascha und Pater Rochus plötzlich vor ihm standen.

»Gut, daß wir dich entdeckt haben«, sagte sie vorwurfsvoll. »Du solltest doch zum Eingang kommen.«

»Ja, natürlich«, erwiderte er schuldbewußt. »Ich habe aber . . .« Er reichte dem Pauliner das Blatt, an dem er gearbeitet hatte. »Würde Ihnen eine solche Monstranz gefallen?«

Die Augen des Paters weiteten sich. »Das ist ja . . .«

». . . der Turm der Basilika.«

»Fabelhaft!«

»Ich schenke Ihnen die Skizze.«

Nach den in solchen Fällen üblichen Phrasen wie: Das kann ich nicht annehmen. – Können Sie die Zeichnung wirklich entbehren? – bedankte sich Pater Rochus überschwenglich und bat darum, die Geschwister zum Essen einladen zu dürfen. Davon wollte Natascha nichts wissen. Sie war so beeindruckt vom Bildnis der Schwarzen Madonna, von der Messe und von allem, was sie gesehen und gehört hatte, daß es ihr widerstrebte, nun ein Gespräch zu führen, das nicht ehrlich sein konnte, weil dahinter doch nur die Absicht stehen würde, den Pauliner für Fedors Pläne zu gewinnen. Das blieb freilich auch weiterhin ihr Wunsch. Nur jetzt im Moment wünschte sie sich nicht verstellen zu müssen. In ihr war etwas angeklungen, das sie sich nicht erklären konnte. Keinesfalls wollte sie an diesem Tage noch länger mit Pater Rochus beisammen sein. Sie bedankte sich deshalb für die Einladung und behauptete, daß sie Proviant mitgenommen hätten und mit dem nächsten Zug zurückfahren müßten.

Pater Rochus war enttäuscht. Als Natascha ihn jedoch nachdrücklich bat, sich bei seinem nächsten Aufenthalt in Warschau zu melden und zumindest einen Abend ihr Gast zu sein, konnte er seine Freude nicht verbergen. Er versicherte, der Einladung so bald wie möglich entsprechen zu wollen, und es war deutlich zu spüren, daß er dies nicht nur aus Höflichkeit sagte.

Auf der Heimreise war Natascha so versponnen, daß sie aggressiv reagierte, als Fedor sie fragte, ob sie wisse, wer der heilige Rochus gewesen sei. »Das weiß ich doch nicht«, antwortete sie patzig und ärgerte sich gleich darauf über sich selbst. Warum verheimlichte sie, daß Pater Rochus ihr gesagt hatte, der heilige Rochus gelte als Schutzpatron gegen Viehseuchen? Paßte ihr das Patronat nicht? Befürchtete sie, Fedor könnte sich lustig machen? Was immer es sein mochte, Natascha wurde sich bewußt, daß der Pauliner einen stärkeren Eindruck auf sie gemacht hatte, als sie es sich eingestehen wollte. Sie bat den Freund um Entschuldigung für ihre Kratzbürstigkeit und forderte ihn auf, ihr irgend etwas zu erzählen.

Fedors Gedanken weilten aber ebenfalls noch bei Pater Rochus; sonst hätte er die Frage ja nicht gestellt. »Wie verhalten wir uns nun Babuschka gegenüber?« sagte er. »Wir werden nicht verschweigen können, daß wir uns als Geschwister ausgegeben haben. Wenn er uns besucht, kommt es heraus.«

Natascha rümpfte die Nase. »Da gibt es keine Schwierigkeiten. Babuschka weiß, worauf wir hinarbeiten. Sie wird somit für alles, was damit zusammenhängt Verständnis haben.«

Der alten Dame fiel sogar ein Stein vom Herzen, als sie erfuhr, daß Fedor sich als ihr Neffe ausgegeben hatte. Damit war sie der Peinlichkeit enthoben, sich eines Tages mit einem Mönch über die ›Wilde Ehe‹ ihrer Nichte unterhalten zu müssen.

»Hoffentlich kann euch der Pauliner wirklich weiterhelfen«, sagte sie, als Fedor von der Monstranz erzählte, die er in Form des Turmes der Basilika entworfen hatte.

»Davon bin ich überzeugt«, erklärte er siegesgewiß.

Natascha war nicht ganz so sicher. Sie wiegte bedächtig den Kopf. »Es wird zumindest lange dauern, bis es soweit ist. Warten wir erst einmal ab, ob Pater Rochus sich überhaupt meldet.«

Das tat er schon vier Wochen später. Er sandte einen Brief,

mit dem er die Geschwister zum Abendessen ins Hotel Bristol einlud.

Fedor wurde ganz aufgeregt. »Ich sage euch, mein Entwurf hat wie eine Bombe eingeschlagen!«

Natascha ließ ihm seinen Glauben, war aber anderer Meinung. Sie hielt sich selbst für den Magneten, der Pater Rochus nach Warschau zog. »Leihst du mir deinen perlenbestickten Seidenbeutel?« fragte sie Babuschka.

Die alte Dame lächelte. »Mit oder ohne Inhalt?«

»In diesem Fall: ohne. Wir sind ja eingeladen. Und dank deiner Großzügigkeit erfolgt die Gegeneinladung nach hier.«

»Aber in meinem Namen!« betonte Babuschka. »Du bist zu jung, um einen Pater einladen zu können.«

Natascha umarmte ihre Tante. »Soll ich das graue oder das blaue Kleid anziehen?«

»Zum Abendessen würde ich das Blaue empfehlen.«

In den nächsten Tagen drehte sich alles um die Einladung. Natascha hatte tausend Dinge zu tun, und als es endlich soweit war, daß sie mit Fedor aufbrechen konnte, bangte sie um ihre Frisur und den Sitz ihres Kleides.

Mit einer Droschke fuhren sie zum Hotel Bristol, wo ihnen zu ihrer großen Verwunderung Pater Rochus nicht in der weißen Kutte der Pauliner, sondern in der schwarzen Soutane eines Priesters entgegentrat. Er sah dadurch sehr verändert und wesentlich jünger aus. In der Kutte war seine schlanke Gestalt nicht zur Geltung gekommen. Auch gab er sich gelöster als sonst. Seine Bewegungen waren freier; man spürte die Freude, die es ihm bereitete, den Gastgeber zu spielen.

»Ich schlage vor, daß wir zunächst in der Halle Platz nehmen«, sagte er nach der Begrüßung und wies auf eine Sesselgruppe. »Ein Gläschen Likör vor dem Essen kann nicht schaden.«

Natascha musterte ihn von oben bis unten. »Sie sind ja ein richtiger Verführer!«

Er lachte. »Da meine Ordensbrüder Sie nicht hören können, fühle ich mich geschmeichelt.«

Sie nahmen Platz.

Pater Rochus bestellte Danziger Goldwasser.

»Wieviel Knöpfe hat eine Soutane eigentlich?« fragte Natascha mit einem Blick auf die lange Knopfreihe.

Der Pauliner hob die Schultern. »Ich habe sie nicht gezählt. Dreißig dürften es wohl sein.«

»Ein Glück, daß Sie nicht verheiratet sind.«

»Wie soll ich das verstehen?«

Natascha erkannte erschrocken, daß sie unüberlegt gesprochen hatte.

Fedor kam ihr zu Hilfe. »Sie meint, daß bei so viel Knöpfen immer einer anzunähen ist.«

Pater Rochus schaute belustigt zu Natascha hinüber. »Und davor bangt Ihnen?«

»Ganz schrecklich«, antwortete sie in ihrer Verwirrung.

Er wies auf die Gläser, die der Kellner gebracht hatte. »Trinken wir darauf, daß mir heute abend kein Knopf abplatzt.« Sie stießen lachend miteinander an.

»Morgen abend wäre das schlimm«, nahm Pater Rochus das Gespräch wieder auf. »Da bin ich auf dem Ball der Großen Wohltätigkeitsgesellschaft, deren Komitee ich angehöre.«

»Und wir sollten Sie im Namen unserer Tante für morgen abend einladen«, rief Natascha enttäuscht.

Pater Rochus war betroffen. »Ich bedanke mich sehr, doch ich kann der Einladung leider nicht Folge leisten.«

»Würde es übermorgen gehen?«

»Sehr gut sogar. Ich möchte unter diesen Umständen allerdings zur Bedingung machen, daß ich Sie und Ihren Bruder zum Wohltätigkeitsball einladen darf.«

Natascha und Fedor sahen sich überrascht an.

»Das ist sehr liebenswürdig«, sagte der Goldschmied nach kurzer Überlegung. »Aber . . .« Er unterbrach sich, als suche er nach einem Wort. »Um ehrlich zu sein: uns fehlt die erforderliche Gesellschaftskleidung.«

Natascha senkte den Kopf.

Auch Pater Rochus wurde verlegen. »Entschuldigen Sie, daß ich das nicht bedacht habe.«

»Unser Einkommen ist sehr gering«, sagte Fedor.

»Das gehört nicht hierher«, wies Natascha ihn zurecht.

Das Gespräch stockte und kam erst wieder in Gang, als sie den Speisesaal aufsuchten, wo Pater Rochus einen Tisch hatte reservieren lassen. Natascha erzählte von ihrer Tätigkeit als Telefonistin, von Babuschka und von ihren Eltern, die seit zehn Jahren in der sibirischen Verbannung lebten und ohne jeden Kontakt mit der Familie waren. Fedor berichtete von seiner Arbeit, ließ sich jedoch eingedenk des ihm von Babuschka und Natascha gegebenen Ratschlages nicht anmerken, welches Ziel er insgeheim verfolgte. Und Pater Rochus schilderte das Leben im Kloster, das zwar streng geregelt, aber nicht so weltabgewandt sei, wie vielfach angenommen werde.

Später wurde er einsilbig. Es war zu spüren, daß ihn ein Problem beschäftigte.

»Ist Ihnen nicht gut?« fragte Natascha besorgt.

»Doch, doch«, erwiderte er. »Es ist nur . . .« Er zögerte. »Bitte, nehmen Sie es mir nicht übel, wenn ich nochmals auf den Wohltätigkeitsball zu sprechen komme«, sagte er schließlich. »Ich möchte, daß Sie an ihm teilnehmen. Lassen Sie deshalb die Beschaffung der Gesellschaftskleidung meine Sorge sein. Sie würden mir einen großen Gefallen tun«, fügte er schnell hinzu, da er sah, daß Fedor Einspruch erheben wollte.

Nataschas Wangen röteten sich. »Aber wir können doch nicht . . .«

»Warum nicht?« unterbrach er sie. »Wer auf das Glück wartet, erfährt es nicht. Man muß daran arbeiten und es unterstützen. Sonst bleibt es blind. Lassen Sie mich also die notwendige Hilfestellung geben.«

Natascha sah unsicher zu Fedor hinüber.

Der zuckte die Achseln. »Ich weiß nicht, was ich dazu sagen soll.«

»Und Sie?« fragte der Pauliner an Natascha gewandt.

»Ich überlasse Fedor die Entscheidung.«

Pater Rochus legte seine Hand auf die des Goldschmiedes. »Das bedeutet ein Ja, über das Sie nicht hinweggehen können.«

Natascha nickte Fedor unmerklich zu.

»Also gut«, sagte der. »Ich weiß zwar nicht, wie sich das abwickeln soll, will aber kein Spielverderber sein. Sie müssen mir nur gestatten, daß ich Ihnen als Äquivalent einige Reinzeichnungen von Entwürfen dediziere, die ich nach dem Besuch der Schatzkammer angefertigt habe.«

Pater Rochus hielt ihm die Hand hin. »Einverstanden!«

Babuschka glaubte nicht richtig zu hören, als ihr Natascha und Fedor von der Einladung zum Wohltätigkeitsball berichteten und dreihundert Rubel auf den Tisch legten, die Pater Rochus dem Goldschmied bei der Verabschiedung zugesteckt hatte.

»Was sagst du dazu?« jubelte Natascha, die noch nie auf einem Ball gewesen war und vor Aufregung nicht ein noch aus wußte.

Die alte Dame blinzelte wie ein junges Mädchen: »Priester und Mönche soll man ehren, weil sie uns stets nur Gutes lehren!« Sie lachte. »Ihr habt recht daran getan, die Einladung anzunehmen. Zumal die Rubelchen des Herrn Pater beweisen, daß er sich der moralischen Verpflichtung bewußt ist, die Einladungen mit sich bringen. Ich freue mich jetzt schon darauf, ihn kennenzulernen.«

Im Handumdrehen entwarf Babuschka einen Schlachtplan, der ihre Erfahrungen auf gesellschaftlichem Gebiet unter Beweis stellte. So bestimmte sie, daß Fedor, der, wie sie abfällig sagte, »sich nur einen Smoking zu leihen braucht«, höchstens dreißig Rubel erhalten solle. Seinen Einwand, er müsse sich Hemd, Binder, Lackschuhe und dergleichen kaufen, honorierte sie mit weiteren zwanzig Rubeln. Jede darüber hinausgehende Forderung fegte sie durch Nichtbeachtung vom Tisch. Sie wollte die einzigartige Gelegenheit nutzen, Natascha mit Hilfe einer exquisiten Robe einmal »standesgemäß auftreten zu lassen«. Dazu gehörte, daß sie gleich am nächsten Morgen mit ihr eine Droschke bestieg und sich in die Nähe des Schlosses Belvedere fahren ließ. Nicht weit von dessen Orangerie entfernt wohnte eine gute alte Freundin, die noch all das besaß, was Babuschka im Laufe der letzten dreißig Jahre hatte hergeben müssen, um sich über Wasser halten zu können. Und die Freundin hatte Verständnis für ihren Wunsch. Sie lieh ihr ein mit Rubinen besetztes Kollier. Dazu gedachte die temperamentvolle alte Dame ein passendes dekolletiertes Kleid zu kaufen. Angesichts der vielen Rubine kam nur ein weinrotes in Frage, und Babuschka hatte das Glück, ein solches im ersten Modesalon der Stadt zu finden.

Natascha war kaum noch fähig zu denken. Sie ließ alles mit sich geschehen, eilte vom Modesalon in ein Wäsche- und in ein Schuhgeschäft und landete schließlich bei einer Putzmacherin, die ihr ein Federgebilde ins Haar steckte, das ihr einen Schuß Frivolität verlieh.

»Sehr gut«, erklärte die alte Dame begeistert. »Cum grano

salis! Ohne ein Körnchen Salz geht es nicht. Dein Pater wird auf seine Kosten kommen.«

Als Natascha am Abend fertig angekleidet war, wiederholte Babuschka diesen Satz und fügte übermütig hinzu: »Mach ihn aber nicht zu verrückt. Die Sanften sind glücklich durch sich selbst. Ein unbedachtes Feuer, und es ist um sie geschehen.«

Natascha gab ihr einen Kuß. »Ich danke dir für alles. Bestimmt wird dies der aufregendste Abend meines Lebens.«

Fedor war fasziniert, als er Natascha sah. Sie wirkte größer und reifer – glich einer exotischen Blume, die ihren Blütenzauber zur Schau stellt. Ihre Augen waren geweitet, ihre Lippen glänzten. Das Kollier aber bereitete dem Goldschmied Sorge. Fast unwillig sagte er: »Der Wert ist so groß, daß sich jeder fragen wird: Woher hat sie das kostbare Stück?«

Natascha lag die Erwiderung auf der Zunge: Spießbürger sind beleidigt, wenn ihre Mitmenschen keine Spießbürger sind. Sie beherrschte sich jedoch, bot ihm den Arm und ließ sich von ihm zum Fiaker führen, den er bestellt hatte. Um nichts in der Welt wollte sie sich diesen Abend verderben lassen. Ihr erster Ball! Ihr erstes dekolletiertes Kleid! Und Fedor im Smoking! Er sah blendend aus. Sein mit weißer Seide gefütterter Umhang, der Zylinder . . . Es durfte nicht bei diesem einen Ball bleiben. Sie mußten ihr Ziel erreichen! An ihr sollte es nicht liegen. Sie würde beitragen, was immer sie konnte.

Pater Rochus erwartete sie im Entree zum Ballsaal des Theaters an der Senatorskaja. Fassungslos starrte er Natascha an.

»Das alles haben Sie hervorgezaubert!« sagte sie mit einem dezenten Knicks.

Er beugte sich über ihre Hand. »Ich habe allenfalls Ihren Zauber unterstrichen.«

Sie flüsterte: »Wenn Sie kein Priester wären, bekämen Sie jetzt einen Kuß.«

Er lachte. »Wo bleibt da die Gerechtigkeit?«

»Soll ich sie biegen?«

»Um Gottes willen, nein. Sie würde brechen.«

Während sie noch ihre Garderobe ablegten, stutzte plötzlich ein älterer Herr, der neben Fedor trat. »Ja, sehe ich richtig? Mein Goldschmied auf dem Wohltätigkeitsball?« Er musterte erstaunt seinen Angestellten.

Fedor Zadek reagierte überraschend. »Darf ich Sie mit meiner Schwester bekannt machen?« sagte er und wandte sich an Natascha. »Ich freue mich, dich meinem Chef vorstellen zu dürfen.«

Die Augen des Juweliers weiteten sich. »Ich bin entzückt, Mademoiselle. Es ist selten, daß ein Mensch eine größere Augenweide ist als kostbarer Schmuck.« Er küßte ihr die Hand, sein Blick aber löste sich nicht von ihrem Kollier. »Ich wußte gar nicht . . .«

»Und dies ist Pater Rochus, ein Verwandter, der dem Wohltätigkeits-Komitee angehört und uns eingeladen hat«, unterbrach ihn Fedor Zadek ungeniert.

»Oh, welche Ehre!« Der Juwelier reichte dem Pauliner die Hand und winkte mit der anderen ein junges Mädchen heran. »Darf ich Sie mit meiner Tochter bekannt machen . . .«

Namen wurden genannt, Hände geschüttelt, Komplimente gemacht. Der Juwelier empfahl seiner Tochter, seinen Mitarbeiter, den er überschwenglich einen der fähigsten Goldschmiede nannte, gar oft im Tanzbüchlein vorzumerken.

Fedor Zadek geriet in Fahrt. Er gab sich als Weltmann und strahlte, als der Juwelier sich mit einem jovialen: »Wir sehen uns noch«, von ihnen verabschiedete.

»Das haben Sie großartig gemacht!« lobte ihn Pater Rochus. »Als Verwandter komme ich nicht ins Gerede, wenn ich mich während Ihrer Tänze um meine ›Kusine‹ kümmere. Es wird nun aber notwendig sein, daß wir uns vor den anderen duzen.«

»Geht in Ordnung«, sagte Fedor burschikos. »Für mich ist das Treffen mit meinem Chef ein Glücksfall ersten Ranges. Für seine Tochter war ich bisher Luft. Erstaunlich, was ein kostbares Kollier bewerkstelligen kann.«

»Ich würde sagen: eine charmante junge Dame!« korrigierte ihn der Pauliner. »Wer innen hell ist, braucht sich den Glanz nicht von außen zu holen.«

Für Natascha wurde es ein traumhafter Abend. Unentwegt wurde sie zum Tanz aufgefordert. Sie bedauerte nur, daß sie sich kaum um Pater Rochus kümmern konnte.

»Sollten wir uns nicht noch eine Stunde in die Halle Ihres Hotels setzen?« fragte sie ihn, als es auf Mitternacht zuging.

»Herzlich gerne«, antwortete er. »Ich befürchte allerdings, daß Ihr Bruder lieber noch etwas hierbleiben möchte.«

»Das macht nichts«, erwiderte sie leichthin. »Ich werde ihn bitten, mich um ein Uhr abzuholen.«

7

Die Zeit, da er Samt am Kragen, aber Hunger im Magen gehabt hatte, glaubte Fedor Zadek endgültig hinter sich gebracht zu haben. Sein Chef hatte ihm bei der Verabschiedung in weinseliger Laune auf die Schulter geklopft und gesagt: »Die Sonne scheint über Gerechte und Ungerechte. Erinnern Sie mich morgen daran, daß ich Ihnen eine Erhöhung Ihres Gehaltes auf hundert Rubel versprochen habe.«

Was er in jahrelanger Arbeit nicht hatte erreichen können,

spielte ihm das Glück nun über Nacht zu. Aber nicht nur diese erfreuliche Neuigkeit konnte er Natascha überbringen. Die Tochter des Juweliers hatte ihm erzählt, daß Pater Rochus hochangesehen und ungewöhnlich spendabel sei. Man vermute, daß er über eine Besitzung verfüge, deren Rendite er selbstlos abführe; denn er stifte jährlich fast fünf Prozent der Gesamteinnahme der Großen Wohltätigkeitsgesellschaft, die sich auf rund achtzigtausend Rubel belaufe.

Während Fedor Zadek zum ›Bristol‹ fuhr und im Geiste seine Pläne schon erweiterte, saß Natascha mit Pater Rochus im Foyer des Hotels und genoß die Bewunderung, die er ihr entgegenbrachte. Seine Augen glänzten, in seiner weichen Stimme schwangen Zärtlichkeit und Verlangen. Es mochte ungehörig sein, aber es reizte sie, das Blut des Mönches in Wallung zu bringen und das Prickeln zu verspüren, das auf sie selbst überging. Nicht eine Sekunde dachte sie an das Ziel, das Fedor erreichen wollte. Ihr ging es nur noch darum, die Stunde mit einem erregenden Fluidum auszufüllen.

Um so ernüchterter war sie, als sie plötzlich Fedor auf sich zugehen sah. Er war in animierter Stimmung, trug den Zylinder schief auf dem Kopf und hatte den Umhang keck zurückgeschlagen. Im Knopfloch seines Jacketts steckte eine Nelke. Etwas Verführerisches ging von ihm aus. Sie verglich ihn unwillkürlich mit Pater Rochus. Der war weich wie Watte, Fedor hingegen elastisch wie Stahl. Warum konnte Stahl nicht weich wie Watte sein?

Der Pauliner erhob sich und sagte spröde: »Es wird Zeit, daß wir aufbrechen.«

Seine schnelle Reaktion irritierte Natascha. Sie schaute ihm in die Augen.

Er reichte ihr die Hand. »Ich danke Ihnen für den Abend und ganz besonders für die letzte Stunde. Sie haben mir sehr viel geschenkt.«

Fedor stieß ihn übermütig an. »Nun mal nicht so theatralisch! Heute abend sehen wir uns ja wieder. Und dann sind Sie unser Gast!«

Natascha warf ihm einen unwilligen Blick zu. »Mir scheint, du hast zuviel getrunken.«

Er schnitt eine Grimasse. »Deine Beobachtungsgabe ist beängstigend.«

Pater Rochus verabschiedete sich lächelnd von ihm. »Bringen Sie Ihre Schwester gut nach Hause.«

Natascha war verstimmt, als sie das Hotel verließen. Sie ärgerte sich über Fedor, den sie für den plötzlichen Aufbruch verantwortlich machte. Hätte er sich nicht so aufgeführt, würde Pater Rochus gewiß noch etwas sitzen geblieben sein. Sie nahm sich vor, Fedor im Fiaker die Meinung zu sagen, doch dazu kam es nicht, da er sie gleich stürmisch in die Arme riß und ihr zwischen heißen Küssen aufgeregt von seiner Gehaltsverbesserung und von der unglaublichen Summe erzählte, die Pater Rochus der Großen Wohltätigkeitsgesellschaft alljährlich zur Verfügung stellte.

Darüber vergaß Natascha ihre Verstimmung. »Viertausend Rubel?« fragte sie ungläubig.

»Toll, was? Wir brauchen uns also wegen der läppischen dreihundert wirklich keine Gedanken zu machen.«

Natascha blickte nachdenklich vor sich hin. »Und man nimmt an, daß ihm eine Besitzung gehört?«

»Könnte er sonst Stiftungen in solcher Höhe machen? Stell dir vor: viertausend Rubelchen!«

Der hohe Betrag verwirrte Natascha und verursachte einen unerwarteten Sinneswandel. Ihre eben noch euphorisch verschwommenen Gefühle und Empfindungen wichen plötzlich einer Nüchternheit, die kalt wie Äther war. Sie erschrak über sich selbst. Aber kann man Weizen ernten, wenn man Spreu sät? Viertausend Rubel! Das waren monatlich über dreihundert!

Sie strich sich über die Stirn. Was waren das für Gedanken? War sie verrückt geworden?

Fedor zog Natascha zu sich herüber. »Bist du nicht auch allmählich davon überzeugt, daß wir es schaffen werden?«

Sie fürchtete um ihr Kleid und stieß ihn zurück.

»Was ist mit dir?«

»Ach, nichts.« Im nächsten Moment aber umarmte sie den Geliebten und küßte ihn leidenschaftlich. »Halte mich!«

»Hast du Angst, die Tochter meines Chefs könnte dir in die Quere kommen?«

»Unsinn. Ich würde dir nie im Wege stehen.«

»Ich dir auch nicht.«

»Leicht gesagt, wenn weit und breit niemand zu sehen ist.«

Er lachte. »Und was ist mit unserem Goldfisch?«

»Mit wem?«

»Na, wen kann ich schon meinen? Pater Rochus! Oder glaubst du, ich sehe nicht die Funken, die zwischen euch hin und her springen?«

»Was heißt hier Funken?« erregte sie sich. »Er ist ein netter Mensch, und ich hab' dir versprochen, alles in meiner Macht Stehende zu tun, um dir zu dem heißersehnten Auftrag zu verhelfen. Das ist alles.«

Natascha wußte, daß sie nicht die Wahrheit sagte. Pater Rochus erregte sie und gab ihr trotz allem ein Gefühl der Geborgenheit. Wenn er nun auch noch vermögend war . . .

Bei Babuschka mußte alles seine Ordnung haben. Wurden Gäste erwartet, dann durfte partout kein Familienmitglied die Haustür öffnen. Das war Aufgabe der Sluschanka Anusja. Sie hatte die Besucher nach Entgegennahme der Garderobe in den

Salon zu führen und die Dame des Hauses zu verständigen. Etwa fünf Minuten nach dem offiziellen Empfang durften die Familienmitglieder folgen.

Anusja führte auch Pater Rochus in den Salon. Er hielt eine Bonbonniere in der Hand und war sich nicht klar darüber, wie er sie übergeben sollte. Seine Unsicherheit wich jedoch, als er sah, daß er noch einen Moment allein sein würde.

Die Einrichtung des Salons machte ihn betroffen, obwohl Natascha ihn vorbereitet und ihm gesagt hatte, daß in der Villa ihrer Tante seit Jahren vieles im argen liege. Er hatte dies für eine Übertreibung gehalten und sah nun, was gemeint war: Babuschka hatte alles von Wert verkaufen müssen. Eine große, nicht verblichene Fläche der Seidentapete ließ erkennen, daß dort ein Gobelin gehangen hatte. Leer war auch die Konsole unter einem goldgerahmten Spiegel, auf der früher wahrscheinlich eine Pendüle gestanden hatte. In einer Vitrine, die einst kostbare Porzellane und Kristalle enthalten haben mochte, befand sich wertloser Nippes. Die schweren Brokatvorhänge waren so brüchig, daß sie nicht mehr zugezogen werden durften. Auf dem Parkettboden zeigten helle Flächen, wo in besseren Zeiten Teppiche und Perserbrücken ausgebreitet gewesen waren. Das einzig Anheimelnde im Raum war ein Herbstblumenstrauß auf dem runden Marmortisch, an dem Roman Górski vor Wochen mit seinen Kameraden gesessen hatte.

Babuschka rauschte in den Salon, als gäbe sie einen großen Empfang. Ihre Wangen hatte sie kräftig gerieben, um frischer zu wirken. Noch bevor sie den Pauliner erreichte, streckte sie ihm die Hand entgegen. »Ich freue mich, Sie kennenzulernen. Die Kinder haben mir ja schon viel von Ihnen erzählt.«

Pater Rochus verneigte sich. »Sie sind sehr liebenswürdig, Madame.«

»Nichts da«, wehrte die alte Dame ab. »Nennen Sie mich,

wie mich alle nennen: Babuschka! Und meiden Sie französische Vokabeln! Napoleon, den die Preußen schlicht ›Nöppel‹ nannten, hat den Kampf unserer Legionäre mit Undank belohnt. Und Voltaire schrieb anläßlich der ersten Teilung Polens diesem preußischen Plumpudding mit russischer Soße, wie ich Katharina II. zu nennen pflege, es sei eine edle und nützliche Sache, der Anarchie in unserem Land ein Ende zu bereiten. Meiden wir also die französische Sprache.«

»Ich werde mich nach Ihren Wünschen richten«, erwiderte Pater Rochus amüsiert und überreichte die Bonbonniere. »Bitte, nehmen Sie sie anstelle von Blumen. Für einen Geistlichen ist es etwas mißlich . . .«

»Ich verstehe«, unterbrach ihn Babuschka und blickte mit einem halbgeschlossenen Auge zu ihm hoch. Gut aussehender Mann, dachte sie angetan. An die Geschichte mit seiner Besitzung glaube ich aber nicht. Wer in ein Kloster eintritt, hat sein Hab und Gut dem Orden zu vermachen. Nur wenn es sich um eine Erbengemeinschaft handelt, kann es Ausnahmen geben. Dann aber ist die Rendite abzuführen. Es wäre natürlich möglich, daß diesem Pater Rochus gestattet worden ist, sie der Großen Wohltätigkeitsgesellschaft zur Verfügung zu stellen. Die Pauliner sollen ja immens vermögend sein.

Die alte Dame riß sich aus ihren Gedanken und bat ihren Gast, Platz zu nehmen.

Er dankte und setzte sich.

»Sie waren sehr großzügig zu den Kindern.«

Der Pauliner machte eine Handbewegung, als wäre es nicht wert, darüber zu reden. »Es hat mir einfach Spaß gemacht. Ihr Neffe gefällt mir. Er scheint außerordentlich befähigt zu sein.«

»Sein Ehrgeiz ist noch größer.«

»Und Ihre Nichte ist so frisch und natürlich. Es ist eine Freude, sich mit ihr zu unterhalten.«

»Das dürfte auf Gegenseitigkeit beruhen«, erwiderte Babuschka nicht ganz ohne Hintergedanken. »Sie schwärmt geradezu von Ihnen.«

Dies entsprach keineswegs der Tatsache. Natascha hatte eher trocken über Pater Rochus gesprochen, doch die alte Dame war der Meinung, es könne nicht schaden, einem Mönch, der über so viel Geld verfügte, einige Artigkeiten zu sagen. Sie hatte schon den Entschluß gefaßt, ihn zu ihrem nächsten Bankett einzuladen. Auf den Betrag, den er in die Serviette praktizieren würde, war sie gespannt.

Fedor und Natascha erschienen wie brave Geschwister. Natascha hatte ein mausgraues Kleid angelegt, das am Hals mit einem kleinen weißen Kragen abschloß, der ihr eine herbe Note verlieh.

Beide begrüßten Pater Rochus mit einer Herzlichkeit, als seien sie seit Jahren mit ihm befreundet.

Babuschka registrierte dies mit Genugtuung und forderte ihre Nichte auf, ein Gläschen Portwein zu kredenzen. »Dank Ihrer gütigen Unterstützung können wir uns den heute leisten«, sagte sie an den Pauliner gewandt. »Ich habe mir nämlich erlaubt, von Ihrer Spende ein paar Rubelchen abzuzwakken.«

Natascha starrte ihre Tante entgeistert an.

»Brauchst gar nicht so entsetzt zu sein«, wies die alte Dame sie zurecht. »Hochwürden wird schon Verständnis dafür haben. Oder etwa nicht?«

»Selbstverständlich, Ma . . . Verzeihung, Babuschka soll ich ja sagen.«

Die alte Dame lachte. »Sie sind ein gelehriger Schüler.«

Natascha schüttelte den Kopf und verließ den Raum.

Fedor erzählte begeistert von seiner unverhofften Gehaltsaufbesserung und von einer Blume, die am Morgen auf seinem Arbeitsplatz gelegen hatte.

Pater Rochus freute sich mit ihm. »Habe ich Ihnen nicht gesagt, daß man das Glück unterstützen muß?«

»In diesem Fall haben *Sie* es getan!«

Der Pauliner hob abwehrend die Hände. »Wer bei anderen sucht, kann sich selbst nicht finden.«

Natascha kehrte mit einem silbernen Tablett zurück, auf dem eine Karaffe und vier Gläser standen.

Fedor übernahm das Einschenken.

Babuschka betrachtete das Kristall mit sichtlichem Vergnügen und sagte: »Auch auf die Gefahr hin, meine Nichte erneut zu schockieren, erlaube ich mir, darauf hinzuweisen, daß meine Gläser, mein Porzellan und meine Bestecke immer noch vollzählig sind. Bis zu meinem Tod werde ich es mir nicht nehmen lassen, hin und wieder ein kleines Festessen zu geben. Und zum nächsten möchte ich Sie, Hochwürden, hiermit herzlichst einladen. Werden Sie kurz vor Weihnachten nach Warschau kommen können?«

Pater Rochus bedankte sich und erklärte, ohnehin vorgehabt zu haben, während der Festtage in der Alexander-Kirche die Messe zu lesen.

»Das ist ja ganz in unserer Nähe!« rief Natascha erfreut.

Der Pauliner nickte und verschwieg, daß er ebendarum diese Kirche in Aussicht genommen hatte. Den ganzen Tag hatte er schon überlegt, wie er es anstellen könnte, Natascha an Weihnachten zu sehen. Ihm standen noch einige ungenutzte Urlaubswochen zur Verfügung. Die Einladung der alten Dame kam ihm daher wie gerufen, und er nahm sich vor, ihr ein schönes Fest zu bereiten. Über das Wie wollte er sich mit Natascha unterhalten.

Während des Essens empfahl ihm Babuschka, sich wie zu Hause zu fühlen und kräftig zuzugreifen, da alles, was auf dem Tisch stehe, ohnehin von seinem Geld bestritten worden sei.

Natascha verlor die Beherrschung. »Ich begreife dich nicht«, empörte sie sich. »Du redest über deine Armut, als wärst du stolz auf sie.«

»In gewissem Sinne bin ich das auch«, erwiderte die alte Dame gelassen. »Ich bin mir nämlich bewußt, daß ich mit meiner jetzigen Lebensart eine Schuld abtrage, die wir einstmals vermögend gewesene Polen auf uns geladen haben. Wir waren so vermessen, kein Verständnis für die Not unserer Mitmenschen aufzubringen. Wir schieben unsere Misere immer den Russen, Preußen und Österreichern in die Schuhe und vergessen, was wir selber angerichtet haben. Übrigens wollte Maria Theresia von der Teilung Polens zunächst nichts wissen. Sie bezeichnete das Vorgehen als höchst unmoralisch und sah nicht ein, daß ›ein dritter Starker hinzukommen muß, wenn zwei Starke einen Schwachen überfallen‹.«

»Und was haben wir angerichtet?« mokierte sich Natascha.

»Sehr viel, mein liebes Kind. Abgesehen von der permanenten Uneinigkeit unseres Adels hat die besitzende Klasse, die in einem unbeschreiblichen Luxus lebte, nicht das geringste für das hungernde Volk getan. Wenn ich an das ›Arkadia‹ denke, das sich die Radziwillowa anlegen ließ, erfaßt mich heute noch Empörung. In ihrem Park gab es ein römisches Amphitheater, eine Nachbildung des Colosseums, Aquädukte und etruskische Ruinen. Man konnte neben einer ägyptischen Sphinx verweilen, einen griechischen Tempel aufsuchen oder sich an der Hütte jenes wegen seiner treuen Liebe berühmt gewordenen greisen Paares Philemon und Baucis erfreuen. Der Sage nach hatten Zeus und Hermes die Hütte in einen prachtvollen Tempel verwandelt; in ›Arkadia‹ strotzte das nach außen armselige Gehöft inwendig von Marmor, Spiegeln und Kristall. Auf einer Wiese lag eine alabasterne Kleopatra. Es gab griechische Statuen, Nymphen, denen künstliche Tränen aus den Augen liefen, einen Tempel der Melancholie, eine Liebesgrotte mit versteckter Orgelmusik, die Nachbildung einer gotischen Kirche, chinesische Türme, einen Kristallpalast, künstliche Wasserfälle und was sich gut bezahlte italienische Architekten sonst noch an Verrücktheiten hatten einfallen lassen. Und die Hausherrin lustwandelte im Gewand einer griechischen Priesterin durch ihren Park. Ihr Haar wurde von einem Goldreif gehalten; um den Hals trug sie einen Kranz aus frischen Blumen; in der Hand hielt sie eine Leier, deren Saiten sie hin und wieder anklingen ließ. Und wer besuchte ›Arkadia‹ und war entzückt von seiner verschwenderischen Fürstin? Friedrich II. und Zar Alexander! Sieger und Besiegte beklatschten sich gegenseitig, an das Volk aber dachte niemand. Es lehrt eben nur das Unglück, Unglücklichen Hilfe zu gewähren.« Babuschka erhob sich. »So«, sagte sie inbrünstig und lachte, »nachdem ich die Fehler anderer wieder einmal genüßlich angeprangert habe, werde ich gewiß gut schlafen.« Sie wandte sich an Pater Rochus. »Entschuldigen Sie, wenn ich mich gleich zurückziehe, aber ich bin müde. Und vergessen Sie nicht, mir zu schreiben, an welchem Tag Sie nach Warschau kommen werden.«

Es wurde ein abrupter Aufbruch, der offensichtlich beabsichtigt gewesen war. Denn wenig später bat auch Fedor darum, sich verabschieden zu dürfen. Er habe noch zu arbeiten.

»Willst du etwa ein Schmuckstück für eine gewisse junge Dame entwerfen?« neckte ihn Natascha.

»Wäre das so schlimm?« entgegnete er und reichte dem Pauliner die Hand. »Haben Sie sich eine Droschke bestellt?«

»Ja, für elf Uhr.«

»Und wir sehen Sie bestimmt zu Weihnachten?«

»Ich habe es Ihrer Tante versprochen.«

»Alsdann . . .«

»Ein netter Kerl, Ihr Bruder«, sagte Pater Rochus, als er mit Natascha allein war.

»Manchmal ist er leider ebenso kompliziert wie Babuschka.«

»Aber, ich bitte Sie! Ihre Tante ist eine reizende alte Dame.«

»Kompliziert ist sie dennoch. Und mein Bruder ist ihr in vielem ähnlich. Wenn beide es auch nicht zugeben: sie kranken daran, daß wir alles verloren haben. Bei Fedor kommt natürlich hinzu, daß er sich künstlerisch nicht so betätigen kann, wie er es möchte und wie es seinen Fähigkeiten entsprechen würde. Ich habe schon überlegt, ob es nicht möglich wäre, daß Ihr Kloster ihm einen Auftrag erteilt?«

Pater Rochus bedeutete ihr verlegen, daß sein Orden praktisch nie selbst Aufträge vergebe, vielmehr alles geschenkt bekomme.

Natascha war so enttäuscht, daß sie fast mit Tränen kämpfte. Die Hoffnung, sich selbständig machen zu können, hatte Fedor so positiv verändert, daß ihr davor graute, ihm die Wahrheit zu sagen. Ihre Gedanken wirbelten wie Blätter im Wind. Sie sah die Tochter des Juweliers vor sich. Wenn Fedor keinen Auftrag erhielt . . . Das junge Mädchen war hübsch, ihr Vater reich. Es lag auf der Hand, was eintreten würde, wenn er nicht weiterhin gemeinsam mit ihr, Natascha, am Projekt seiner Träume arbeiten konnte.

Pater Rochus unterbrach ihre Gedanken mit der Frage: »Glauben Sie, daß ich Babuschka zu Weihnachten mit einem Geldgeschenk unterstützen dürfte?«

Natascha fror plötzlich. »Natürlich dürfen Sie das«, antwortete sie ernüchtert.

»Und was meinen Sie, welche Summe . . .? Verstehen Sie mich nicht falsch: ich habe keine Ahnung, was ein Haushalt kostet.«

Wenn ich jetzt raffiniert vorgehe, kann ich Fedor vielleicht doch noch helfen, schoß es Natascha durch den Kopf. »Der Haushalt ist das wenigste«, sagte sie nach kurzer Überlegung. »Da legen wir alle zusammen. Was uns Kummer bereitet, sind Wucherzinsen, die Ende des Jahres für eine Schuld fällig werden, die Babuschka auf sich genommen hat.«

»Das könnte *ich* doch erledigen«, sagte Pater Rochus beinahe erfreut. »Wie hoch sind die Zinsen?«

Natascha gab sich bedrückt. »Tausend Rubel.«

Er legte seine Hand auf ihren Arm. »Hören Sie zu. Ich gebe Ihnen den Betrag, und Sie zahlen die Zinsen. Ihre Tante darf natürlich nicht erfahren, von wem das Geld stammt. Vielleicht kann Ihr Bruder sagen, er habe es von seinem Chef erhalten.«

Nataschas Herz schlug schneller. Wenn sie Fedor die tausend Rubel gab, konnte er dafür Gold kaufen und einen sakralen Gegenstand schaffen. Ein Kruzifix vielleicht. Wenn er es dann als Kunstobjekt verkaufte ...

»Wieviel Prozent Zinsen werden Ihrer Tante eigentlich berechnet?« fragte Pater Rochus.

»Zwanzig«, behauptete sie, ohne zu überlegen.

»Die Schuld beträgt also fünftausend Rubel.«

Natascha blieb nichts anderes übrig, als zuzustimmen. Sie nickte.

Pater Rochus dachte an den Prior des Klosters, der ihm einmal gesagt hatte: Man muß das Gegenwärtige tun und das Künftige bedenken. Er entschloß sich, Babuschka zu helfen.

Pater Rochus war sich klar darüber, daß er Babuschka nur helfen wollte, um Natascha zu beeindrucken. Er kannte sich und war so ehrlich, sich nichts vorzumachen. Es zählte zu seinen Schwächen, daß er gerne den hilfsbereiten Menschen spielte; ein Minderwertigkeitskomplex mochte die Triebfeder sein. In diesem Fall ging es ihm aber um mehr: er wünschte Natascha für sich einzunehmen. Sie hatte etwas zum Schwingen gebracht, das ihm schon so fremd geworden war, daß er in den letzten Jahren ohne sonderliche Anfechtungen hatte leben können. Nun war plötzlich alles wieder anders geworden. Das Leben hatte seine prosaische Note verloren und schwelgte in lyrischen Tönen: die Sonne wurde zum goldenen Feuerball, der Himmel schäumte in glühenden Farben, die Nacht spendete zärtlich-süßen Atem, und die Dunkelheit legte ein samtenes Tuch über Träume der Erfüllung.

Keine Sekunde überlegte Pater Rochus, woher er das Geld nehmen sollte, das er Babuschka zukommen lassen wollte. Für ihn war es selbstverständlich, daß es ihm zur Verfügung stehen würde. Seit Jahren schon führte er ein Leben, das mit den Statuten des Ordens nicht im Einklang stand. Den Bestimmungen gemäß durfte kein Pauliner Geld besitzen. Diese Vorschrift wurde in Czenstochau jedoch seit 1864 offiziell mißachtet. Seit diesem Jahr erhielten die Angehörigen des Ordens vom Prior bestimmte Summen für das Zelebrieren der Messen. Verbucht wurden sie unter der Bezeichnung: ›Für Kur-Zwecke und dergleichen‹. Auf diese Weise kamen infolge der vielen Messen, die in Jasna Góra gelesen werden, im Laufe der Jahre für jeden Mönch Beträge zusammen, die ein kleines Vermögen darstellten und manchen Pater zu großzügigen Reisen nach Italien, Frankreich und Spanien animierten. Der Gründe gab es ja genug. Welch gläubiger Christ wollte nicht einmal in Rom, Lourdes und Compostela gewesen sein?

Es wurde aber oft in Zivilkleidung gereist, und da auch andere Unsitten eingerissen waren, bemühte sich der 1895 zum neuen Prior gewählte Pater Euzebjusz Rejman, das Klosterleben wieder dem Ordensstatut anzupassen. Dabei stieß er auf so großen Widerstand, daß er sich zu einem höchst fragwürdigen Kompromiß entschließen mußte: den alten Mönchen wurde die bisherige Gepflogenheit als geltendes Recht zuerkannt, wohingegen sich die jungen Ordensbrüder den Klosterregeln zu unterwerfen hatten. Das bedeutete neben der peinlichen Klassifizierung, daß die jungen Mönche im Gegensatz zu den alten Patres gehalten waren, alles Geld an die Klosterkasse abzuführen. Wie aber sollte man die Abgaben überprüfen? Die meisten Pilger zahlten für Messen, Gebete und Ablässe weitaus mehr, als die Grundgebühr betrug. In der Regel wurde das Doppelte und Dreifache gegeben, ganz zu schweigen von den großzügigen Spenden der Vermögenden, die Tausende und oftmals Zehntausende von Rubeln zur Verfügung stellten. Man war auf Treu und Glauben angewiesen, doch welcher Mensch kann auf die Dauer widerstehen, wenn tagtäglich unkontrollierbare Beträge durch seine Hände gehen? Der alte Schlendrian riß wieder ein, und vieles deutet darauf hin, daß Prior Rejman sich in seiner Not an Rom wandte und um Unterstützung bat. Jedenfalls schickte Papst Pius X. im Frühjahr 1907 den Karmeliterpater Lamischa mit der klaren Weisung nach Jasna Góra, das Gemeinschaftsleben der Pauliner in die rechten Bahnen zurückzulenken.

In jenen Tagen vertrat Pater Bazil den Custos Bonaventura, und er verstand es, das Vertrauen des päpstlichen Abgesandten zu erringen. Indem er nachdrücklich auf strenge und tägliche Abrechnung drängte, erweckte er den Eindruck, ein unnachsichtiger Vorgesetzter zu sein. Der Karmeliter war ihm deshalb zugetan und schenkte ihm Gehör, als es um die Überprüfung der Meßgelder ging: er entsprach dem Wunsch des stellvertretenden Custos, der ihm dringend empfahl, die Daumenschraube nicht zu stark anzuziehen und einen Teil der Meßgelder den Mönchen zur freien Verfügung zu belassen. Damit wurde vom päpstlichen Gesandten im Namen Roms ein beachtlicher Privaterlös abgesegnet.

Große Reisen aber sind kostspielig, und so wurde bald wieder getan, was man schon immer getan hatte: man ließ etliche Scheine in den Falten der Kutte verschwinden.

Es gab jedoch auch eine andere, viel einfachere Methode, zu Geld zu kommen, und es war ausgerechnet der stellvertretende Custos, der sie den Patres Markus und Rochus vorexerzierte. Er verwaltete den Tresor, und in einem Augenblick, da er sich unbeobachtet glaubte, war er in die Schatzkammer hinabgestiegen und hatte seine Taschen mit einigen tausend Rubeln gefüllt. Die beiden Ordensbrüder, die zufällig Zeugen seines unrechten Tuns geworden waren, hatten ihn noch am gleichen Abend zur Rede gestellt, und seitdem gab ihnen Pater Bazil, was sie von ihm forderten. Für Pater Rochus war es von diesem Tage an kein Problem mehr, der Großen Wohltätigkeitsgesellschaft jährlich viertausend Rubel zur Verfügung zu stellen. Ein echtes Problem war dies allerdings auch vorher nicht gewesen; es hatte nur wesentlich mehr Mühe gekostet, größere Summen in kleinen Raten einzuheimsen.

Wahrhaftig, Pater Rochus brauchte sich keine Gedanken wegen des Geldes zu machen, das er Babuschka zukommen lassen wollte, um Natascha zu imponieren. So oder so kam der stellvertretende Custos nicht daran vorbei, ihm den benötigten Betrag auszuhändigen. Da es sich diesmal aber um immerhin fünftausend Rubel handelte, suchte er nach seiner Rückkehr zunächst den Ordensbruder Markus auf und erzählte ihm, daß er in Warschau eine alte, verarmte Dame kennengelernt habe, der von habgierigen Geldgebern für eine Schuld von fünftausend Rubeln zwanzig Prozent Zinsen abverlangt würden.

Pater Markus stellte lakonisch fest: »Du brauchst also sechstausend. Oder sind die Zinsen schon bezahlt?«

»Nein.«

»Wie damals bei meinen Eltern. Da ging es uns leider noch

nicht so gut wie heute. Drei Jahre lang habe ich Zinsen gezahlt. Erst dann konnte ich die Schuld tilgen.«

»Gehst du mit zu Bazil?«

Der Ordensbruder nickte. »Bleib aber hart, wenn er nichts herausrücken will. Er ist es schließlich gewesen, der sich am Tresor vergriffen hat.«

»Eben! Und wenn er wieder so tut, als gehe es um sein Geld, dann werde ich ihm was erzählen. Der Orden hortet Millionen, und kein Mensch weiß, was damit angefangen werden soll. Erstaunlich, daß wir im Moment den Kreuzweg anlegen und den Bau einer offenen Abendmahlskapelle mit vierzig bis fünfzig Beichtstühlen planen. Aber was ist das schon? Unter den gegebenen Umständen betrachte ich es als ein gutes Werk, wenn wir anderen helfen.«

»Hast recht«, sagte Pater Markus.

Als der stellvertretende Custos seine Ordensbrüder kommen sah, ahnte er, was ihm drohte. »Wollt ihr mich wieder erpressen?« schnaubte er giftig.

»Nenne es, wie du willst«, antwortete Pater Rochus grob. »Ich brauche achttausend. Drei hab' ich erspart, fünf erwarte ich von dir. Das Geld soll eine verarmte alte Dame erhalten, die von Geldschneidern in die Zange genommen worden ist.«

»Und was geht dich das an?«

»Sie ist die Tante des jungen Goldschmiedes, dessen Monstranz-Entwurf ich dir gezeigt habe.«

»Wann braucht sie das Geld?«

Pater Rochus war nahe daran zu sagen, es eile nicht. Aber dann kam ihm die Idee, Natascha zu bitten, den Betrag in Czenstochau abzuholen. Bis Weihnachten waren es noch sechs Wochen. Wenn möglich wollte er sie früher wiedersehen. Er antwortete deshalb: »Spätestens in vierzehn Tagen.«

»Gut«, sagte Pater Bazil. »Da edle Motive dich leiten, sollst du das Geld haben. Es ist aber das letzte Mal, daß ich dir etwas gebe. Wenn du nochmals kommst, bekenne ich meine Verfehlung und melde dich als Erpresser. Dann bist du genauso dran.«

Pater Markus grinste. »Wenn es hart auf hart geht, hab' ich noch etwas anderes in petto.«

Der stellvertretende Custos sah ihn böse an. »Worauf willst du hinaus?«

»Wirst du schon sehen.«

Nach Verlassen der Zelle fragte Pater Rochus: »Sag mal, Markus, hast du ihn wirklich in der Hand?«

»Und wie!« antwortete der Ordensbruder. »Aber darüber rede ich erst, wenn es unbedingt notwendig werden sollte. Eine gute Schneedecke bringt das Winterkorn zur Reife.«

Natascha war überrascht, als sie knapp vierzehn Tage nach Pater Rochus' Abreise einen Brief von ihm erhielt. Zum Glück begegnete sie dem Postboten auf der Straße; denn was der Pauliner ihr schrieb, war so verwirrend, daß sie nicht gleich mit Babuschka darüber hätte sprechen können. Er teilte mit, in der glücklichen Lage zu sein, ihre Tante von der Zinslast und den Schulden befreien zu können, und er bat Natascha darum, das Geld baldmöglichst in Czenstochau abzuholen. Es sei nämlich zu bedenken, daß die Tilgung der Schuld höchstwahrscheinlich einer Kündigungsfrist unterliege, und ohne den erforderlichen Betrag in Händen zu halten, würde sie die Kündigung gewiß nicht aussprechen wollen. Er möchte ihr das Geld deshalb nicht erst Weihnachten, sondern schon jetzt übergeben.

Natascha schwirrte der Kopf. Sie konnte den Brief lesen, sooft sie wollte, es schien festzustehen, daß Pater Rochus beabsichtigte, ihr außer der angeblichen Zinslast auch noch die von ihm errechnete Schuldsumme in Höhe von fünftausend Rubeln zur Verfügung zu stellen.

In der Mittagspause rief sie Fedor an und bat ihn, sie am Abend abzuholen. Sie müsse ihm etwas sagen, von dem sie nicht wisse, ob sie mit Babuschka darüber sprechen solle. »Es ist auch wichtig für dich!« betonte sie verheißungsvoll.

Er nahm diesen Hinweis nicht ganz ernst und fiel aus allen Wolken, als Natascha ihm auf dem Heimweg von ihrem Gespräch mit Pater Rochus berichtete und ihm den Brief vorlegte, den sie am Morgen erhalten hatte. Nachdem er sich nochmals alles genau hatte schildern lassen, kam er ebenfalls zu dem Ergebnis, daß der Pauliner Babuschka nicht nur von den erschwindelten Zinsen, sondern auch von der angeblichen Schuld befreien wollte.

»Dann löse mal schnell eine Fahrkarte nach Czenstochau und zurück!« begeisterte er sich. »Der Herr wartet darauf, zur Ader gelassen zu werden.«

»Müßten wir ihm nicht reinen Wein einschenken?«

»Bist du verrückt? Wer so viel Geld aus dem Ärmel schütteln kann, braucht Champagner. Wir haben ihn doch nicht gebeten, uns zu helfen. Er drängt uns den Zaster ja förmlich auf!«

»Und was sagen wir Babuschka?«

Fedor brauchte lange, bis er antwortete: »Einweihen müssen wir sie. Schon wegen der Fahrt nach Czenstochau. Am besten erzählst du ihr alles so, wie es gewesen ist. Nur die errechnete Schuld mußt du verschweigen. Dann kriegt sie tausend Rubelchen, und dir verbleiben handfeste fünftausend.«

Natascha ging eine Weile schweigend neben Fedor. Sie konnte immer noch nicht glauben, daß sie einen solchen Betrag bekommen sollte. Wenn sie das Geld aber wirklich erhielt, wollte sie Fedor entscheidend helfen.

»Wieviel würdest du benötigen, um einen erstklassigen Kelch herstellen zu können?« fragte sie im Hochgefühl ihrer Erwartungen.

Er unterdrückte seine Überraschung. Trug Natascha sich ernsthaft mit dem Gedanken, ihm die Chance zu geben, seine Fähigkeiten zu beweisen? Sie war in letzter Zeit ungewöhnlich aufmerksam und liebevoll zu ihm gewesen. »Je nachdem«, antwortete er vorsichtig. »Es kommt auf das Material an. Für einen Kelch aus Gold würde ich vermutlich dreitausend Rubel brauchen.«

»Die bekommst du, wenn wir uns nicht täuschen und das Geld erhalten«, sagte sie kurz entschlossen.

Fedor hakte sich bei ihr ein und zog sie an sich. »Ist das dein Ernst?«

»Hätte ich es sonst gesagt?«

»Mensch, das wäre ja . . .«

»Beschreie es nicht, und freue dich nicht zu früh!« warnte sie ihn. »Noch haben wir die Rubel nicht.«

»Und wann willst du nach Czenstochau fahren?«

»Du meinst wohl: wir!«

Er schüttelte den Kopf. »Mit keinem Wort bin ich im Brief erwähnt. Und wie ich Pater Rochus kenne, wäre er sehr enttäuscht, wenn er nicht eine Weile mit dir allein sein könnte. Schreib ihm also, du könntest aus dienstlichen Gründen erst mittags hier abfahren und müßtest in Czenstochau übernachten. Er wird dann wiehern wie ein Pferd und ein Quartier vorbereiten.«

Natascha betrachtete ihn von der Seite. »Eifersüchtig scheinst du nicht zu sein.«

Fedor lachte. »Auf dieses Mönchlein?«

»Vergiß nicht, daß *dieses Mönchlein* hervorragend aussieht und außerordentlich vermögend zu sein scheint! Das genügt, um einer Frau den Kopf zu verdrehen.«

»Wenn's so ist, dann wünsche ich viel Vergnügen. Hauptsache, die Rubel rollen!«

Natascha wußte nicht, ob sie sich ärgern oder freuen sollte. Die Vorstellung, ein paar Stunden mit Pater Rochus allein zu sein, hatte etwas Erregendes für sie. Es störte sie aber sehr, daß Fedor ihr viel Vergnügen dazu wünschte.

Eine Woche nach Erhalt des Briefes fuhr Natascha nach Czenstochau. Sie benutzte, wie Fedor es ihr empfohlen hatte, den Mittagszug, so daß sie nicht mehr am gleichen Tag zurückfahren konnte, und es fiel ihr ein Stein vom Herzen, als sie bei der Einfahrt in den Bahnhof Pater Rochus auf dem Perron stehen sah. Er begrüßte sie herzlich, jedoch mit einer gewissen Scheu, die zweifellos darauf zurückzuführen war, daß er sich mit ihr in der Öffentlichkeit traf. Noch dazu in Czenstochau! Er bat denn auch als erstes um Verständnis dafür, daß er sie im Hotel als seine Schwester ausgegeben habe. »Es ist alles etwas kompliziert«, fügte er unsicher hinzu.

»Wieso?« entgegnete Natascha beherzt. »Ich freue mich darauf, eine Weile Ihre Schwester sein zu dürfen.«

Pater Rochus lächelte. »Werden Sie Ihre Meinung nicht ändern, wenn ich Sie nun auch noch bitten muß, mich vor den Wirtsleuten und dem Bedienungspersonal zu duzen?«

Sie griff resolut nach seinem Arm. »Aber, Bruderherz!«

Er tat einen Seufzer. »Sie machen sich keine Vorstellung, wie sehr mich dieses Problem bedrückt hat.«

»*Du* machst *dir* keine Vorstellung!« korrigierte sie ihn lachend.

»Du!« sagte er so weich, daß es wie eine Liebkosung klang.

Natascha sah ihn aus halbverschleierten Augen an. Warum nur hatte sich dieser gutaussehende Mann zum Klosterleben entschlossen? Und vermögend war er auch noch!

Den kurzen Weg zum Hotel legten sie zu Fuß zurück. Pater Rochus gab der Hoffnung Ausdruck, daß Natascha das Zimmer gefallen werde, das er für sie reserviert habe. Er selbst habe es sich aus naheliegenden Gründen nicht angesehen, aber der Wirt habe ihm versichert, seine Schwester werde zufrieden sein. Sie bat ihn, sich ihretwegen nicht so viel Gedanken zu machen. Es sei nachgerade genug, daß er Babuschka in so selbstloser Weise beistehe. Sie wisse gar nicht, wie sie ihm danken solle.

»Ein anderes Thema« forderte er bestimmt. »Die Möglichkeit zu helfen, trägt den Dank schon in sich.« Er griff in die Falten seiner Kutte. »Nehmen Sie dieses Paket. Ich möchte es Ihnen nicht in Gegenwart anderer übergeben.«

Natascha rettete sich über die peinliche Situation hinweg, indem sie fragte: »Wollten wir uns nicht duzen?«

»Ja gewiß. Ich vergaß es leider.«

Sie schob das Paket in ihren Muff. »Dann sollten wir es ein bißchen üben. Mein Name ist Natascha. Und wie heißt du?«

»Ursprünglich hieß ich Domnik.«

»So werde ich dich nennen.«

»Findest du Domnik schöner als Rochus?«

»Darum geht es nicht. Als deine Schwester bin ich es gewohnt, dich bei deinem Geburtsnamen zu nennen.«

»Sehr gut!« stimmte er ihr bei. »Du hast die Situation richtig erfaßt.«

Nataschas Elan blieb nicht ohne Einfluß auf Pater Rochus. Er wurde gelöster und spielte beim Erreichen des Hotels die Bruderrolle so natürlich, daß niemand auf den Gedanken kommen konnte, sie seien keine Geschwister.

Mit Dankbarkeit vermerkte Natascha, daß er ihr Blumen in das Zimmer hatte stellen lassen. Zwar nur ein kleines Sträußchen, wie es sich für einen Mönch und Bruder geziemte. Es drückte aber nicht weniger aus als ein pompöses Gebinde.

Sie war nahe daran, das ihr übergebene, gut verschnürte Paket zu öffnen und nachzusehen, wieviel Geld es enthielt. Sie beherrschte sich jedoch und zog es vor, sich um ihr Äußeres zu kümmern. Nachdem sie sich frisch gemacht und ihre Augenbrauen und Lippen gewissenhaft nachgezogen hatte, kehrte sie mit dem angenehmen Gefühl zu Pater Rochus zurück, in den nächsten Stunden verwöhnt zu werden.

Da es keine Hotelhalle gab, hatte er im Restaurant Platz genommen, und er empfing sie mit der nüchternen Feststellung: »Es gibt Gänsebraten! Dazu würde ein ungarischer Rotwein passen, der im Augenblick zu haben ist. Was halten ... Pardon, was hältst du davon?«

»Sehr viel«, antwortete sie und drohte mit dem Finger. »Immer schön die Spielregeln beachten!«

»Ich habe mich noch rechtzeitig korrigiert.«

»Dein Glück, mein Lieber.«

Das Gespräch erging sich in allgemeinen Bahnen, bis das Essen serviert wurde und Pater Rochus sich erkundigte, mit welcher Begründung sie nach Czenstochau gefahren sei.

Sie behauptete, Babuschka erzählt zu haben, was zwischen ihnen über die Zinsangelegenheit gesprochen worden sei. Das hatte sie auch tatsächlich getan. Sie brauchte nicht einmal zu flunkern, als sie hinzufügte: »Natürlich war meine Tante zunächst entsetzt darüber, daß ich dich eingeweiht habe. Als sie aber erfuhr, daß du die im Dezember fällige Zahlung übernehmen willst, strich sie die Segel und sagte: ›Fahr zu ihm, mein Kind. Der Herrgott hat ihn uns geschickt.‹«

Er schmunzelte. »Ich sehe sie direkt vor mir. Schade nur, daß sie nun weiß, von wem das Geld stammt. Anders wäre es mir lieber gewesen.«

»Dann hätte ich nicht hierher fahren können«, gab Natascha zu bedenken.

Pater Rochus nickte. »Das ist wahr.«

»Sie wird sich also Weihnachten bei dir für die tausend Rubel bedanken.«

»Ach, von dem anderen weiß sie nichts?«

Natascha war es, als wehe eine frische Brise über sie hinweg. Sie und Fedor hatten sich nicht getäuscht. Das ›andere‹ war auch in dem Paket. »Nein, davon habe ich nichts zu sagen gewagt«, erklärte sie zögernd. »Die Summe ist so groß ... Bestimmt hätte Babuschka Kombinationen angestellt und sich gefragt, wieso du dazu kommst, uns mit einem solchen Betrag zu helfen. Du stehst schließlich in den besten Jahren und siehst hervorragend aus.«

Er wurde verlegen. Sein Kopf legte sich schief.

Sie genoß die Situation, die es ihr gestattete, Pater Rochus zu reizen. »Stell dir vor, sie würde annehmen, du und ich ... Nicht daß mich das stören würde. Ich bin ja nicht verheiratet und kann tun und lassen, was ich will. Du aber bist ein Mönch. Ich mußte vermeiden, daß Babuschka Kombinationen anstellt, die es uns unmöglich machen würden, zu Weihnachten einmal ein paar Stunden allein spazierenzugehen oder das Theater aufzusuchen.«

Seine Augen glänzten. »Es wäre traumhaft, wenn das wahr werden könnte.«

»Eben. Und ich hoffe, du verstehst nun, daß ich das andere Geld nicht erwähnt habe.«

»Ich bin dir sogar dankbar dafür.«

Der Gedanke an die sechstausend Rubel ließ Natascha übermütig werden. »Ich finde, wir sollten, wenn wir unter uns sind, auch künftighin beim Du bleiben«, sagte sie couragiert und schaute Pater Rochus verführerisch an.

Er strahlte wie jemand, der ein Lob erhalten hat. »Bei dir läuft immer alles in klaren Bahnen.«

Oje, hätte Natascha beinahe gesagt.

Nach dem Essen, zu dem sie zwei Flaschen Wein des Veszpriner Komitats tranken, fand Pater Rochus den Mut, Natascha zu fragen, ob sie eventuell bereit sei, ihn auf einer Reise nach Wien zu begleiten. »Die Welt ist ja so schön«, sagte er schwärmerisch. »Ich würde mich glücklich schätzen, sie dir zeigen zu können.«

»Das kostet doch sehr viel Geld«, entgegnete sie im Bestreben, Näheres über seine finanziellen Verhältnisse zu erfahren. »Oder bist du so vermögend, daß du dir jeden Wunsch erfüllen kannst?«

»Keineswegs. Mir gehört praktisch nichts. Ich erhalte aber, wie jeder Pauliner, beachtliche Meßgelder, die in einen gemeinsamen Topf eingebracht werden. Braucht dann jemand mal eine größere Summe – wie ich jetzt, um Babuschkas Schulden abzutragen –, erhält er eben, was er benötigt.«

»Und wenn du morgen eine Reise antreten möchtest, kannst du wieder Geld bekommen?«

»Warum nicht? Ich habe ja jahrelang eingezahlt. Außerdem besitzt jeder von uns ein kleines Privatkonto. Im doppelten Boden meines Schrankes liegen zum Beispiel Obligationen.«

»Du hast Wertpapiere?« fragte Natascha verwundert.

»Nicht offiziell. Heimlich.«

»Und eine Reise nach Wien könntest du finanzieren?«

»Selbstverständlich. Ich war bereits dreimal in Wien.«

»Hast du zu deinen früheren Reisen auch jemanden eingeladen?«

Pater Rochus wurde ernst. »Das habe ich bis heute noch nie getan.«

»Und warum tust du es jetzt?«

»Weil ich spüre, daß wir uns gut verstehen.«

Natascha griff nach ihrem Glas. »Trinken wir darauf. Ich werde dich begleiten.«

Nach einer ruhelos verbrachten Nacht fuhr Natascha nach Warschau zurück. Mit Verwunderung hatte sie noch am Abend festgestellt, daß sich in dem Geldpaket nicht sechs-, sondern siebentausend Rubel befanden. Mit keinem Wort hatte Pater Rochus dies erwähnt. Er hatte einfach einen Zettel mit dem Vermerk beigelegt: ›Betrachten Sie das Surplus als meinen Beitrag zur Gestaltung des diesjährigen Weihnachtsfestes.‹

Die Großzügigkeit des Pauliners fing an, ihr Sorge zu bereiten. Wie überzeugend seine Erzählung vom ›gemeinsamen Topf‹ auch gewesen war, seine hohen Ausgaben machten sie nachdenklich. Sie konnte sich einfach nicht vorstellen, daß ein Mönch in der Lage war, Rubel wie Kopeken auszugeben. Irgend etwas stimmte da nicht. Lange dachte Natascha hierüber nach, bis sie sich schließlich sagte: Wozu Überlegungen anstellen, die zu nichts führen. Sei dankbar und freue dich darüber, daß das Schicksal es plötzlich so gut mit dir meint.

In Warschau führte ihr erster Weg zu Fedor, der vor Aufregung blaß wurde, als er erfuhr, welchen Betrag Natascha mitgebracht hatte.

»Der Kerl scheint eine eigene Bank zu haben«, sagte er fassungslos.

Sie zuckte die Achseln. »Ich habe dich aufgesucht, um mit dir über die Aufteilung des Geldes zu sprechen.«

Er wurde mißtrauisch. »Hast du es dir anders überlegt?«

»Ach wo! Ich muß nur wissen, was ich Babuschka sagen soll.«

»Willst du ihr keinen Tausender ins Händchen drücken?«

»Dabei soll's selbstverständlich bleiben. Die Frage ist nur, wie wir es begründen, daß du plötzlich in der Lage bist, Gold zu kaufen.«

Er rieb sich die Hände. »Da hab' ich mir schon was ausgedacht. Wenn wir behaupten, Pater Rochus hätte die Schaffung eines Meßkelches bevorschußt, schlagen wir zwei Fliegen mit einer Klappe: Babuschka hat dann eine plausible Erklärung, und unserem großen Gönner können wir unter die Kutte drücken, wir hätten uns zu dieser Ausrede entschlossen, um die Tilgung der Schuld, die du natürlich sofort vorgenommen, Babuschka aber verschwiegen hättest, zu gegebener Zeit mit einem Gewinn aus dem Verkauf des von mir geschaffenen Kunstwerkes begründen zu können. In Wirklichkeit, so werden wir ihm sagen, hätte mein Chef das Gold für den Meßkelch zur Verfügung gestellt.«

Natascha sah ihn bewundernd an. »Ganz schön raffiniert.«

Er grinste. »Weitere Ratschläge gefällig?«

»Ja«, antwortete sie mit gespielter Unsicherheit. »In einem Punkt weiß ich nicht, wie ich mich verhalten soll. Pater Rochus hat mich gebeten, ihn auf einer Reise nach Wien zu begleiten. Gewissermaßen als Äquivalent für die Hilfe, die er uns gewährt. Das hat er freilich nicht ausgesprochen, aber man muß es wohl so sehen. Ich frage mich nun, ob ich mit Ja oder Nein antworten soll.«

Fedor sah sie entgeistert an. »Du wärst verrückt, wenn du nicht mit ihm fahren und dir ein paar schöne Tage gönnen würdest. Wien muß eine phantastische Stadt sein. Und vielleicht verhilft uns der enger werdende Kontakt doch noch zu dem erhofften Auftrag. Ich habe übrigens schon eine Kalkulation erstellt. Das Gold für einen Kelch und zwei dazu passende Gefäße für Wasser und Wein wird, wie ich schon vermutete, etwa dreitausend Rubel kosten. Wenn du mir aber viertausend gibst, könnte ich etwas ganz Besonderes schaffen. Dann würde ich zusätzlich ein goldenes Tablett anfertigen und den Kelch mit einem erhaben hervortretenden schlichten Kreuz aus Lapislazuli verzieren. Und den Sockel des Fußes würde ich mit einem Lapiskreis abschließen lassen, den dann auch die beiden kleinen Gefäße aufweisen müßten.«

Es erleichterte Natascha, daß Fedor seiner Arbeit mehr Bedeutung zumaß, als der von ihr gestellten Frage. »Du meinst also, ich soll ja sagen?«

»Du würdest mir sogar einen großen Gefallen damit tun. Lapis und Gold ergänzen sich hervorragend!«

»Ich spreche von der Reise nach Wien!«

»Hab' ich nicht gesagt, daß du ihn begleiten sollst?«

»Vielleicht will er mich später einmal nach Rom mitnehmen.«

»Wenn ich meine Arbeit in der mir vorschwebenden Form ausführen kann, darfst du von mir aus mit ihm sogar bis nach Honolulu schwimmen.«

»Und du hilfst mir, Babuschka klarzumachen, daß es nur recht und billig ist, Pater Rochus den Gefallen zu tun?«

Fedor lachte. »Wenn du bei ihr in der gleichen Weise vorgehst, wie du es bei mir getan hast, brauche ich dir nicht zu helfen. Frage sie also, wie du dich verhalten sollst. Sie wird sich dann ebenfalls ihren Teil denken und dir empfehlen, den armen Mönch nicht vor den Kopf zu stoßen.«

Nataschas Augen weiteten sich. »Was willst du damit sagen?«

»Daß ich mich freue, eine so großartige Partnerin gefunden zu haben. Wir ergänzen uns doch wie Feuer und Schwefel.«

»Nicht gerade ein sehr schöner Vergleich.«

»Vielleicht aber treffend.«

Natascha fühlte sich durchschaut. In gewisser Hinsicht war sie ganz froh darüber. Fedors Kaltschnäuzigkeit imponierte ihr. »Bleibst du heute nacht bei mir?« fragte sie verführerisch.

»Wenn du es möchtest.«

»Ja, du Scheusal! Wir haben doch einen Grund, zu feiern.«

8

Angesichts der tausend Rubel, die Babuschka von Natascha erhielt, versagte es sich die alte Dame, über die Einladung zu der Fahrt nach Wien nachzudenken. Sie verdrängte auch jeden Gedanken an die kaum glaubliche Unterstützung, die Fedor zuteil geworden war. Das Vertrauen zu ihrer Nichte war zwar nicht geschwunden, aber sie wurde doch überaus besorgt, wenn sie sich vergegenwärtigte, daß Fedor sich als Bruder Nataschas und diese sich nun als Schwester des Pauliners ausgegeben hatte. Und wenn es ihr hundertmal zum Vorteil gereichte, es gefiel ihr nicht, daß ein Mönch über Gelder verfügte, die er nach menschlichem Ermessen nicht besitzen konnte. Hinzu kam, daß ihr der Pauliner viel zu gut aussah. Sie bangte um ihre Nichte. Zu oft hatte sie erfahren, daß Geist, Gewissen und Vernunft schnell leiden, wenn erbärmliche Mittelmäßigkeit auf sie einwirkt. Doch was sollte sie tun? Dem Unvermeidlichen kann man nur mit Würde begegnen. So verfolgte sie mit gemischten Gefühlen, wie Natascha sich ein Kleid nach dem anderen kaufte, Putzmacherinnen beschäftigte und sich die modischsten Schuhe anpassen ließ.

»Wo hast du bloß das viele Geld her?« fragte sie unwillig, als ihre Nichte wieder einmal mit bunten Schachteln nach Hause kam. »Von den tausend Rubelchen habe ich dir dreihundert gegeben. Du hast aber bestimmt schon für fünfhundert eingekauft.«

Da Natascha verschwiegen hatte, daß sie über weitere zweitausend Rubel verfügte, umarmte sie die Tante, wie immer, wenn es etwas zu glätten gab. »Dich kann man wirklich nicht hereinlegen. Es stimmt, ich habe tatsächlich für wesentlich mehr eingekauft.«

»Du hast Schulden gemacht?«

»Nein, da kannst du unbesorgt sein. Ich habe bar bezahlt und war dazu in der Lage, weil ich von Pater Rochus fünfhundert Rubel erhalten habe, um mich für die in Aussicht genommene Reise standesgemäß ausrüsten zu können. Es tut mir leid, daß ich nicht gleich mit der Wahrheit herausgerückt bin. Ich befürchtete, du würdest nicht verstehen, daß ich das Geld genommen habe.«

Babuschkas Gesicht flammte vor Empörung. »Und warum hast du das befürchtet? Weil die Annahme des Geldes beweist, daß du dich schon in Czenstochau für die Reise entschieden hattest. Was du mir vorgespielt hast, war reinstes Theater!«

Natascha drehte den Spieß auf der Stelle um. »Keineswegs«, erklärte sie auftrumpfend. »Wenn du mir empfohlen hättest, Pater Rochus nicht zu begleiten, würde ich ihm sofort Bescheid gegeben haben. Und das tu' ich auch jetzt noch, wenn du meinst, ich sollte nicht mit ihm fahren. Entscheide dich also: Soll ich absagen? Ich schreibe ihm dann noch heute und werde keine Träne dabei weinen. Denn glücklich bin ich nicht gerade bei dem Gedanken, mit einem Mönch durch die Gegend zu reisen.«

Die alte Dame steckte augenblicklich zurück. »Nein, nein«, sagte sie. »Nachdem er uns so geholfen hat, müssen wir schon etwas auf uns nehmen.«

»Genau darum hab' ich in Czenstochau zugesagt.«

Babuschka dachte erleichtert: Ich scheine mich getäuscht zu haben. Sie fragte sich allerdings auch, ob sie sich nicht selbst Sand in die Augen streue. Kapitulierte sie nicht, weil es bequemer war, Nutznießer einer Sünde zu sein, als ohne Sünde zu darben?

Ihr Neffe Roman fehlte ihr. Er ging immer den geraden Weg und war ihr oft eine Stütze gewesen.

Bei Fedor lagen die Dinge anders. Er vermochte keinen Halt zu geben. In ihm arbeiteten Sturm und Drang. Auf Biegen und Brechen wollte er es zu etwas bringen. Alle Kraft brauchte er für sich selber. Aber es war großartig, wie er sich entwickelt hatte und nun jede freie Minute dazu benutzte, ein Werk zu schaffen, das ihm den Start in ein selbständiges Dasein ermöglichen sollte.

Die Wahrheit sah anders aus. Fedors Gedanken weilten nicht ausschließlich bei Natascha. Auch die Tochter des Juweliers beschäftigte ihn. Ihr und ihrem Vater, der ihn jahrelang nicht anerkannt und über ihn hinweggesehen hatte, wollte er beweisen, daß er sich allein hocharbeiten konnte. Wie er sich später entscheiden würde, stand noch dahin. Wenn Natascha blieb, wie sie war, würde er sich nicht von ihr trennen. Nach allem aber, was er sah, mußte er damit rechnen, daß sie eines Tages stolpern würde. Er spürte die Gefahr, die auf sie zukam, tat jedoch nichts, um sie zu bannen. Er beobachtete Natascha wie ein Zuschauer, der im Theater mit Spannung den Ablauf eines Dramas verfolgt. Sollte es schlecht ausgehen, nun gut, ihn würde es nicht treffen.

Völlig anders reagierte Nataschas Bruder. Er kam kurz vor Weihnachten nach Warschau und empörte sich über die Veränderungen, die während seiner Abwesenheit eingetreten waren. Fedors und Nataschas gemeinsame Reise nach Czenstochau beanstandete er natürlich nicht. Er hatte aber kein Verständnis dafür, daß sie sich als Geschwister ausgegeben hatten. Alles andere bezeichnete er als geschmacklos und im höchsten Maße anrüchig.

»Seid ihr denn nicht mehr bei Trost?« tobte er, als Natascha ihn bat, sich vor Pater Rochus, der zu Weihnachten erwartet wurde, als ihren Vetter auszugeben.

Natascha verteidigte sich mit der Behauptung: »Wenn ich geahnt hätte, daß ihr beide einmal zusammentreffen würdet, wäre ich so schlau gewesen ihm zu sagen, daß ich noch einen Bruder habe. Nun aber, da mir dies Mißgeschick unterlaufen ist und Babuschka kein weiteres Familienmitglied erwähnt hat, kann ich ihm unmöglich einen zweiten Bruder präsentieren.«

»Wähle zwischen ihm und mir!« forderte Roman kategorisch.

Babuschka mischte sich ein. »Nun höre mir mal gut zu«, sagte sie eindringlich. »Wir haben gewiß einiges falsch gemacht, können jetzt aber nicht einfach hingehen und sagen: Was geschehen ist, ist nicht geschehen. Unabhängig davon solltest du bedenken, daß Natascha vielleicht nie in ihrem Leben an einem Ball teilgenommen hätte, wenn ihr Pater Rochus nicht begegnet wäre. Und das ist nun mal etwas Wichtiges für ein junges Mädchen. Alles übrige hat sich ohne unser Zutun ergeben, und ich flehe dich an, jetzt nicht päpstlicher als der Papst zu sein.«

Roman faßte sich an den Kopf. »Seid ihr euch denn nicht bewußt, was ihr mir zumutet? Fedor gibt sich als Nataschas Bruder aus, sie als die Schwester des Pauliners . . .«

»Das war doch nur für einen Abend!« protestierte Natascha.

»Gut, aber ich soll nun dein Vetter sein! Und mit einer Lüge hast du tausend Rubel erschlichen. Wofür Fedor die viertausend bekommen hat . . .«

»Das Geld ist nicht geschenkt, sondern als Vorschuß für einen Auftrag anzusehen.«

»Und du bereitest dich auf eine Reise mit diesem Pater vor!«

»Sei doch froh, daß deine Schwester etwas von der Welt zu sehen bekommt«, beschwor ihn Babuschka.

»Als ob ich ihr das nicht gönnen würde«, erregte sich Roman. »Mir paßt es nur nicht, daß die Einladung von diesem Mönch stammt.«

»Wohlan denn«, sagte Natascha mit gespielter Leichtigkeit.

»Machen wir kurzen Prozeß und geben wir Pater Rochus alles zurück. Mir soll es recht sein. Er wird dann Weihnachten nicht kommen. Ich muß allerdings darauf bestehen, daß Fedor den Vorschuß ebenfalls zur Verfügung stellt.«

Roman rang die Hände. »Nun schütte das Kind nicht gleich mit dem Bade aus!«

Das ist der Sieg, triumphierte Natascha insgeheim. Für sie gab es keinen Zweifel mehr, daß ihr Bruder mit dieser Aufforderung den ersten Schritt zum Rückzug getan hatte. Unerbittlich wollte sie ihn in die Knie zwingen.

Nicht Einsicht, sondern Nachsicht ließ Roman Górski um des lieben Weihnachtsfriedens willen schließlich zu allem ja und amen sagen. Im Kampf gegen den Anstand hat das Übel es leicht, sich durchzusetzen.

Das erste Treffen zwischen Roman Górski und Pater Rochus begann steif, aber in perfekt gesellschaftlicher Form. Man begrüßte sich reserviert, sprach über alltägliche Dinge und überließ es Babuschka, die Weichen zu stellen. Und sie verstand es meisterhaft, die beiden Männer schon nach kurzer Zeit einander näherzubringen. Dies war gar nicht so schwer. Sie hatte Natascha und Fedor empfohlen, sich zunächst weitgehend zurückzuhalten, und brachte das Gespräch dann im geeigneten Moment auf den Freiheitskämpfer Tadeusz Kościuszko. Damit war eine Garantie dafür gegeben, daß eine lebhafte Unterhaltung in Gang kam.

»In unserer Schatzkammer befinden sich drei Miniaturarbeiten, die Kościuszko während seiner Gefangenschaft in Rußland angefertigt hat«, sagte Pater Rochus nicht ohne Stolz. »Es handelt sich um eine wunderschöne Intarsien-Dose, eine zarte neo-gotische Kapelle und einen kleinen Altar mit dem Bildnis des Gekreuzigten.«

»Ich wußte gar nicht, daß unser großer Freiheitskämpfer auch ein Künstler war«, sagte Roman überrascht.

Fedor kam in Fahrt. »Und was für einer! Du solltest auf der Rückfahrt nach Krakau in Czenstochau Station machen und dir seine Arbeiten ansehen. Einfach großartig! Besonders wenn man bedenkt, unter welchen Umständen er sie angefertigt hat.«

Romans Augen leuchteten. »Kościuszko war schon ein interessanter Mann. Und welch bewegtes Leben hat er geführt! Kadettenanstalt in Warschau, Militärakademie in Paris, Hauptmann der polnischen Armee. Dann die unglückliche Liebe zur Tochter des Marschalls von Litauen, die er entführte, die ihm aber wieder entrissen wurde. Flucht nach Amerika. Er wird George Washingtons Adjutant, steigt im Unabhängigkeitskrieg zum Brigadegeneral auf, kehrt nach Polen zurück, kämpft als Befehlshaber einer Division gegen die Russen, erliegt der Übermacht, geht nach Leipzig, wird mit der Leitung eines Aufstandes in Polen betraut, begibt sich nach Krakau, läßt sich zum Diktator proklamieren, setzt eine provisorische Regierung ein, tritt der verbündeten preußisch-russischen Armee entgegen, muß sich nach Warschau zurückziehen und weist hier alle Angriffe zurück, bis der König von Preußen die Belagerung aufhebt. Er befreit das Volk von der Leibeigenschaft, zieht erneut gegen die Russen ins Feld, siegt dreimal und stürzt in einer vierten Schlacht schwer verwundet vom Pferd. Katharina II. läßt ihn ins Staatsgefängnis werfen. Nach ihrem Tod gibt ihm Zar Paul I. die Freiheit zurück. Er reist erneut nach Amerika, wird vom Kongreß nach Frankreich geschickt, kommt hier mit Napoleon zusammen, der sich bemüht, ihn für einen gegen Rußland gerichteten Plan zu gewinnen. Er lehnt ab, da er dem Zaren sein Wort gegeben hat, nie wieder gegen Rußland zu kämpfen. Nach Napoleons Niederlage kehrt er nach Polen zurück.

Alexander I. besucht ihn. Er versucht den Zaren zu bewegen, Polen eine freie Verfassung nach englischem Muster zu geben, erhält keine Zusage, vertritt Polens Interessen beim Wiener Kongreß und läßt sich zu guter Letzt in der Schweiz nieder, um sich nur noch der Landwirtschaft zu widmen. Nach seinem Tode wird sein Leichnam auf Anordnung des Zaren nach Krakau überführt und in der Gruft der Könige und Feldherren beigesetzt.«

Babuschka war immer wieder zutiefst bewegt, wenn über Tadeusz Kościuszko gesprochen wurde. Heute aber segnete sie ihn insgeheim. Durch ihn hatte sich ein Gespräch entwikkelt, das die letzten Hürden zwischen Roman und Pater Rochus forträumte. Immer wieder wurden Fragen aufgeworfen, und es dauerte nicht lange, da ging das Thema Kampf und Enttäuschungen auf die polnische Legion über, die unter General Dabrowski in Italien eingesetzt worden war und dort das Lied ›Noch ist Polen nicht verloren . . .‹ aus der Taufe gehoben hatte.

»Wie kam es eigentlich zur Schaffung der Legion?« erkundigte sich Fedor.

»Das ist mit zwei Sätzen gesagt«, antwortete Roman. »Die vielen Polen, die nach Frankreich geflüchtet waren und für die Freiheit kämpfen wollten, durften aus verfassungstechnischen Gründen von der französischen Regierung zu keiner Truppe zusammengezogen werden. Erst als Napoleon in Italien die Lombardische Republik geschaffen hatte, ergab sich die Möglichkeit, in ihr eine Legion aufzustellen.«

»Die man dann verkauft und verraten hat!«

»Ja, nach dem Frieden von Campo Formio brauchte Napoleon keine Legionäre mehr. Um sie loszuwerden, ließ er sie nach Haïti verfrachten, wo sie im ungleichen Kampf mit den Negerrebellen im Dschungel aufgerieben wurden. Später aber, als der Korse gegen Preußen kämpfen mußte, erinnerte er sich unserer tapfer kämpfenden Landsleute und rekrutierte eine schlagkräftige Einheit, die sich allerdings nicht ›polnisch‹ nennen durfte, weil das Zar Alexander I. gereizt hätte. Also gab er ihr den Namen ›Nordische Legion‹, und diese entfachte nach der Schlacht von Jena in Großpolen den bekannten Aufstand. Dabrowski und Wybicki zogen in Posen, Kalisch und Warschau ein und hoben eine Armee von fast 50000 Mann aus. Napoleon erwies sich jedoch nicht als dankbarer Kriegsherr. Er schuf kein neues Königreich Polen, sondern bildete aus dem von Preußen besetzt gewesenen Teil lediglich das ›Herzogtum Warschau‹ und setzte Friedrich August von Sachsen als Herzog ein. Und die Verfassung des neuen Staates, die aus Beratungen hätte hervorgehen müssen, wurde von ihm in Dresden in wenigen Stunden herunterdiktiert und der Regierungskommission aufoktroyiert.«

»Wir wurden also wieder einmal verschaukelt«, empörte sich Natascha.

»So würde ich es nicht nennen«, entgegnete Pater Rochus. »Das Herzogtum war ein modern aufgebautes Staatswesen, dessen Truppen unter dem Befehl des Kriegsministers Poniatowski mit großem Erfolg in Spanien kämpften. Durch die bravouröse Attacke der ›Chevaux Legers‹ in der Schlacht vor Madrid dokumentierte sie den soldatischen Ruhm unseres Landes vor aller Welt.«

Roman Górski reichte dem Pauliner spontan die Hand. »Ihre Betrachtungsweise gefällt mir. Sie haben absolut recht.«

Und da sagt man: Ein Mönch ist nirgendwo besser aufgehoben als im Kloster, dachte Babuschka und sandte ein Stoßgebet zum Himmel.

Der Weihnachtsabend verlief nicht zuletzt harmonisch, weil Natascha Pater Rochus vorher im Hotel Bristol aufgesucht und ihn gebeten hatte, in Gegenwart ihres ›Vetters‹ Roman keinesfalls über die in Aussicht genommene Reise und über die Unterstützung zu sprechen, die er Babuschka gewährt hatte. Der Vetter sei, wie er ja selbst gesehen habe, außerordentlich nett und intelligent, leider aber auch sehr engherzig. Er habe der Tante wegen der Annahme des Geldes für die Zinszahlung Vorhaltungen gemacht und würde gewiß außer sich sein, wenn er von den fünftausend Rubeln für die Tilgung der Schuld erführe. Daß Babuschka sich noch nicht bedankt habe . . .

Pater Rochus war Natascha ins Wort gefallen und hatte sie dringend ersucht, ihre Tante zu bitten, über die Geldangelegenheit nicht mit ihm zu sprechen. Beiden würden dadurch Peinlichkeiten erspart, und ihm werde nicht die Möglichkeit genommen, Babuschka weiterhin zu unterstützen. So habe er vorgehabt, ihr am Heiligen Abend unbemerkt ein Kuvert auf den Weihnachtstisch zu legen. Unter den gegebenen Umständen sei es aber wohl richtiger, Natascha den Umschlag mit der Bitte zu übergeben, ihn in einer ihr geeignet erscheinenden Form weiterzuleiten.

Natascha war nicht sonderlich verwundert darüber gewesen, daß der Rubelregen anhielt. Sie hatte sich auch nicht geziert, das Geld anzunehmen, vielmehr Pater Rochus gesagt, er würde an der Art, wie Babuschka ihn am Abend begrüßen würde, schon merken, daß sie ihm dankbar sei.

Etwas hilflos hatte er gefragt: »Und was mache ich mit dem Geschenk, das ich dir überreichen wollte?«

»Das nehme ich mit und sehe es mir kurz vor dem Heiligen Abend an. Nein«, hatte sie sich plötzlich lebhaft korrigiert, »ich werde es mir genau in dem Augenblick ansehen, da du kommst.«

Nichts hielt Natascha mehr zurück. Nur nüchterne Überlegungen leiteten sie noch. Der Rausch des Kaufens hatte sie erfaßt. Erstmals brauchte sie nicht jede Kopeke dreimal umzudrehen. Mit Grauen dachte sie an die kaum verstrichene Zeit zurück, da sie mit fünfundvierzig Rubeln im Monat hatte auskommen müssen. Fünfundvierzig Rubel! Soviel hatte sie vor zwei Tagen für ein einziges Paar Pariser Modell-Schuhe ausgegeben. Nun ja: ›Viel Geld, große Sünde‹, sagen die Russen. Wenig Geld verlangt aber größere Sünden. Um aus der Zone der Armut herauszukommen, war sie bereit, ihren Preis zu zahlen.

Pater Rochus war beglückt von Nataschas Idee, sich sein Geschenk in dem Augenblick anzusehen, da er das Haus betreten würde. Sie jedoch war so gespannt auf den Inhalt des Päckchens, daß sie es daheim gleich öffnete. Der Schachtel nach hatte sie ein kleines Medaillon erwartet. Was ihr aber entgegenblitzte, war ein ungefaßter Diamant. Selbst als Laie erkannte sie, daß er sehr wertvoll sein mußte. Sie konnte es kaum erwarten, ihn von Fedor schätzen zu lassen.

Der Goldschmied schnalzte mit der Zunge, als er den Brillanten erblickte. »Hast du den etwa von Pater Rochus?« fragte er verblüfft.

»Von wem sonst? Sprich aber mit niemandem darüber. Roman spielt sonst verrückt.«

»Diesmal würde ich ihm sogar zustimmen.«

»Wieso?«

»Na, hör mal!« Er zog eine Miniaturlupe aus seiner Westentasche. »Der Stein hat schätzungsweise drei Karat, stellt also ein kleines Vermögen dar. Und wie es scheint«, er blickte durch das Glas, »ist er lupenrein. ›Top Wesselton‹. Vielleicht sogar ›River‹.«

»Was heißt das?«

»Das sind die Bezeichnungen für ›feinstes Weiß‹, beziehungsweise für ›Blauweiß‹. Den Wert schätze ich auf drei- bis viertausend Rubel. Für eine Geliebte ein Prachtgeschenk.«

Natascha stieg das Blut in den Kopf.

Fedor sah es und lachte. »Hast du dich ihm hingegeben?«

Eine schallende Ohrfeige quittierte seine Frechheit.

Er schloß Natascha in die Arme. »Das sollte doch ein Scherz sein.«

»Dann war es ein übler.«

»Es wäre aber keiner mehr, wenn du es wirklich tun würdest. Komisch, was?«

Natascha wurde unsicher. »Worauf willst du hinaus?«

»Auf nichts. Du darfst dich nur nicht wundern, wenn einem angesichts eines solchen Brillanten Gedanken kommen, die dumm sein mögen, es vielleicht aber gar nicht sind. Auf alle Fälle wollte ich nicht auf ihnen herumkauen und hab' sie deshalb ausgespuckt. Das ist alles.«

»Dann war es also kein Scherz.«

»Doch. Oder habe ich etwa nicht gelacht?«

»Aus dir werde ich nicht klug.«

Er reichte ihr den Edelstein zurück.

»Hast du Bedenken, daß ich ihn annehme?«

»Ich heiße nicht Roman. Versteck ihn gut und gib ihn mir nach dem Fest. Ich werde ihn als Solitär fassen.«

Natascha umarmte und küßte ihn.

Am Nachmittag des ersten Feiertages unternahmen Natascha und Pater Rochus einen Spaziergang durch den am Hang des Weichselufers gelegenen Garten- und Parkgürtel der Stadt, der unmittelbar an die Ujazdower Allee grenzte. Nicht weit von Babuschkas Villa entfernt lag der Lazienki-Park, den König Stanislaw August Poniatowski geschaffen hatte.

»Ihr wohnt im schönsten Viertel Warschaus«, sagte der Pauliner, als sie in den verschneiten Park eintraten, dessen schneebedeckte Bäume an die Landschaften russischer Maler erinnerten und dem grauen Wintertag ein märchenhaftes Gepräge gaben.

»Babuschka war ja auch mal sehr vermögend«, betonte Natascha und sandte einen wohlberechneten Seufzer hinterher. »Wenn wir dich nicht kennengelernt hätten, würde das Haus jetzt zur Versteigerung anstehen.«

Pater Rochus schüttelte sich, wie vom Frost erfaßt. »Eine schreckliche Vorstellung. Ich bin dem Herrgott dankbar dafür, daß sich unsere Wege gekreuzt haben.«

Natascha blieb plötzlich wie angewurzelt stehen und schaute entgeistert auf ein paar grünberockte Soldaten, die hinter einigen Menschen herliefen und mit Gewehrkolben auf sie einhieben. »Ist das nicht entsetzlich? Wo immer es schön ist, werden die Juden vertrieben!«

»Vergiß nicht, daß ihnen der Krasinskische Park zur Verfügung steht«, gab Pater Rochus zu bedenken.

Sein befremdlicher Gleichmut machte sie betroffen. »Tun dir die Menschen denn nicht leid?«

»Nein«, bekannte er offen. »Es sind Juden, die Nachfolger derer, die Christus ans Kreuz geschlagen haben.«

Natascha war außer sich. »War Christus etwa kein Jude?«

»Das schon. Aber ...«

»Kein Aber«, unterbrach sie ihn in der Absicht, ihn zurechtzuweisen. Doch dann befürchtete sie eine Verstimmung, auf die sie es nicht ankommen lassen wollte. Die geplante Reise nach Wien durfte keinesfalls gefährdet werden. Sie lenkte deshalb ein, indem sie verdrehte, was sie hatte sagen wollen: »Kein Mensch ist ohne ein Aber.«

»Und es ist somit verständlich, daß wir alle ein wenig scharfes und unbestimmtes Bild hinterlassen«, entgegnete er prompt und bewunderte die Beweglichkeit, mit der Natascha sich aus der Affäre gezogen hatte.

Sie wiederum freute sich über seine blitzschnelle Reaktion und fragte, um vom Thema fortzukommen, ganz übergangslos: »Hast du schon eine Ahnung, wann wir unsere Reise antreten könnten?«

Er wurde lebhaft. »Mir würde es Ende März am besten auskommen. Dann ist es schon etwas frühlingshaft. Einige Wochen später wäre es mir zwar lieber, doch zu Ostern muß ich in Czenstochau sein.«

»Habe ich mir besondere Papiere zu verschaffen?«

»Nein, die besorge ich. In Czenstochau gibt es einen ausgezeichneten Fälscher.«

»Auch Ihr reist mit gefälschten Ausweisen?«

»Bei den Russen geht's nicht anders«, antwortete er abfällig. »Ein typisches Beispiel: Sie lehnen sich gegen die römisch-katholische Kirche auf, erstarren aber in Ehrfurcht, wenn man ihnen ein Dokument des Vatikans vorlegt.«

Natascha lachte. »Genauso sind sie.«

»Wir müssen uns nur darüber klarwerden, ob wir deinen oder meinen Nachnamen wählen wollen.

»Warum denn das?« fragte sie erstaunt.

»Weil wir uns zweckmäßigerweise als Geschwister ausgeben. Im Hotel wird es sonst zu kompliziert für mich.«

Natascha sah das ein und schlug vor, nicht ihren, sondern seinen Geburtsnamen zu wählen.

Er war einverstanden und schnitt die Frage ihrer Reiseausrüstung an.

Sie verschwieg, daß sie sich schon ausgestattet hatte, und behauptete, Babuschka, die er ja reichlich versorgt habe, würde ihr schon helfen.

Davon wollte er nichts wissen. Er bat sie inständig, derartige Dinge seine Sache sein zu lassen, und erklärte, er habe, um eine grundsätzliche Regelung zu treffen, seine Wertpapiere verkauft und bitte sie, den Erlös bei einer Warschauer Bank einzuzahlen. Bei seinen Besuchen sei er dann beweglicher, und sie könne sich des Kontos bedienen, falls sie einmal in Verlegenheit kommen sollte oder sich, wie jetzt, eine Reiseausstattung zulegen müsse.

»Aber ich kann doch nicht über dein Konto verfügen«, sagte Natascha scheinheilig.

»Selbstverständlich kannst du das«, widersprach er. »Du sollst es ja auf deinen Namen einrichten.«

Sie stellte sich verblüfft, obwohl die Sachlage klar war. Eine noblere Art, ihr Geld zuzuspielen, konnte es nicht geben. Es interessierte sie nur noch, um welchen Betrag es sich handelte. Um dies herauszubekommen heuchelte sie: »Hoffentlich wird man nicht stutzig, wenn ich ein Konto eröffne und gleich fünfhundert oder tausend Rubel einzahle.«

Er lächelte. »Man merkt, daß du in Gelddingen unerfahren bist. Kein Bankbeamter würde sich darüber Gedanken machen. Nicht einmal, wenn es sich um hohe Beträge handeln sollte. Du kannst aber unbesorgt sein: es sind nur viertausend Rubel.«

Nur! Natascha schloß für einen Moment die Augen. Weitere viertausend Rubel sollte sie erhalten? Und sie brauchte nicht einmal ausdrücklich dafür zu danken, da Pater Rochus ihr das Geld ja nicht geschenkt, sondern sie gebeten hatte, es auf ein Konto einzuzahlen, das auch ihm zur Verfügung stehen sollte.

Sie erreichten das reizvolle Wasserpalais, das der berühmte Architekt Merlini für König Stanislaw August Poniatowski gebaut hatte. »Das wäre das richtige Refugium für mich«, sagte Natascha übermütig.

»So etwas bekommt man nur, wenn man die Geliebte eines Königs ist«, erwiderte Pater Rochus amüsiert.

»Oder der Geliebte einer Zarin! Siehe König Stanislaw August Poniatowski.«

Er nickte. »Seltsam, daß Geliebte durchweg besser gestellt sind als Ehepartner.«

»Du vergißt, daß sie in der Regel bildhübsch sind«, entgegnete Natascha hintergründig. »Und wenn sie altern, haben sie ihr Schäfchen ins trockene gebracht.«

Er betrachtete sie von der Seite. »Könntest du die Geliebte eines Mannes sein?«

»Es käme darauf an, wer es wäre und was er mir zu bieten hätte.«

»Schade, daß ich kein König bin.«

Sie lachte. »Sei froh! Du hättest dann wahrscheinlich einen dicken Wanst, ein schiefes Gesicht, eine knollige Nase oder sonst einen Fehler. Das Verrückte ist doch, daß man sich Geliebte nur leistet, wenn man der wahren Liebe entsagen muß.«

Über zwei Stunden gingen sie durch den Park. Sie wurden sich der Zeit erst wieder bewußt, als es schon dunkel geworden war, und romantische Gaslaternen ihnen den Weg wiesen.

»Jetzt sieht alles noch verträumter und märchenhafter aus«, begeisterte sich Natascha und hakte sich bei Pater Rochus ein.

Er sah sie fast erschrocken an.

»In der Dunkelheit ist die schwarze Priesterkleidung nicht zu erkennen«, fuhr sie ausgelassen fort. »Und es ist höchste Zeit, daß ich mich bei dir bedanke.«

»Wofür?«

»Für den herrlichen Brillanten.« Sie umarmte ihn plötzlich und küßte ihn.

Im ersten Moment war er wie erstarrt. Dann aber erwiderte er den Kuß.

Natascha spürte, daß sich der Mann in ihm regte, und beendete schnell ihr Spiel mit dem Feuer. Allerdings nur, um es auf andere Weise fortzusetzen. »Dir ist gewiß kalt geworden«, sagte sie und führte seine Hände in ihren Muff.

Sie standen dicht voreinander. Ihre Augen begegneten sich.

»Freust du dich auf Wien?«

»Unendlich!«

Pater Rochus versuchte erneut, Natascha zu küssen, doch sie bog sich zurück und schob seine Hände behutsam aus ihrem Muff. Wer herrschen will, muß beherrschenden Götzen entfliehen, dachte sie. Das Feuer knisterte, und das war ihr im Augenblick genug.

Natascha und Pater Rochus waren nicht mehr die gleichen, als sie vom Spaziergang zurückkehrten. Er begegnete den Hausbewohnern mit einer unübersehbaren Scheu, während sie eine Lebhaftigkeit zur Schau stellte, die peinlich berührte. Ihre Bewegungen waren forciert, ihr Lachen glich dem Girren eines albernen Mädchens.

Roman Górski beobachtete seine Schwester mit Befremden. Er witterte Unrat und wartete nur darauf, daß der Pauliner sich verabschiedete. Er wollte Natascha gründlich die Meinung sagen.

Babuschka war ebenfalls unzufrieden. Ausschließlich Dankbarkeit hielt sie davon ab, nicht offen auszusprechen, wie sehr es ihr mißfiel, daß Pater Rochus mit ihrer Nichte so lange im Dunkeln spazierengegangen war.

Nur Fedor hatte nichts auszusetzen. Wenn Natascha weitermachte wie bisher, konnte er in absehbarer Zeit mit einem Auftrag rechnen. Alles andere war ihm gleichgültig.

Eben darum war er überaus erstaunt, als Roman seine Schwester anblaffte, kaum daß Pater Rochus das Haus verlassen hatte. »Erstaunlich, daß du den Herrn Pauliner nicht auch noch höchstpersönlich zum Hotel bringst«, schrie er sie an.

Natascha schien den Angriff erwartet zu haben, denn sie fragte unbewegt: »Wie soll ich das verstehen?«

»Na, wie schon? Hast du dich nicht zwei Stunden lang mit ihm in der Nacht herumgetrieben?«

»In der Wahl deiner Worte solltest du vorsichtiger sein«, warnte sie ihn. »Spazierengehen und Herumtreiben sind zweierlei Dinge.«

»Da gebe ich dir recht«, mischte sich Babuschka ein. »In der Sache aber stehe ich auf Romans Seite. Es war wirklich ungehörig von euch, so lange fortzubleiben.«

Natascha warf ihren Kopf in den Nacken. »Wir hatten uns eben viel zu erzählen.«

»Das hättet ihr auch hier tun können«, ereiferte sich Roman.

»Wir legten aber Wert darauf, allein zu sein.«

Er höhnte: »Etwa wie ein Liebespaar?«

»Warum nicht?«

Babuschka stieß unwillig mit dem Fuß auf. »Werde nicht geschmacklos.«

Natascha wurde aggressiv. »Geschmacklos seid ihr! Nicht eine Sekunde denkt ihr daran, wem wir es zu verdanken haben, daß wir in diesem Jahr ein so üppiges Weihnachtsfest feiern können. Seit unsere Eltern verschleppt wurden, hat es das nicht mehr gegeben.«

»Das ist noch lange kein Grund, nachts mit einem Pater durch die Dunkelheit zu strolchen.«

»Wir sind nicht gestrolcht, sondern gegangen!« erboste sich Natascha. Sie war nahe daran, die Beherrschung zu verlieren.

Genau darauf wartete Roman. Er wollte seine Schwester in Rage bringen. Sie sollte die Kontrolle über sich selbst verlieren. Um jeden Preis wollte er herausfinden, was sie und Pater

Rochus so verändert hatte nach Hause kommen lassen. »Also gut«, sagte er. »Dann seid ihr eben nicht gestrolcht, sondern gegangen. Wahrscheinlich Hand in Händchen.«

»Nein, Wange an Wange!« schrie ihn Natascha an. »Dazu fühlte ich mich verpflichtet. Ich bleibe nämlich nie etwas schuldig.«

»Behaupte jetzt nur noch, er habe dir ein Geschenk gemacht.«

»Hat er auch! Wenn du Näheres wissen willst, wende dich an Fedor. Der weiß Bescheid. Vor ihm habe ich keine Geheimnisse.«

Roman sah den Goldschmied an.

»Hack doch nicht so auf Natascha herum«, sagte Fedor fast bittend. »Sie tut nichts Unrechtes. Ich nähme nicht einmal Anstoß daran, wenn sie Pater Rochus noch weitere zwei Stunden durch die Nacht geführt hätte.«

»Kunststück, nachdem du viertausend Rubel von ihm bekommen hast.«

Der Goldschmied ließ sich nicht provozieren. Er erklärte vielmehr: »Offensichtlich nagt der Neid an dir und bringt dich auf die verrücktesten Ideen.«

»Bravo!« rief Natascha. »Neidisch ist er! Und damit er zerspringt vor Wut, soll er wissen, daß Pater Rochus mir einen Brillanten geschenkt hat.«

Roman wurde blaß. Babuschka blieb der Mund offenstehen. Fedor verdrehte die Augen, als wollte er sagen: Mußte das jetzt sein?

Natascha wurde unsicher.

»Na ja«, sagte Fedor, um zu retten, was noch zu retten war. »Pater Rochus hat ihr tatsächlich einen Brillanten geschenkt. Allerdings einen lächerlich kleinen. Fast ein Splitter. Er stammt aus einem Familienschmuckstück, das infolge einer Erbteilung auseinandergenommen werden mußte. Als Mönch wußte er nichts damit anzufangen. Ich soll ihn nun irgendwie verarbeiten. Das ist alles.«

Roman schlug auf den Tisch. »Und wenn der Brillant noch so klein ist, ich verbiete Natascha, ihn anzunehmen.«

Ihre Augen glühten. »Du hast mir keine Vorschriften zu machen!«

Babuschka kam ihr zu Hilfe. »Jetzt gehst du wirklich zu weit«, erklärte sie ihrem Neffen. »Man darf Pater Rochus nicht einfach unlautere Absichten unterstellen. Ich kann mich gut in seine Lage versetzen. Er hat zu Weihnachten ein kleines Geschenk machen wollen, und da ist ihm der Brillant aus dem Familienschmuck eingefallen. Wenn Fedor ihn nun verarbeitet, sehe ich nicht ein . . .«

»Ich dulde es einfach nicht!« unterbrach Roman die Tante mit hochrotem Kopf. »Es ist unmöglich, daß sich Natascha von einem fremden Mönch einen Brillanten schenken läßt!«

»Moment«, sagte Fedor mit erhobener Stimme. »Ich glaube, da habe ich noch ein entscheidendes Wörtchen mitzureden.«

»Du meinst, weil ihr ein Verhältnis miteinander habt?«

Der Goldschmied schüttelte den Kopf. »Mir kannst du mit nichts den Wind aus den Segeln nehmen. Dafür bin ich zu abgebrüht. Nimm also zur Kenntnis, daß *ich* nichts gegen die Annahme des Brillanten einzuwenden habe.«

Roman sprang auf. »Mit euch bin ich fertig. Ich packe meine Sachen und kehre schon morgen nach Krakau zurück.«

»Aber, Junge!« rief Babuschka weinerlich. »Das wirst du mir doch nicht antun.«

Er tätschelte ihre Wange. »Es muß sein, Babuschka. Hier bekomme ich Stacheln und fühle mich wie ein verkehrt eingerollter Igel: ich verletze mich an mir selbst.«

Ein ungutes Gefühl hatte Roman Górski bewogen, alles in seiner Macht Stehende zu tun, um die Gefahr zu bannen, die er für seine Schwester heraufziehen sah. Er erreichte jedoch das Gegenteil. Natascha besuchte Pater Rochus gleich am nächsten Morgen im Hotel und informierte ihn über das Rencontre, das sie gehabt hatte. Dabei ging sie mit der Wahrheit nicht gerade zimperlich um. Sie modellierte die Geschichte so, daß er den Eindruck gewinnen mußte, der ›Vetter‹ habe Babuschka auf Grund einer alten Familienschuld in der Hand und drohe ihr Schwierigkeiten zu bereiten, wenn sie sich von ›dem wildfremden Pater‹, wie er sich ausgedrückt habe, nicht trennen würde.

»Komm in den nächsten Tagen nicht mehr zu uns«, bat sie ihn, obwohl sie wußte, daß ihr Bruder Wort gehalten hatte und bereits abgereist war. Ihr ging es darum, Babuschka ängstlich zu machen. Die Tante sollte befürchten, die munter sprudelnde Quelle zu verlieren. »Ich werde dich hier besuchen«, tröstete sie ihn. »Dann sind wir allein, und es gibt keinen Ärger.«

Pater Rochus verschwieg, daß ihn diese Entwicklung erleichterte. Es hatte ihn sehr bedrückt, daß Babuschkas und Romans Stimmung nach seinem Spaziergang mit Natascha merklich umgeschlagen war. »Wirst du nicht neuen Ärger bekommen, wenn du mich hier besuchst?« fragte er besorgt.

»Das erfährt ja niemand«, beruhigte sie ihn. »Ich behaupte einfach, Dienst zu haben.«

»Aber sie wissen doch, daß du für einige Tage freigenommen hast.«

Natascha schnippte mit dem Finger. »Es ist eben etwas dazwischengekommen.«

Romans gutgemeintes Eingreifen wirkte sich in jeder Hinsicht negativ aus. Natascha und Pater Rochus trafen sich nicht mehr offen, sondern heimlich; das erhöhte den Reiz und intensivierte die vertrauliche Atmosphäre. Babuschka spürte, daß Natascha ihr weniger offen begegnete; das verstärkte ihr Mißtrauen und errichtete eine Barriere. Und Pater Rochus hatte nur noch einen Gedanken: Natascha finanziell unabhängig zu machen. Kein Vetter und keine Dienststelle sollten ihr Vorschriften machen können. Ein Traumleben wollte er ihr bereiten. Er konnte ihren Kuß nicht vergessen.

Es war daher nicht verwunderlich, daß er nach seiner Rückkehr in das Kloster alles daransetzte, um seine Wünsche schnell verwirklichen zu können. »Wir müssen nochmals mit Bruder Bazil sprechen«, erklärte er seinem Freund Pater Markus.

»Brauchst du schon wieder Geld?« fragte der überrascht.

»Sogar sehr viel!« Er faltete gottergeben die Hände. »Wenn man anfängt, Löcher zu stopfen, nimmt es kein Ende. Die alte Dame ist höher verschuldet, als ich dachte.«

»Bruder Bazil wird aber nicht mehr mitmachen.«

»Ich denke, du hast ihn in der Hand.«

»Hab' ich auch. Meinen Trumpf muß ich mir jedoch für den Notfall aufsparen. Du weißt, daß ich mich mit dem Gedanken trage, meiner Familie nach Amerika zu folgen.«

Tatsächlich war der stellvertretende Custos nicht gewillt, sich nochmals erpressen zu lassen. »Ich werde mich stellen und euch anzeigen«, erklärte er unmißverständlich, als die beiden ihn aufsuchten und erneut Geld verlangten.

Pater Rochus lenkte erstaunlich schnell ein. »Nun gut«, sagte er. »Ich will dann nicht weiter in dich dringen.« Er wäre nicht so nachgiebig gewesen, wenn der hinter ihm stehende Vertraute nicht an seiner Kutte gezupft und damit zu verstehen gegeben hätte, er solle den Bogen nicht zu überspannen. Aber er ärgerte sich, als sie die Zelle Pater Bazils verlassen hatten, und brummte unwillig: »Warum wolltest du, daß ich nachgebe?«

»Weil ich einen besseren Weg weiß.«

Pater Rochus sah ihn erwartungsvoll an.

»Betrachten wir Bruder Bazil als nachahmenswertes Beispiel. Machen auch wir uns über den Geldschrank her!«

»Und wie willst du an die Schlüssel kommen?«

»Wir werden nicht so dumm sein, sie uns widerrechtlich anzueignen. Das wäre viel zu riskant. Nein, es geht einfacher und sicherer, wenn wir in einem geeigneten Augenblick, zum Beispiel, wenn einer von uns mit der Führung durch die Schatzkammer beauftragt ist, von den Schlüsseln Wachsabdrücke nehmen, uns Duplikate anfertigen lassen und dann nachts heimlich in die Schatzkammer schleichen.«

Pater Rochus war überrascht. »Die Idee ist nicht schlecht. Wir brauchen aber vier Nachschlüssel: zwei für die Korridortüren, einen für die Schatzkammer und einen für den Tresor.«

»Ob wir nun zwei oder vier herstellen lassen, bleibt sich gleich.«

»Und wer macht uns die Nachschlüssel?«

»Der Schlosser Jusefat Kiewicz. Ich hatte einmal meinen Schrankschlüssel verloren. Da hat er das Schloß ausgebaut und mir einen neuen Schlüssel gemacht.«

Sie besprachen den Plan bis ins kleinste Detail und kamen überein, daß Pater Rochus die Wachsabdrücke besorgen und Pater Markus die Beschaffung der Duplikate übernehmen sollte. Und schon vier Wochen später waren sie im Besitz sauber gefeilter Nachschlüssel, für die Pater Markus dem verblüfften Schlosser dreißig Rubel in die Hand gedrückt und das Versprechen abgenommen hatte, nicht über die Angelegenheit zu reden, da es sich um einen Satz Doppelschlüssel handle, die er verloren habe. Wenn das herauskomme, würde er große Schwierigkeiten bekommen.

Zwei Tage später tasteten sie sich eine Stunde nach Mitternacht im Dunklen bis zur Schatzkammer vor. Erst hier wagten sie, eine Kerze anzuzünden, in deren Schein sie den Geldschrank aufsperrten und aus seinen Fächern wahllos möglichst große Scheine herausnahmen.

»Wir sollten es nicht übertreiben«, warnte Pater Markus, als sie bereits fünfzehntausend Rubel an sich gebracht hatten.

Pater Rochus verschloß den Tresor. »Hast recht. Lieber etwas weniger und dafür öfter.«

Pater Markus kicherte. »Ich möchte wissen, was du viel nennst.«

»Eine Million und darüber.«

Vorsichtig schlichen sie zur oberen Etage des Klosters zurück, wo sie Pater Rochus' Zelle aufsuchten, um das Geld zu teilen.

»Ich bin mit zweitausend zufrieden«, flüsterte Pater Markus. »Ich habe schon so viel gespart, daß ich nicht weiß, wohin damit. Und sollte ich auswandern, dann kann ich bei Bruder Bazil immer noch einen kräftigen Schluck aus der großen Flasche nehmen.«

»Hast doch gesehen, daß er nicht mehr mitspielt.«

»Jetzt nicht. Er wird aber keine Schwierigkeiten machen, wenn ich ihm sage, daß ich von seiner Geliebten weiß und ihren Namen kenne.«

Pater Rochus vergaß die Rubel, die er abzählbereit in der Hand hielt. »Was sagst du da? Bruder Bazil hat eine Geliebte?«

»Leise!« zischte Pater Markus.

»Erzähle!«

»Verstau erst mal deine Rubelchen. Wenn jemand uns hören und hier auftauchen sollte, wäre unser Fischzug umsonst gewesen.«

Pater Rochus hob die Bodenplatte seines Schrankes hoch und ließ 13000 Rubel im darunterliegenden Hohlraum verschwinden.

»Hast du ein Schnäpschen?«

»Klar doch. Aber du mußt erzählen.«

Die nächste Viertelstunde verging wie im Fluge. Pater Markus machte kein Hehl daraus, daß er während seines letzten Urlaubs in Prag in Zivilkleidung im Grand Hotel abgestiegen war. Von seinem Fenster aus habe er im gegenüberliegenden Stadtpark den stellvertretenden Custos, ebenfalls in Zivil, Arm in Arm mit einer mondänen Dame spazierengehen sehen. Um sich zu vergewissern, sei er gleich zur Reception gegangen und habe dort festgestellt, daß Pater Bazil unter seinem bürgerlichen Namen abgestiegen war. Und zwar mit seiner ›Ehefrau, geborene Potocki‹. Er habe daraufhin vorsorglich schnell das Hotel gewechselt und sei zum Wenzelplatz umgezogen.

Pater Rochus schenkte neu ein. Seine Hand zitterte. »Und wie sah die Frau aus?«

»Von nahem habe ich sie nicht gesehen. Sie machte aber einen sehr eleganten Eindruck und trug einen Hut mit einer Pleureuse, wie es jetzt Mode ist. Über ihrer Schulter lag ein langer Pelz, und in der Hand hielt sie einen Schirm mit einer großen Seidenschleife. Schick, sage ich dir. Ich habe Bruder Bazil richtig beneidet.«

»Ich hätte es nie für möglich gehalten, daß der sich eine Geliebte hält.«

»Tja, die Welt ist voller Geheimnisse.«

Pater Rochus leerte sein Glas, als müsse er sich Mut antrinken.

»Hast du schon mal eine Freundin gehabt?«

Sein Ordensbruder schüttelte den Kopf. »Dazu fehlt mir der Mut. Ich hätte aber schon zweimal eine haben können. In

Wilna und in Paris. Hochanständige Frauen aus besten Kreisen.«

»Und warum hast du verzichtet?«

»Ach, weißt du, das ist alles so kompliziert. Ich habe auch Angst gehabt, mich zu blamieren. Und dann hinterher die Beichte! Davor graute mir am meisten.«

»Ich möchte wissen, wie Bruder Bazil dieses Problem gelöst hat.«

Pater Markus grinste. »Ich glaube, der macht's ganz schlau. Jedenfalls besucht er nach jedem Urlaub einen alten Propst, der sich in Myszkow zur Ruhe gesetzt hat. Ich vermute, daß er bei ihm beichtet.«

Pater Rochus griff nach der Flasche. »Trinken wir noch einen?«

Der Ordensbruder lehnte dankend ab; er müsse am Morgen die Messe lesen. Das hinderte ihn jedoch nicht, sich zu erkundigen, ob Pater Rochus seit seinem Eintritt in das Kloster jemals eine Frau gehabt habe.

»Noch nicht«, antwortete er merkwürdig betont und fügte verschämt hinzu: »Ich bin aber in eine Frau verliebt.«

Pater Markus wurde lebhaft. »Und davon hast du mir nichts gesagt?«

»Ich weiß ja nicht, ob sie mich erhören wird.«

Pater Markus' Augen glänzten. Er griff sich an den Mund. »Willst du's bei ihr versuchen?«

Die Peinlichkeit der Frage ernüchterte Pater Rochus. Schluß, sagte er sich. Ochsen gehören auf den Acker und nicht ins Rathaus.

9

Nataschas Lebenshunger wuchs mit jedem Tag. Sie sprach nur noch von der Reise nach Wien und sah sich im Geiste bereits in einem Abteil Erster Klasse sitzen. Die Vorstellung, in einem rotgepolsterten, mit Spitzendeckchen versehenen Salonwagen zu fahren, hatte etwas Berauschendes für sie. In Czenstochau würde Pater Rochus zusteigen; sie hoffte, er werde die schwarze Soutane tragen, die nicht ganz so auffällig war. Klarheit hierüber hatte er ihr nicht gegeben. Er hatte nur darum gebeten, ihn im Zug nicht gleich zu begrüßen und so zu tun, als kenne sie ihn nicht.

Natascha fieberte, als sie die Fahrt endlich antreten konnte. Babuschka ließ es sich nicht nehmen, sie zur Bahn zu begleiten und ihr auf dem Perron nochmals alle Empfehlungen nahezubringen, die sie ihr in den letzten Tagen schon vielfach gegeben hatte. Fedor spielte den Grandseigneur und reichte ihr eine hübsche Bonbonniere ins Abteil. Das Wetter war mild, und alles deutete auf einen guten Fahrtverlauf hin. Dies um so mehr, als ein nobel gekleideter Herr dezent hackenklappend an Natascha herantrat, sich verneigte und um die Genehmigung nachsuchte, in ihrem Abteil Platz nehmen zu dürfen. Gleich nach Abfahrt des Zuges kam sie mit ihm in eine lebhafte Unterhaltung, in deren Verlauf er sich als Staatsanwalt beim Oberlandesgericht Petrikau vorstellte. Dies ermunterte Natascha, eine erfundene Geschichte von einer vermögenden Wiener Freundin zum besten zu geben und zu behaupten, sie trage sich mit dem Gedanken, mit ihr nach Rom weiterzufahren. Im übrigen verstand sie es geschickt, im Gespräch immer wieder auf Babuschka zurückzukommen, und sie stellte dem Herrn Staatsanwalt anheim, ihrer Tante beim nächsten Aufenthalt in Warschau seine Aufwartung zu machen. Es wäre doch nett, wenn man sich wiedersehen und vielleicht einmal zusammen ein Konzert besuchen oder ins Theater gehen könnte.

Natascha war der Auffassung, daß nicht das Schicksal das Leben des Menschen, sondern der Mensch das Schicksal seines Lebens bestimme. Zufälle mochten hinzukommen. Man dürfe es aber nicht bei ihnen belassen, müsse sie aufgreifen und etwas daraus machen. Ihre Reise nach Wien schien ihr ein Beweis dafür zu sein. Der Zufall hatte Fedor und Pater Rochus zusammengeführt. Hätte Fedor nicht den Entschluß gefaßt, sich mit Hilfe des Pauliners hochzuarbeiten, dann wäre sie niemals mit ihm nach Czenstochau gefahren, würde sie den sympathischen Mönch nicht kennengelernt haben, verliefe ihr Leben nach wie vor in eingleisiger Bahn, säße sie jetzt nicht in einem Abteil Erster Klasse und wäre ihr keine Gelegenheit gegeben, anderweitig interessante Fäden zu knüpfen. Daß der Herr Staatsanwalt nur bis Petrikau mitfuhr, war für Natascha auch ein segensreicher Zufall.

Auf der Weiterfahrt genoß sie das Alleinsein. Beim Anblick der Hügel des Krakau-Czenstochauer Juras schlug ihr Herz höher. Nicht lange mehr konnte es dauern, dann würde Pater Rochus ihr die ersten hohen Berge ihres Lebens zeigen.

In Czenstochau entdeckte sie schon beim Einlaufen des Zuges, daß er in der weißen Kutte gekommen war. Ein Laienbruder trug seinen Koffer, und sie begriff, weshalb er ihr empfohlen hatte, ihn beim Zusteigen nicht zu begrüßen.

»Sie gestatten?« fragte er, ohne mit der Wimper zu zucken, als er die Tür des Abteils aufschob.

»Bitte sehr«, antwortete sie, fast ohne aufzublicken.

Der Laienbruder hob den Koffer ins Gepäcknetz.

Pater Rochus dankte ihm und verabschiedete sich mit den Worten: »Der Herr sei mit dir!« Dann wandte er sich an Natascha. »Ist der Fensterplatz frei?«

Sie nickte.

Als der Zug den Bahnhof verlassen hatte, lachten beide hellauf.

»Großartig, daß wir allein sind«, sagte Pater Rochus. »Da kann ich mich umziehen, noch bevor der Kondukteur kommt.« Er schlug die Vorhänge zu. »Warte auf dem Gang, bis ich dich rufe.«

Seine unerwartete Reaktion verwirrte Natascha. Aber sie war froh, daß er die Kutte ablegen würde. Sie hatte schon sehr bedauert, daß er nicht die Soutane trug.

Wenige Minuten später glaubte sie, ihren Augen nicht trauen zu dürfen. Pater Rochus hatte nicht das Gewand eines Geistlichen, sondern einen typisch englischen Reiseanzug angelegt.

»Gefalle ich dir?« fragte er und breitete übermütig die Arme aus.

Sie holte tief Luft. »Weißt du, wie du aussiehst? Wie König Edward!«

»Der hat bestimmt nicht das Glück, mit einer so charmanten Dame verreisen zu können.«

Sie deutete einen Knicks an. »Ein echter Gentleman.«

Er bot ihr den Arm. »Darf Monsieur Dabrow die gnädige Frau zum Essen bitten?«

Natascha tat einen kleinen Freudenschrei. »Wir gehen in den Speisewagen?«

»Hast du geglaubt, ich lasse dich verhungern?«

Sie gab sich überwältigt. »Es war schon immer der Traum meines Lebens, einmal in einem Speisewagen zu sitzen und durch die Landschaft zu fahren.«

»Eine Landschaft, die heute besonders schön wird, wenn wir die Grenze hinter uns gebracht haben.«

Da die Waggons stark schlingerten, war der Weg zum Speisewagen recht beschwerlich, aber es lohnte sich, die Mühe auf sich zu nehmen. Die Tische waren weiß gedeckt. Auf ihnen standen kleine elektrische Lampen. Der Boden war mit einem Teppich ausgelegt. Man nahm auf freistehenden Stühlen Platz. Adrette Kellner hantierten trotz der heftigen Fahrstöße erstaunlich sicher.

Während des Essens, zu dem sie einen ›Rotgipfler‹ tranken, schaute Natascha oft wie gebannt zu den Bergen Mährens hinauf. Ihr war es, als führe sie geradenwegs in das Paradies hinein. »Was ist das für ein Fluß?« fragte sie, nachdem Prerau passiert war und der Zug in ein weites Tal einbog.

»Das ist die March«, antwortete ›Monsieur Dabrow‹ und begann von Schlachten zu berichten, die vor Hunderten von Jahren im Marchfeld stattgefunden hatten. Er erzählte aus der Geschichte Österreichs und von seinen Bewohnern, die ursprünglich den Römern, Slawen und Hunnen zu dienen gehabt, sich im Laufe der Jahre jedoch mit ihnen vermischt hatten und schließlich selbst über Polen, Tschechen, Kroaten, Serben, Magyaren, Belgier und Lombarden regierten. Wien wurde zum Schmelztiegel der Rassen. Friedlich vereint lebten Juden, Türken, Böhmen, Polen, Slowaken, Rumänen, Bulgaren, Kroaten, Serben, Slowenen, Griechen und Mazedonier beisammen. Man arrangierte sich, war menschlich, erwartete kein Heldentum. Man flüchtete vor der Pest, huldigte Napoleon, als er in Wien einrückte, schimpfte nicht über Franz I., der das Feld vor dem Korsen geräumt hatte, jubelte, als der Kaiser aus dem Exil zurückkehrte, und fand nichts dabei, daß er seine Tochter Maria Louise wenige Monate später dem Feind zur Gattin gab. Man lavierte und finassierte, genoß wie eh und je die ›Backhendlzeit‹ und stellte, als rebellische Wiener im Donnergrollen der Französischen Revolution auf die Hofburg zumarschierten, mit dem gütigen Ferdinand I. die Frage: ›Ja, derfen s' denn des?‹ Man hieß Gruber und Jeritza, Brunner und Jedlickowa, Tiefenthaler und Drahanek, Hoheneder und Skoda, Herz und Prohaska, Goldstein und Bedopil. Die nicht mehr zu entwirrende Verflechtung der Rassen störte niemanden. Man traf sich beim ›Heurigen‹, sang gemeinsam das von dem Juden Pick geschriebene Fiakerlied: ›Mei Stolz is, i bin halt an echt's Weaner Kind‹, aß zum ›Tafelspitz‹ Apfelkren und ließ sich des Morgens ›Kipferl‹ schmekken, ohne daran zu denken, daß die Wiener Bäcker ihre Semmeln zur Besänftigung der Türken erstmals in Form des Sichelmondes gebacken hatten, als die Janitscharen in die Stadt einzurücken drohten. Aber der polnische General Sobieski und der Herzog von Lothringen schlugen die Türken in die Flucht. Dies veranlaßte die Wiener Bäcker, nun erst recht ›Kipfeln‹ zu backen: jetzt dem bösen Feind zum Hohn. In Wien läßt's sich eben in jedem Fall gut leben.

»Schwierig wird's nur in den Kaffeehäusern«, sagte Monsieur Dabrow. »Dort herrscht eine Geheimsprache, die kein Ausländer versteht. Man weiß wirklich nicht, was man bestellen soll, wenn man eine Tasse Kaffee haben möchte und zwischen ›Melange‹, ›Teeschale braun‹, ›Schale Gold passiert‹, ›Nußschale mit Haut‹, ›Türkischen‹, ›Mazagran‹, ›Einspänner‹ und ›Kapuziner‹ zu wählen hat. Und entscheidet man sich nach endlosen Erklärungen für diese oder jene Art, dann stehen einem die Haare zu Berge, wenn der Kellner wiederholt: ›Also gut, ein ›Flüssiger‹ und ein ›Schwarzer‹.«

Die Einfahrt in Wien enttäuschte Natascha. Die Donau war nicht blau, sondern lehmig-gelb, und der Leopoldstädter Nordbahnhof hatte wenig Einladendes; der zu ihm gehörige Kohlenbahnhof verschandelte die Umgebung total. Erst hinter dem Prater-Stern wurde es freundlicher, und nachdem der Donau-Kanal überquert und der ›Ring‹ erreicht war, verbesserte sich der Eindruck mit jedem Meter. Über den Stuben-, den Park- und den Kolowrat-Ring, dessen mit schweren Stuckornamenten und üppigen Karyatiden versehene Wohnhäuser Natascha so beeindruckten, daß sie ganz still wurde, ging es zum Hotel Impérial am Kärntner Ring.

»Hier werden wir wohnen?« fragte sie beklommen, als der Fiaker auf den Hoteleingang zufuhr.

Monsieur Dabrow gefiel sich in der Rolle des Fremdenführers. »Es ist der ehemalige Palast des Herzogs von Württemberg. Ich hoffe, er wird dir gefallen.«

»Hast du schon in dem Hotel gewohnt?«

Er schüttelte den Kopf. »Früher bin ich im ›Meißl und Schadn‹ abgestiegen, ein ausgezeichnetes Haus am Neuen Markt. Diesmal soll es aber etwas ganz Besonderes sein.«

Das Foyer des Impérial war so elegant, daß Natascha Herzklopfen bekam und sich unsicher fühlte. Monsieur Dabrow hingegen schritt mit der Selbstverständlichkeit eines Globetrotters zur Reception und bat um zwei Einzelzimmer für sich und seine ›Schwester‹.

»Sollen die Zimmer nebeneinander liegen?« fragte der Portier mit einem Blick auf Natascha, die sich im Hintergrund hielt.

»Nicht unbedingt«, antwortete er und legte die auf seinen Geburtsnamen ausgestellten Papiere vor.

Seine Antwort bewirkte, daß ihnen der Portier ohne Bedenken zwei gegenüberliegende Zimmer zuteilte. »Sie befinden sich in der dritten Etage«, sagte er und drückte auf eine Klingel. »Der Page wird Sie führen.«

Natascha wurde ganz aufgeregt, als sie den Aufzug betrat. Ihre Wangen röteten sich. »Das wird meine erste Fahrt mit einem Lift.«

Der Page lächelte. »Verzeihen Sie, gnädige Frau, aber ein Lift ist dieser Fahrstuhl nicht.«

»Sondern?«

»Er ist ein Aufzug, denn er fährt, ohne daß eine Münze eingeworfen wird.«

Monsieur Dabrow lachte. »Wir werden hier in Wien noch vieles lernen müssen.«

Natascha war von ihrem Zimmer so entzückt, daß sie es am liebsten nicht mehr verlassen hätte. Es war im Biedermeierstil eingerichtet und verfügte über ein Bett, ein Sofa und zwei Sessel mit einem Mahagonitisch. Im weißgekachelten Bad befand sich ein WC, und über einem mit vergoldeten Armaturen versehenen Waschbecken hing ein ovaler Spiegel mit der Inschrift: ›Guten Morgen‹.

Nachdem beide ihre Koffer ausgepackt und sich frisch gemacht hatten, schlug Monsieur Dabrow vor, noch einen kleinen Spaziergang zu machen und dann zu Abend zu essen.

Natascha war einverstanden, bat allerdings darum, nicht mehr weit gehen zu müssen, da die ganztägige Bahnfahrt sie doch sehr angestrengt habe.

»Nur ein paar Schritte«, versprach er. »Keine dreihundert Meter von hier entfernt liegt das Opernhaus und beginnt die Kärntner Straße, die du morgen bestimmt nicht durchqueren wirst, ohne dir etwas Schönes zu kaufen.«

Natascha war plötzlich ganz froh, noch einen kleinen Bummel durch die von Gaslaternen erhellten Straßen machen zu können. Die Häuser und Geschäfte waren mit elektrischem Licht ausgestattet, dessen gelblicher Schein eine fast weihnachtliche Stimmung hervorrief. Die Fassade des Opernhauses war nur undeutlich zu sehen. Natascha bedauerte dies nicht. Für sie war es wesentlich interessanter, einen Blick in die Geschäftsstraße zu werfen, von der Monsieur Dabrow gesagt hatte, daß sie dort am nächsten Tag einiges einkaufen würde. »Du bist ein Verführer!« flüstete sie ihm ins Ohr und hakte sich bei ihm ein.

Er schaute sie verliebt an. »Und was bist du?«

»Sehr glücklich darüber, daß du einen Zivilanzug trägst.«

»Ich habe es anders gemeint.«

»Nämlich?«

»Daß *du* besonders verführerisch bist!«

»Heute wohl kaum. Dafür bin ich zu müde.«

Er wies auf den halb im Dunkel gelegenen monumentalen Renaissancebau der Hofoper. »Was sagst du dazu?«

Natascha schmiegte sich an ihn. »Nachdem die Ankunft enttäuschend war, gewinnt die Stadt jetzt sogar in der Nacht so sehr, daß ich zu träumen glaube.«

»Was wirst du erst sagen, wenn du sie am Tage siehst und die Wiener kennenlernst!«

»Sind die wirklich anders?«

»Es gibt einen Spruch, der sie gut kennzeichnet: ›Was muß jeder Wiener wissen? Wo man den besten Wein bekommt. – Was glaubt der Wiener? Daß Arbeit schändet. – Was hofft der Wiener? Einen Treffer in der Lotterie zu machen. – Was liebt der Wiener? Die Ferien. – Was ist für den Wiener die Glückseligkeit? Eine gute Jause. – Was hält der Wiener für eine Todsünde? Nicht in Ruhe zu essen.‹«

Natascha lachte. »Besonders das letzte gefällt mir. Werden wir es den Wienern gleichtun?«

Monsieur Dabrow legte den Arm um sie. »Du darfst deine Erwartungen aber nicht zu hoch schrauben.«

Sie sah ihn fragend an. »Was willst du damit sagen?«

»Daß hohe Erwartungen selten erfüllt werden.«

Natascha fühlte sich wie neugeboren, als sie am nächsten Morgen erwachte. Ihr waren nach dem Abendessen die Augen fast zugefallen. Die Fahrt, die vielen Eindrücke und nicht zuletzt ein schwerer Rotwein hatten sie so müde gemacht, daß sie Monsieur Dabrow gebeten hatte, sich gleich zurückziehen zu dürfen.

Da auch er die rechte Bettschwere hatte, trennten sie sich vor ihren Zimmern mit der Verabredung, sich am nächsten Morgen um neun Uhr im Frühstücksalon zu treffen.

Es war das erste Frühstück, das sie gemeinsam einnahmen. Für beide hatte dies einen besonderen Reiz, da sie vom Personal für ein Paar gehalten und obendrein mit ›Baron‹ und ›Baronin‹ tituliert wurden. Monsieur Dabrow wußte, daß in Wien jeder, der nach etwas aussieht oder ein anständiges Trinkgeld gibt, mit Herr Baron oder zumindest mit Herr Doktor angesprochen wird. Natascha hingegen zog den fatalen Rückschluß, sie müsse wohl ungemein ›adelig‹ aussehen. Sie genoß die ehrenvolle Anrede und wandelte wie geflügelt durch die Stadt.

Vom Opernring ging es zunächst zum Hofgarten mit dem Goethedenkmal, dann durch die Hofburg und den Volksgarten zum Rathaus, und schließlich durch ungezählte Gassen und Gäßchen zurück zum Zentrum der Stadt, zum ›Graben‹ mit der Pestsäule, deren verwirrende Darstellung Natascha erschaudern ließ, und zum ›Stock-im-Eisen-Platz‹, wo der Stumpf einer Tanne zu sehen ist, die als geheiligter Baum galt und mit Tausenden von Nägeln beschlagen worden war. Den Abschluß bildete der Besuch des Stephansdoms, dessen Bau Heinrich II. Jasomirgott 1144 in Angriff genommen hatte.

»Erst viele Generationen später, im Jahre 1510, konnte das gewaltige Bauwerk fertiggestellt werden«, erläuterte Monsieur Dabrow, der sich gut vorbereitet hatte. »In seinem hundertneununddreißig Meter hohen Turm hängt eine fast zweihundert Zentner schwere Glocke, die 1711 aus eroberten türkischen Kanonen gegossen wurde.«

Natascha sah ihn hilfeheischend an. »Glaubst du, daß wir hier irgendwo eine Kleinigkeit essen können? Mir ist schlecht vor Hunger. Seit vier Stunden laufen wir von einem Platz zum anderen.«

Sie brauchten nicht weit zu gehen. Gleich in der Nähe fanden sie ein hübsches Speiserestaurant, in dem sich Natascha sehr schnell erholte, als Monsieur Dabrow ihr versprach, an diesem Tage keinerlei Besichtigungen mehr vorzunehmen und mit ihr nur noch durch die Kärntner Straße zu bummeln.

Ihre Augen blitzten. »Darf ich einen Wunsch äußern?«

»Jeden!«

»Vorhin, am ›Graben‹, sah ich in einem Geschäft einen wunderschönen Morgenrock. Dürfte ich mir den kaufen?«

Er ergriff ihre Hand. »Würdest du mir dann helfen, auch einen für mich zu finden?«

Natascha sah den weich werdenden Ausdruck seiner Augen und wußte, daß sie beide das gleiche dachten: sie würden sich in den neuen Morgenröcken begegnen. »Helfen wir uns gegenseitig«, sagte sie couragiert. »Mein Morgenrock soll dir und der deine mir gefallen.«

Er drückte ihre Hand. »Wir verstehen uns ausgezeichnet.«

Diesen Eindruck gewann auch ein Verkäufer des Warenhauses Ph. Haas & Söhne. Im Nu waren ein weinroter und ein flaschengrüner Morgenrock erstanden. Monsieur Dabrow, alias Pater Rochus, ließ sie zum Hotel Impérial schikken, und dann begann der eigentliche Bummel durch die Kärntner Straße, der allerdings schon bald eine bedeutsame Unterbrechung erfuhr. Die Auslage eines Juweliers hatte es ihm angetan.

»Das Brillantkollier dort würde glänzend zu deinem Solitär passen«, sagte er und schob Natascha auf die Ladentür zu.

»Bist du wahnsinnig?« ereiferte sie sich. »Die Steine sind von hoher Qualität. Das Kollier wird ein Vermögen kosten.«

»Anschauen und fragen kostet nichts«, erklärte er und öffnete die Tür.

Als Natascha das Geschäft verließ, trug sie zwar nicht das Kollier, aber einen Armreifen von seltener Schönheit. 1200 Kronen hatte Monsieur Dabrow auf den Ladentisch gelegt, als wäre es nichts.

Natascha war glücklich, konnte sich aber nicht richtig freuen. »Woher hast du bloß das viele Geld?« fragte sie bedrückt.

»Das habe ich dir doch schon gesagt. Ich habe jahrelang in den Gemeinschaftstopf eingezahlt und kann nun dementsprechend herausnehmen.«

»Aber du gibst Tausende aus!«

»Warum nicht, wenn in dem Topf Hunderttausende darauf warten, dem sinnlosen Herumliegen zu entfliehen und sich als nützliches Mittel der Gesellschaft zu erweisen.«

»Ich brauche mir wirklich keine Gedanken zu machen?«

»Ganz gewiß nicht.«

»Ja, dann . . .« Sie gab ihm auf offener Straße einen Kuß. »Ich weiß gar nicht, wie ich dir danken soll.«

Sie wußte es doch.

Eine Woche blieben Natascha und Monsieur Dabrow in Wien. Die Tage vergingen wie im Fluge, die Nächte waren gluterfüllt.

»Ich kann unmöglich warten, bis ich Zeit für eine weitere Reise habe«, sagte er am letzten Abend. »Du mußt dir in Warschau eine Wohnung einrichten. Die Mittel stelle ich zur Verfügung. Schaffe uns ein verführerisches Liebesnest. Und gib deinen Beruf auf. Es ist doch lächerlich, für fünfundvierzig Rubel im Monat zu arbeiten. Du erhältst von mir fünfhundert!«

Es bedurfte keiner großen Überredungskunst, um Natascha zu bewegen, ihre Tätigkeit als Telefonistin aufzugeben und das Leben einer verwöhnten jungen Dame zu führen.

»Also gut«, sagte sie. »Ich gebe meinen Posten auf, werde daheim aber nichts davon sagen. Babuschka und Fedor dürfen keinesfalls erfahren, daß wir zusammengehören.«

»Das ist doch selbstverständlich«, beruhigte er sie. »Aus Tarnungsgründen werde ich auch stets im Bristol absteigen.«

Das ist mir sehr lieb, dachte Natascha. Sie war weit davon entfernt, Fedor aufzugeben. Er war der bessere Liebhaber.

Als Pater Rochus, alias Monsieur Dabrow, nach Czenstochau zurückkehrte, hatte er die letzten Skrupel verloren. Nur flüchtig streifte ihn der Gedanke, daß er ohne Erlangung der Absolution nicht berechtigt war, die Heilige Messe zu lesen. Er setzte sich darüber hinweg, wie über eine Nebensächlichkeit. Wohl nahm er sich vor, diese Verfehlung später einmal zu bekennen, aber das war auch alles. Ohne Hemmung trat er seinen Dienst an, wobei er Beichten nun in einer Form abnahm, wie er es früher niemals getan hatte: er stellte hochnotpeinliche Fragen, wenn es sich um Dinge des sechsten Gebotes handelte. ›Allein oder mit anderen?‹ – ›Wie habt ihr es getan?‹ – ›Und wie oft?‹

Er selbst aber wich allen Fragen aus, die der ahnungsvolle und lüsterne Pater Markus an ihn richtete. Gerne hätte er zugegeben, daß er eine Frau in die Arme geschlossen hatte, ein richtiger Mann gewesen war. Doch dazu fehlte ihm der Mut. Der Ordensbruder konnte gefährlich werden. Er brauchte ihn, um baldmöglichst die Rubel zu beschaffen, die er für Natascha benötigte. Mindestens zehntausend sollten es sein. Die Einrichtung der Wohnung schätzte er auf drei- bis viertausend Rubel. Den Rest sollte sie auf das bereits eingerichtete Konto einzahlen. Sie hatte dann eine Reserve und konnte so schnell nicht in Verlegenheit geraten.

Die Dinge entwickelten sich aber anders, als er geglaubt

hatte. Pater Markus erklärte sich nur bereit, nochmals mit ihm den Tresor zu ›besuchen‹, wenn er ihm eingestehen würde, ein Verhältnis zu haben. Pater Rochus gestand schließlich, mit einer Frau verreist gewesen zu sein, mit ihr jedoch in einem brüderlichen Verhältnis zu stehen. In der Hoffnung, noch mehr zu erfahren, bekundete der Ordensbruder seine Bereitschaft zu einer zweiten ›Visite‹ der Schatzkammer, die allerdings nicht zustande kam, weil sich schon die erste der beiden Korridortüren nicht aufschließen ließ.

»Das ist Bruder Bazils Werk!« raunte Pater Markus in der Dunkelheit. »Womöglich hat er festgestellt, daß jemand am Tresor war.«

»Du meinst, er hat die Schlösser gewechselt?«

»Gibt es eine andere Erklärung?«

Pater Rochus wurde bleich vor Zorn. »Dem werde ich es geben. Gleich morgen verlange ich zehntausend Rubel von ihm. Wenn er sie mir nicht gibt, sage ich ihm, was ich von seiner Geliebten weiß.«

»Wage nicht, in mein Revier einzubrechen«, schnaubte sein Ordensbruder. »Ich habe die Sache für mich behalten, um im Notfall ein Druckmittel zu besitzen. Wenn du es mir raubst, wirst du was erleben!«

»Ich hab' das doch nur in meiner Wut gesagt«, lenkte Pater Rochus ein.

»Das will ich hoffen.«

»Was machen wir denn jetzt?«

»Als erstes morgen feststellen, ob die Schlösser tatsächlich gewechselt worden sind. Wenn ja, dann müssen wir neue Wachsabdrücke nehmen.«

»Und mit ihnen wieder zum Schlosser Kiewicz gehen?«

»Hältst du mich für dumm?«

»Wie willst du es denn machen?«

»Ich nehme einen kurzen Urlaub und fahre zu meinem

Bruder, der sich ebenfalls mit dem Gedanken trägt, nach Amerika auszuwandern. Er ist Kunstschlosser und kann bestimmt ein paar läppische Schlüssel anfertigen.«

Ohne aufzufallen konnten sie ermitteln, daß nur die beiden Korridortüren neue Schlösser erhalten hatten, und Pater Rochus gelang es wenige Tage darauf, von den Schlüsseln Abdrücke zu nehmen. Als dies geschehen war, fuhr Pater Markus zu seinem Bruder.

Er hatte sich kaum auf den Weg gemacht, da bat Prior Rejman die Patres Bazil und Rochus zu sich und eröffnete ihnen, daß ihr Ordensbruder Pius in der Nacht gestorben sei. Er forderte sie auf, unverzüglich die notwendige Bestandsaufnahme der Hinterlassenschaft vorzunehmen und alles Vorhandene sicherzustellen.

»Der Verstorbene befindet sich noch in seiner Zelle«, sagte er und bekreuzigte sich. »Schaut gegebenenfalls auch unter seiner Matratze nach. Er erzählte mir kürzlich, daß er ein Testament aufgesetzt habe und über einen namhaften Betrag verfüge.«

Der Auftrag war alles andere als begehrenswert. Bei der Vorstellung, den Toten aus dem Bett heben zu sollen, um unter seiner Matratze nach verborgenen Dingen zu suchen, sträubten sich Pater Rochus die Haare.

Der stellvertretende Custos beruhigte ihn. »Wir werden das Unterste nicht zuoberst kehren müssen; denn ich weiß zufällig, daß Bruder Pius vor Jahren in seiner Zelle eine Kassette einmauern ließ. Wenn wir den Schlüssel haben, und den hat er sich wahrscheinlich um den Hals gehängt, erübrigt sich jede weitere Suche.«

Als sie in die Zelle eingetreten waren, bekreuzigten sich beide, knieten vor dem Verstorbenen nieder und beteten ein Paternoster und ein Ave Maria. Dann erhoben sie sich, betrachteten das wächserne Gesicht des Toten, sprachen flüsternd über sein erlöstes Aussehen und hielten Ausschau nach der Kassette. Die aber war nicht zu entdecken.

Pater Bazil zog kurzerhand das Bett von der Wand. Er hatte gut kombiniert. Genau unterhalb des Seitenbrettes wurde der weißgestrichene Deckel eines in die Wand eingelassenen kleinen Tresors sichtbar. »Na also«, sagte er selbstgefällig. »Das Ding konnte sich nur hinter dem Bett oder hinter dem Schrank befinden. Jetzt fehlt uns lediglich noch der Schlüssel. Aber auch den werden wir gleich haben.« Er trat an den Toten heran.

Pater Rochus wich unwillkürlich einen Schritt zurück.

Der stellvertretende Custos öffnete das Hemd des Verstorbenen. Außer einer dünnen Kette mit einem silbernen Kreuz trug er nichts um den Hals. Suchend schaute Pater Bazil um sich. »Wo könnte der Schlüssel wohl sein?«

»Vielleicht auf dem Schrank?«

»Glaube ich nicht. Aber sieh nach.«

Pater Rochus stieg auf einen Stuhl. »Nein, da liegt nichts.«

»Dann vielleicht zwischen der Wäsche.«

Vergeblich durchsuchten sie alles, bis Pater Bazil auf die Idee kam, im Schrank den kleinen Überbau über der Tür abzutasten. »Die Bibel hat wieder einmal recht«, sagte er. »Wer da sucht, der findet.«

Gott sei Dank, dachte Pater Rochus, dem davor gegraut hatte, den Toten doch noch aus dem Bett heben zu müssen.

Pater Bazil öffnete den Safe, nahm ein Bündel Papiere heraus und blickte verwundert auf. »Das hätte ich dem alten Pius nicht zugetraut. Wertpapiere!«

»Laß sehen.«

»Und zwar eine ganz schöne Menge. Staats-Obligationen in Höhe von . . .«, er zählte die Papiere fast wie ein Bankbeamter, ». . . zweiundzwanzigtausend Rubelchen!«

Das ist die Chance, schoß es Pater Rochus durch den Kopf.

Wenn wir teilen, habe ich, was ich im Moment brauche. Und Bruder Bazil ist dann für immer in meiner Hand.

»Hier ist auch sein Testament«, fuhr der stellvertretende Custos geschäftig fort. »Eigentlich schade, daß er eins gemacht hat.« Er tat so, als wollte er einen Scherz machen. »Ohne diesen Wisch hätten wir allerhand einstecken können.«

Pater Rochus ging auf den Hinweis ein. »Lassen wir das Testament doch einfach verschwinden.«

Bruder Bazil stellte sich verblüfft. »Meinst du das im Ernst?«

»Kommt drauf an.«

»Worauf?«

»Was du von der Sache hältst.«

Pater Bazil überflog das Testament. »Er vermacht seinem Neffen Karol Szymanski seine gesamte Habe.«

»Und der weiß garantiert nichts von seinem Glück.«

»Eben.«

»Also, teilen wir.«

»Langsam, langsam«, warnte der stellvertretende Custos. »Prior Rejman weiß, daß Pater Pius ein Testament gemacht hat. Wenn er den Inhalt kennt, könnten wir in eine böse Klemme geraten. Wir müssen anders vorgehen. Am besten lassen wir Wertpapiere in Höhe von fünfzehntausend Rubeln in der Schatulle und teilen uns, was darüber hinaus vorhanden ist. Dann legen wir den Schlüssel zurück und sagen, wir hätten weder im Bett noch sonstwo ein Testament oder dergleichen gefunden. Gibt der Prior sich damit zufrieden – gut, dann holen wir uns den Rest. Wenn nicht, dann suchen wir eben nochmals und finden den Schlüssel und die Kassette mit Wertpapieren in Höhe von fünfzehntausend Rubeln.«

»Dann müssen wir das Testament aber gleich verschwinden lassen.«

»Selbstverständlich.«

»Also, gib es her.«

»Aber nicht einfach zerreißen. Es muß verbrannt werden.«

»Das besorge ich schon.«

Pater Bazil drückte seinem Ordensbruder außer dem Nachlaßdokument Wertpapiere in Höhe von viertausend Rubeln in die Hand.

»Angesichts deiner Mehrarbeit begnüge ich mich mit dreitausend«, sagte er grinsend.

Jetzt habe ich ihn, dachte Pater Rochus zufrieden. Leichenfledderei! Wenn es hart auf hart geht, kann ich erklären, daß ich als sein Untergebener gehorchen mußte. Das Testament werde ich keinesfalls verbrennen. Ein besseres Druckmittel gibt es nicht.

Sie gingen zu Prior Rejman und überreichten ihm eine Liste, in der alle Gegenstände aufgeführt waren, die sie in der Zelle vorgefunden hatten. Im übrigen behaupteten sie, weder ein Testament noch Geld gefunden zu haben.

Der Ordensvorsteher wurde ungehalten. »Das ist ausgeschlossen«, ereiferte er sich. »Ich weiß von Bruder Pius, daß er über eine beachtliche Summe verfügte und ein Testament gemacht hat.«

»Aber wir haben nichts gefunden«, beteuerte Pater Bazil.

»Dann müßt ihr eben weitersuchen. Vielleicht hinter dem Schrank. Es kann auch sein, daß sich irgendwo ein Geheimfach befindet.«

Pater Bazil und Rochus kehrten in die Zelle des Toten zurück.

»Die fünfzehntausend können wir abschreiben«, sagte der stellvertretende Custos verstimmt.

»Leider!« seufzte Pater Rochus mit einem scheelen Blick auf den Verstorbenen.

Pater Bazil strich sich über die Stirn. »Laß uns überlegen, was wir dem Prior sagen.«

Eine halbe Stunde später suchten sie den Ordensvorsteher in einer gespielt erregten Stimmung auf und meldeten erfreut, hinter dem Bett von Pater Pius eine Kassette mit Wertpapieren in Höhe von fünfzehntausend Rubeln entdeckt zu haben. Ein Testament sei aber beim besten Willen nicht zu finden, auch keine Aufzeichnung, die auf das Vorhandensein einer letztwilligen Verfügung hinweise.

Der Prior gab sich nicht zufrieden. »Mindestens zwanzigtausend Rubel, beziehungsweise Obligationen in dieser Höhe, müssen vorhanden sein«, erklärte er mit Nachdruck. »Bruder Pius hat mir wörtlich gesagt, er verfüge über ›gut zwanzigtausend Rubel‹.«

»Wann war das?« fragte Pater Rochus, dem plötzlich ein rettender Gedanke kam.

Prior Rejman blickte nachdenklich vor sich hin. »Es mag vor drei oder vier Wochen gewesen sein.«

»Könnte dann nicht die Möglichkeit bestehen, daß er angesichts des nahenden Todes seinen Verwandten . . .«

»Er hatte nur einen Neffen«, unterbrach ihn der Ordensvorsteher.

»Ja, richtig«, fiel Pater Bazil ein. »Wie hieß er doch noch? Soviel ich weiß, hat er ihm fünftausend Rubel geliehen.«

»Weißt du das bestimmt?«

»Beschwören kann ich es nicht, aber er hat mir gesagt . . . Ja, es war von fünftausend Rubeln die Rede. Jetzt fällt mir auch der Name wieder ein: Karol Szymanski.«

»Das ist tatsächlich sein Neffe. Seine Anschrift ist mir bekannt. Er wohnt in Petrikau.«

»Dann solltet Ihr bei ihm nachfragen.«

Prior Rejman tat dies in erstaunlich konkreter Form. Er

nahm den Neffen des Verstorbenen nach der Beerdigungsfeierlichkeit beiseite und sagte ihm, er habe erfahren, daß sein Onkel ihm vor kurzem fünftausend Rubel geliehen habe. Er sehe sich leider gezwungen, eine umgehende Rückgabe des Betrages zu erbitten, da kein Testament vorhanden sei und somit alles, was Pater Pius gehört habe, dem Kloster anheimfalle.

Der junge Szymanski sicherte die sofortige Tilgung der Schuld zu und überwies das Geld kommentarlos in der folgenden Woche.

Prior Rejman nahm dies als eine Selbstverständlichkeit hin. Die Patres Bazil und Rochus aber standen vor einem Rätsel. Wie kam Karol Syzmanski dazu, einen Betrag zu erstatten, den *sie* sich widerrechtlich angeeignet hatten?*

Nataschas Bestreben, ihre Hochstimmung daheim zu verbergen und nicht erkennen zu lassen, wie sehr sich manches für sie verändert hatte, bewirkte gerade das Gegenteil. Babuschka empfand es als unnatürlich, daß ihre Nichte nicht lebhaft von der Reise und von Pater Rochus berichtete. Sie wunderte sich über Nataschas nüchterne Erzählungen, wurde mißtrauisch, stellte Überlegungen an und kam zu dem Ergebnis, daß das Verhalten ihrer Nichte nur erklärbar sei, wenn sie etwas zu verbergen habe.

Im Gegensatz zu Babuschka machte sich Fedor keine Gedanken. Für ihn war der Fall klar. Von dem Augenblick an, da Natascha seine Begrüßungsfrage: »Na, wie war die Reise?«

* Hier ist die Phantasie des Schriftstellers nicht durchgegangen. Gemäß Protokoll des Oberlandesgerichts Petrikau wurde Szymanski befragt, weshalb er den in Wirklichkeit nie geliehenen Betrag zur Verfügung gestellt habe. Er sagte aus, er habe die Möglichkeit, 20000 Rubel zu erben, nicht durch einen Streit um 5000 Rubel gefährden wollen. Dem steht gegenüber, daß Prior Rejman aussagte, er habe das Fehlen eines Testaments betont.

mit der lapidaren Antwort quittiert hatte: »Wie soll sie schon gewesen sein? Nett, sehr nett sogar«, wußte er genug.

Sie hat sich ihm hingegeben, war sein erster Gedanke gewesen. Später war er sich nicht mehr ganz so sicher. Natascha hatte ihn gebeten, die Nacht in der Ujazdower Straße zu verbringen, und sie war ungewöhnlich leidenschaftlich gewesen. Doch wozu Überlegungen anstellen? Ihm war es gleichgültig, ob sie sich mit Pater Rochus eingelassen hatte oder nicht. Was ihn störte, war ihre erkennbare Unaufrichtigkeit. Sie mußte wissen, daß sie kein Geheimnis vor ihm zu haben brauchte; er selbst war es ja gewesen, der sie auf den Pauliner angesetzt hatte. Sie konnte tun, was sie wollte, sollte nur das gemeinsame Ziel nicht aus dem Auge verlieren.

»Über den von uns erhofften Auftrag scheinst du überhaupt nicht mehr mit Pater Rochus zu sprechen«, sagte er unwillig, als sie am nächsten Morgen gemeinsam das Haus verließen.

»Weil das im Moment keinen Sinn hätte«, entgegnete Natascha unbefangen. »Bevor du den Kelch und die beiden Gefäße nicht fertiggestellt hast und vorzeigen kannst, hat es keinen Zweck, an den Prior heranzutreten. Wie weit bist du überhaupt mit der Arbeit?«

»Ich komme verdammt langsam voran. Wie du weißt, steht mir die Werkstatt nach der Arbeitszeit nur für zwei Stunden zur Verfügung. Sonst wäre ich am nächsten Tag müde, meint mein hoher Chef. Er fürchtet, die anderen Arbeiten könnten darunter leiden. Vor Ende Oktober werde ich nicht fertig sein.«

Man trennte sich in der Marschalkoskaja in Höhe des Warschau-Wien-Bahnhofes, in dessen Nähe Fedors Arbeitsstätte lag. Zum Hauptpostamt mußte Natascha noch etwas weiter gehen, und gerade dieses letzte Ende, das ihr oftmals wenig Vergnügen bereitet hatte, legte sie an diesem Tage überaus beschwingt zurück. Sie konnte es kaum erwarten, vor ihren Vorgesetzten hinzutreten und ihm zu sagen, daß sie die Stellung kündige und um die sofortige Entlassung bitte.

Man machte ihr keine Schwierigkeiten. Mit dem sicheren Gefühl, einer besseren Zukunft entgegenzugehen, verließ Natascha die Telefonzentrale und begab sich zur Warschauer Kreditanstalt, wo sie einige tausend Rubel einzahlte, die Pater Rochus ihr am Schluß der Reise zugesteckt hatte. Danach besuchte sie einen Wohnungsmakler, der ihr auf der Stelle eine Dreizimmer-Wohnung in der Jerusalimskaja 23 anbieten konnte. Geradezu unglaubhaft erschien es ihr, daß sie in einer so günstigen Lage eine Wohnung bekommen sollte. Sie befand sich in der Nähe der Alexander-Kirche, in der Pater Rochus während seiner Aufenthalte in Warschau gelegentlich Messen lesen wollte, und sie war auch nicht weit von der Ujazdower Allee entfernt.

Ein Taumel erfaßte Natascha. Tagelang lief sie von einem Möbelgeschäft zum anderen. Von Tapezierern und Dekorateuren ließ sie sich beraten und tat alles, um den Wunsch von ›Monsieur Dabrow‹, ein verführerisches Liebesnest zu schaffen, auf das vollkommenste zu erfüllen. Sie kaufte ein französisches Doppelbett, ließ darüber einen chinesischen Lampion anbringen, hinter dem Bett ein Bild mit drei Grazien im Jugendstil aufhängen und legte auf den Veloursteppich einige Eisbärenfelle, die in Verbindung mit einem frei stehenden, schwenkbaren Spiegel eine unerhört erotische Atmosphäre schufen. Dazu trugen auch schwere, geschwungen drapierte Brokatvorhänge, ein künstlicher Makart-Strauß und eine rote Glühbirne bei, mit der sie den Lampion ausstattete, nachdem alle Handwerker gegangen waren. Verführerischer konnte sie sich kein Liebesnest vorstellen. Und alles entsprach dem Stil der Zeit und war hochmodern.

Natascha genoß es, morgens ihre Wohnung aufzusuchen,

sich auf das Bett zu legen oder sich in allen möglichen Posen vor dem Spiegel zu bewegen und zu träumen, von Monsieur Dabrow in die Arme genommen zu werden. Sie machte sich keine Gedanken darüber, daß Babuschka oder Fedor ihr Doppelleben aufdecken könnten; denn sie verließ die Villa in der Ujazdower Allee allmorgendlich wie eh und je und begleitete Fedor bis zur Marschalkoskaja, wenn er die Nacht über bei ihr geblieben war. Tagsüber bummelte sie durch die Stadt und suchte Geschäfte und Kaffeehäuser auf. Oder sie promenierte als elegante Dame im Sächsischen Garten. Sie nahm nun keinen Anstoß mehr daran, wenn Juden aus dem Park vertrieben wurden; Hauptsache, sie konnte ihre immer reichhaltiger werdende Garderobe, die sie vor Babuschka und Fedor verbarg und in ihrer Wohnung aufbewahrte, genüßlich zur Schau stellen. Aber dann ereignete sich etwas, womit Natascha nicht gerechnet hatte. Fedor rief beim Telefonamt an und wünschte sie zu sprechen, um ihr zu sagen, daß er eine mit ihr getroffene Verabredung nicht einhalten könne, da sein Chef ihn zum Abendessen eingeladen habe. Sein Erstaunen war natürlich groß, als er erfuhr, daß Natascha ihre Stellung aufgegeben hatte.

Was mag das zu bedeuten haben, fragte er sich und ging am darauffolgenden Abend in die Ujazdower Allee, wo Natascha ihn vorwurfsvoll empfing. »Wir waren doch für gestern verabredet«, sagte sie ungehalten.

Er stellte sich verwundert. »Für gestern? Ich hab' gedacht für heute. Über eine Stunde habe ich vor dem Zamoyski-Palast gewartet.«

Sie schürzte die Lippen. »Dussel!

Er schloß sie in die Arme. »Dafür werde ich heute abend besonders nett zu dir sein.«

Augenblicklich war sie versöhnt.

Mit keinem Wort ließ Fedor erkennen, daß er von Nataschas Kündigung wußte. Das behielt er auch für sich, als er am nächsten Morgen mit ihr in die Stadt ging. Er verabschiedete sich von ihr in Höhe des Bahnhofes, ging dann aber nur so lange in Richtung des Juweliergeschäftes, bis er im Spiegelbild eines Schaufensters erkannte, daß Natascha nicht, wie üblich, in der Marschalkoskaja blieb, sondern in die Jerusalimskaja einbog. Sofort eilte er zurück, verfolgte sie unauffällig, sah, daß sie in einem Hauseingang verschwand, und stellte wenig später verblüfft fest, daß sich an einer der Wohnungsklingeln ein Schild mit der Aufschrift ›Natascha Górski‹ befand. Das Blut schoß ihm in den Kopf. Erstmalig verspürte er so etwas wie Eifersucht. Weshalb hatte Natascha sich eine eigene Wohnung gemietet? Warum hatte sie ihm das verschwiegen? Steckte Pater Rochus dahinter? Es konnte nicht anders sein. Der Pauliner schien im Geld zu schwimmen. Ob er es rechtmäßig erworben hatte, stand auf einem anderen Blatt.

Fedor Zadek war davon überzeugt, daß Pater Rochus krumme Wege ging. Doch das erschreckte ihn nicht, das hatte er längst vermutet. Wenn seine Annahme sich aber als zutreffend erwies, mußte er versuchen, es Natascha gleichzutun.

Ohne lange zu überlegen, eilte er zu seiner Arbeitsstätte, erbat für einige Stunden Urlaub und kehrte auf schnellstem Weg zur Jerusalimskaja 23 zurück. Was würde Natascha für ein Gesicht machen, wenn er unverhofft vor ihr stand? Er empfand eine fast satanische Freude bei dem Gedanken, sie nun beherrschen zu können. Wie würde sie sich herausreden?

Als ginge er einen gewohnten Weg, begab er sich in die zweite Etage und klingelte.

Schritte wurden laut. Die Tür wurde geöffnet. Natascha stand vor ihm. Ihre Augen waren schreckgeweitet. Ihr Mund öffnete sich wie zu einem Schrei.

»Darf ich eintreten?« fragte Fedor.

»Woher weißt du . . .?«

»Sage mir lieber, seit wann du diese Wohnung hast!«

»Pater Rochus... Er hat mich gebeten... Er wollte...«

Fedor gab ihr eine schallende Ohrfeige.

Natascha taumelte.

»Du kannst von mir aus tun, was du willst«, sagte Fedor in aller Ruhe und schloß die Wohnungstür hinter sich. »Nur belügen darfst du mich nicht. Das habe ich nicht verdient. Also heraus mit der Sprache! Du hast dich ihm hingegeben, und er bereitet dir jetzt ein angenehmes Leben. Stimmt's?«

Natascha war so verstört, daß sie nickte und nicht daran dachte, sich zu verteidigen.

»Na also! Wäre es nicht anständiger gewesen, mir reinen Wein einzuschenken und mich an deinem phänomenalen Aufstieg teilhaben zu lassen?«

Sie sah ihn unsicher an.

»War ich jemals engherzig?«

Natascha schüttelte den Kopf.

»Dann bitte ich dich, das in Zukunft nicht zu vergessen und Heimlichkeiten allenfalls mit mir, nicht aber mit Pater Rochus zu haben.«

Ganz schien Natascha noch nicht zu begreifen, daß Fedor ihr keine ernstlichen Vorwürfe machte.

Er grinste sie an. »Los, zeig mir die Wohnung.«

»Ist alles gut?«

»Das weiß ich noch nicht. Wo ist das Schlafzimmer?«

Sie öffnete verschämt eine Tür.

»Donnerwetter!« entflog es ihm.

»Gefällt es dir?«

»Schon eingeweiht?«

»Nein.«

Er riß sie an sich. »Zieh dich aus! Bis Mittag habe ich Zeit.«

Das Schicksal wählt oft die seltsamsten Wege, um einen Zufall herbeizuführen. Hätte Pater Bazil die Schlösser in den beiden Korridortüren zur Schatzkammer nicht auswechseln lassen, würde Pater Markus nicht zu seinem Bruder gefahren sein, um von ihm die Anfertigung von zwei neuen Schlüsseln zu erbitten. Der Kunstschlosser wiederum, vor dem Pater Markus keine Heimlichkeiten hatte, empfahl seinem Bruder, doch nicht so dumm zu sein, sich mit Geld zu begnügen.

»Größere Summen lassen sich nur schwer verstecken«, sagte er. »Und beim Umtausch in eine andere Währung ist man meistens der Dumme. Ein Edelstein hingegen läßt sich bequem mitnehmen. Schon mit einem einzigen Prachtexemplar bist du in Amerika ein gemachter Mann.«

Pater Markus leuchtete dies ein, und er entschloß sich, seinen Ordensbruder zu bewegen, ihm bei der Beschaffung eines Brillanten, Rubins oder Smaragdes behilflich zu sein. Dafür wollte er auf jede Beteiligung bei der neuerlichen ›Geldbeschaffung‹ verzichten.

Pater Rochus wies das Ansinnen zunächst zurück. »Das ist viel zu gefährlich«, erklärte er. »Wenn wir uns an eine Monstranz, einen Kelch, Bischofsstab oder ein Kruzifix heranmachen, würde der fehlende Stein sofort bemerkt werden.«

»Aber du hast doch einen Brillanten . . .«

»Das war etwas ganz anderes. Der war von einer vermögenden Dame gestiftet und ist nie in die Schatzkammer gewandert. Zum Ausgleich habe ich dir damals fünfhundert Rubel gegeben.«

Pater Markus gab nicht nach. »Und was ist, wenn wir uns vorher eine entsprechende Imitation besorgen und sie gegen den echten Stein austauschen?«

»Gut gedacht. Aber wer besorgt uns die Nachahmung?«

»Du hast doch einen Goldschmied kennengelernt. Für den

müßte es eine Kleinigkeit sein, eine in Farbe, Form und Größe exakte Imitation zu beschaffen.«

Pater Rochus' Stirn legte sich in Falten. Die Idee war glänzend. Einen Versuch sollte er machen. Wenn es klappte ... »Probieren wir es«, sagte er nach kurzer Überlegung. »Mein Bekannter müßte tatsächlich in der Lage sein, uns eine genaue Nachbildung zu besorgen.«

Zwei Tage später schlichen sie nach Mitternacht zur Schatzkammer. Die neuen Schlüssel paßten, und es gelang ihnen ohne Schwierigkeit, an den Tresor zu gelangen, dem Pater Rochus zehntausend Rubel entnahm. Dann maß er den Saphir einer Monstranz auf den Millimeter genau aus und fertigte eine Skizze an, in die er die Maße der oberen Fläche und der Facetten säuberlich eintrug. Dabei dachte er: Falls Fedor für diesen Stein eine Imitation anfertigen kann, werde ich nicht das letzte Mal Maß genommen haben.

Mehr denn je drängte es ihn, nach Warschau zu fahren. Natascha hatte ihm mitgeteilt, daß sie eine Wohnung bekommen und sie bereits eingerichtet habe. Im Augenblick konnte er sich jedoch beim besten Willen nicht freimachen. Der 15. August stand kurz bevor. Am Mariä-Himmelfahrts-Tag wurden in Czenstochau für gewöhnlich an die hunderttausend Pilger erwartet. Das erforderte die Mitarbeit aller und machte den zusätzlichen Einsatz einer eigens dafür geschaffenen ›Garde der Madonna‹ notwendig. Sie hatte den Menschenstrom zu lenken und auch für ein reibungsloses Weiterleiten der Gelder zu sorgen, die an diesem Tag von vielen Mönchen eingesammelt wurden. Die Mützen der Garde waren mit einer Marienkokarde versehen.

Pater Rochus teilte Natascha mit, daß er sie am ersten Wochenende nach Mariä Himmelfahrt aufsuchen werde, und sie fieberte der Stunde entgegen, da sie ihm die Wohnung zeigen konnte. Sie wunderte sich über sich selbst. Nachdem sie sich mit Fedor bereits mehrfach in der Wohnung getroffen und im Schlafzimmer höchst lustvolle Stunden verbracht hatte, wäre es eigentlich natürlicher gewesen, wenn sie der Begegnung mit Beklemmung entgegengesehen hätte. Doch das war nicht der Fall. Vielleicht lag es daran, daß sie Pater Rochus, alias Monsieur Dabrow, mehr als Mensch denn als Liebhaber schätzte. Bei ihm fühlte sie sich geborgen. Er war für sie ein Mann, in dem sich Vater und Liebhaber und Grandseigneur vereinten. Zudem war er so behutsam mit ihr, daß sie sich seinen Liebkosungen voll hingeben konnte.

Natascha brauchte sich nicht zu verstellen, als Monsieur Dabrow zum erstenmal ihre Wohnung betrat. Es dauerte auch nicht lange, bis sie mit ihm in der Badewanne plätscherte und dabei ein Glas Champagner trank. Es reizte sie, ihn hinzuhalten, und so erzählte sie von Fedor, der mit seiner Arbeit gut vorwärtskomme, von Roman, der nicht mehr in Krakau, sondern in Wilna studiere, weil er sonst beim Abschlußexamen vor der russischen Kommission mit schlechten Noten rechnen müsse, und sie berichtete von Babuschka, die wie üblich durch die Wohnung rausche.

»Mit Fedor muß ich unbedingt sprechen«, sagte Pater Rochus, als er am Spätnachmittag mit Natascha zum Hotel Bristol ging. »Kann man ihn bei seinem Juwelier anrufen?«

»Gewiß«, antwortete sie. »Aber was willst du von ihm?«

»Ach, nichts Besonderes. Es geht um eine fachliche Beratung.«

Natascha war beruhigt. »Du mußt dich aber im Hotel mit ihm treffen. Von unserer Wohnung darf er nichts wissen.«

Er lachte. »Wem sagst du das?«

»Wie lange kannst du überhaupt bleiben?«

»Höchstens zwei Tage. Das ist auch der Grund, weshalb ich Fedor noch heute sprechen möchte.«

Wieder wurde sie unruhig. »Für ihn scheinst du dich ja mächtig zu interessieren.«

Pater Rochus sah sie verwundert an. »Ich verstehe dich nicht. Möchtest du, daß ich ihn nicht treffe?«

Natascha erkannte ihren Fehler und lenkte schnell ein. »Ich hab' doch nur einen Scherz gemacht.«

Er spürte, daß das nicht der Wahrheit entsprach, und nahm sich vor, Fedor zu einer späten Stunde zu sich zu bitten. Es war gewiß besser, wenn Natascha nicht erfuhr, welches Anliegen er hatte.

Vom Hotel aus rief er den Goldschmied an und verabredete mit ihm ein Treffen für zehn Uhr abends.

»Dann können wir ja, wenn wir rechtzeitig essen, nochmals ein Stündchen in unsere Wohnung gehen«, sagte Natascha erfreut.

Er drückte verstohlen ihren Arm. »Was meinst du wohl, warum ich Fedor gebeten habe, so spät zu kommen?«

Der Ausdruck ihres Gesichtes verriet freudige Erwartung.

»Ich muß dir übrigens noch ein Paketchen geben. Mit Nachschub für die Bank. Diesmal sind es zehntausend.«

Ihr Herz schlug schneller. Zehntausend Rubel! Nach der Herkunft des Geldes fragte sie nicht mehr. Sie sah nur noch, daß sie beschenkt und verwöhnt wurde, und dafür wollte sie sich dankbar erweisen.

Fedor saß bereits im Foyer des Hotels, als Pater Rochus am Abend zurückkehrte. Er konnte sich denken, wo der Pauliner gewesen war, und tröstete sich in dem Gedanken, daß er selber die Tochter des Juweliers spazierengeführt und sich intensiv mit ihr geküßt hatte. Verglichen mit Natascha war sie natürlich eine dumme Pute. Aber hinter ihr standen goldene Zahlen.

»Wie geht es Ihnen?« begrüßte er den Pauliner.

»Danke, gut. Leider habe ich diesmal nur sehr wenig Zeit. Deshalb auch der späte Termin.«

»Schade. Babuschka und Natascha werden traurig sein, wenn sie hören . . .«

Pater Rochus hob abwehrend die Hände. »Bitte, sagen Sie ihnen nicht, daß ich hier war. Natascha würde mit Recht sehr böse sein, wenn sie hört, daß ich mich nicht gemeldet habe.«

Verlogenes Schwein, dachte Fedor. Aber bin ich besser? Spiele ich nicht ebenfalls Theater? Noch dazu in einer ganz üblen Rolle! »Was kann ich für Sie tun?«

Der Pauliner griff in den Kragen seiner Soutane. »Die Hitze ist unerträglich. Wollen wir nicht erst mal etwas trinken?«

»Gerne.«

Er winkte den Kellner herbei, bestellte zwei Bier und zog einen Zettel aus der Tasche. »Wir sind in einer peinlichen Lage. Bei uns im Kloster . . .« Er unterbrach sich. »Nein, darüber darf ich nicht sprechen. Ich kann Ihnen nur sagen, daß wir dringend die Imitation eines nicht allzu dunklen Saphirs in den hier notierten Ausmaßen benötigen. Können Sie einen solchen Stein herstellen?«

Fedor lächelte. »Ein Goldschmied ist kein Schleifer. Aber ich kenne jemanden, der die Arbeit übernehmen kann. Darf ich die Maße einmal sehen?«

Pater Rochus übergab den Zettel.

Fedor traute seinen Augen nicht. Ach, so macht er das, schoß es ihm durch den Kopf. »Die Tafel soll zweiundzwanzig mal vierzehn Millimeter groß sein?«

»Was verstehen Sie unter ›Tafel‹?«

»Die obere Fläche.«

»Ja, die soll die genannten Maße haben.«

Fedor holte tief Luft. »Bei dieser Größe ist es gar nicht so einfach, eine überzeugende Imitation herzustellen. Man müßte Bleiglas nehmen. Das hat eine stärkere Reflexion, enthält jedoch vielfach Luftblasen. Flintglas hingegen ... Aber überlassen wir das dem Schleifer. Der weiß am besten, was er nehmen muß. Eilt die Sache?«

»Mir wäre es sehr lieb, wenn ich den Stein übermorgen mitnehmen könnte.«

Der Goldschmied wiegte bedenklich den Kopf. »Das ist eine kurze Zeit. Ich werde jedoch mein möglichstes tun und den Schleifer gleich morgen früh aufsuchen.«

»Der Preis spielt keine Rolle.«

Diesen Hinweis hättest du dir ersparen können, dachte Fedor abfällig. Für ihn gab es keinen Zweifel mehr. Ganz offensichtlich tauschte der Pauliner Edelsteine größten Kalibers gegen Imitationen aus und gelangte so zu einem beträchtlichen Vermögen. Wenn Pater Rochus aber glaubte, in ihm einen dummen Helfer gefunden zu haben, dann sollte er sich wundern. Er würde den Zettel als Beweisdokument aufbewahren und beim nächsten Besuch in Czenstochau herausfinden, an welchem Kunstwerk der Tausch vorgenommen worden war. Und dann würde *er* sich ein Steinchen aussuchen und dafür sorgen, daß er ein eigenes Geschäft gründen konnte. Natascha würde seine Frau werden und – für weiteren Nachschub sorgen.

Es gelang Fedor Zadek, die gewünschte Imitation innerhalb von vierundzwanzig Stunden zu beschaffen.

Pater Rochus strahlte über das ganze Gesicht, als ihm der Goldschmied den Stein übergab. »Dafür werden Sie viel bezahlt haben.«

»Gezahlt habe ich noch nichts«, bekannte Fedor in aller Offenheit. »Aber ich habe fünfzig Rubel versprochen.«

»Geben Sie hundert«, sagte der Pauliner und reichte ihm fünfhundert Rubel.

Fedor schwor sich, von Pater Rochus nicht nochmals Geld anzunehmen. Eher würde es umgekehrt sein.

Der Stolz geht voran, die Schande hinkt hintendrein.

Es war, als sei der Teufel in Pater Rochus gefahren. Sein Geldhunger wurde so grenzenlos, daß er sich vornahm, beim Austausch des Saphirs gegen die erhaltene Imitation nochmals tief in den Tresor zu greifen. Außerdem gedachte er von einem großen Rubin die Maße zu nehmen. Ein Rubin sollte es sein, weil Fedor Zadek beiläufig erwähnt hatte, daß sich das Rot dieses Edelsteines für die Anfertigung von Nachahmungen besonders gut eigne.

Und noch etwas nahm Pater Rochus sich vor: er wollte nicht mehr mit dem Ordensbruder Markus ›zusammenarbeiten‹. Dies in erster Linie, um künftig ohne Mitwisser zu sein, dann aber auch, weil er erkannte, daß er auf die Dauer nicht daran vorbei kam, Pater Markus' Geheimnis für sich auszunutzen. Ihm setzte die Tatsache, daß er trotz seiner Verfehlungen gegen das Zölibat weiterhin die Messe las, mächtig zu, und er sah nur eine Möglichkeit, sich von dem Druck zu befreien: er mußte mit Pater Bazil sprechen. Der stellvertretende Custos verstieß ebenfalls gegen das sechste Gebot, hatte aber einen Weg gefunden, für seine Vergehen die Absolution zu erlangen. Zunächst jedoch tauschte Pater Rochus in einer Nacht den für Pater Markus bestimmten Saphir gegen die Imitation ein, wobei er sich gleichzeitig, ohne daß sein Ordensbruder es richtig bemerkte, mit weiteren zwanzigtausend Rubeln versorgte. Wurde der Juwelendiebstahl aufgedeckt und durch neue Gegenmaßnahmen für die Zukunft unterbunden, dann besaß er wenigstens eine beachtliche Reserve.

Die Diebstähle belasteten sein Gewissen nur wenig, und als der Juwelentausch nach drei Wochen noch nicht bemerkt worden war, faßte er den Entschluß, von dem nach gewissenhafter Prüfung in Aussicht genommenen Rubin die Maße zu nehmen. Dies gelang ihm sogar, ohne heimlich in die Schatzkammer einzudringen. Er ließ einfach an einem Tag, an dem er mit der Führung der Pilger durch die Schatzkammer beauftragt war, die Menschen eine Viertelstunde länger vor dem Eingang warten und nutzte diese Zeit, um eine exakte Zeichnung anzufertigen.

Wenige Abende danach begab er sich zu Pater Bazil und lud ihn zu einem Spaziergang ein.

»Willst du wieder etwas von mir?« fragte der Ordensbruder mißtrauisch.

»Ja«, antwortete er. »Diesmal aber kein Geld und auch sonst nichts. Ich brauche lediglich deinen Rat.«

Wer sich ratsuchend an Pater Bazil wandte, hatte ihn schon für sich eingenommen. »Um was geht es denn?«

»Darüber möchte ich ganz ungestört mit dir sprechen.«

Zehn Minuten später gingen sie über den Festungswall auf eine Bank zu, die unterhalb des Kordecki-Denkmals stand. »Nun schieß mal los«, forderte ihn der neugierig gewordene Ordensbruder auf, als sie Platz genommen hatten.

Nüchterne Überlegung veranlaßte Pater Rochus, sich dem stellvertretenden Custos gleich restlos auszuliefern. »Ich habe eine Geliebte«, erklärte er frei heraus.

Pater Bazil zuckte zusammen.

»Und deshalb suche ich deine Hilfe. Ich möchte beichten.«

»Bei mir?«

»Nein, in die Verlegenheit werde ich weder dich noch mich bringen. Ich denke an den Priester, den du zu deinem Beichtvater auserkoren hast.«

»Ich . . .?«

»Wenn ich mich nicht täusche, wohnt er in Myszkow, wohin du seit einigen Jahren des öfteren fährst.«

Der Ordensbruder erstarrte. Sein Gesicht wurde fahl. »Worauf willst du hinaus?«

»Auf nichts. Ich möchte lediglich beichten, und ich bitte dich, mich mit zu deinem Propst zu nehmen.«

»Du weißt von ihm?«

»Seit langem«, log Pater Rochus. »Mir ist auch bekannt, daß du eine Geliebte hast. Ich habe nur nie mit dir darüber gesprochen, weil ich meine, daß das eine Sache ist, die jeder mit sich selbst abmachen muß. Um dir einen kleinen Beweis dafür zu geben, daß ich dir nichts vormache: ich habe einmal sogar das Hotel geräumt, um euch nicht in die Quere zu kommen.«

»Du willst mir Sand in die Augen streuen«, keuchte Pater Bazil.

»Was sollte ich für ein Interesse daran haben? Mir geht es ausschließlich darum, einen Beichtvater zu finden. Ich möchte meine Sünden loswerden. Wenn du mir nicht glaubst, dann liefere ich dir noch einen Beweis: du hast deine Geliebte in Prag als eine geborene Potocki ausgegeben.«

Die Augen des stellvertretenden Custos waren fassungslos auf ihn gerichtet. »Was willst du von mir?«

»Das habe ich schon zweimal gesagt: ich möchte beichten!«

»Du willst mich nicht erpressen?«

»Hätte ich dann offen bekannt, daß auch ich eine Freundin habe?«

Pater Bazil tat einen Seufzer. »Und ich glaubte schon . . .« Er griff sich an den Hals. »Hast du wirklich eine Geliebte?«

»Sogar eine bildhübsche. Ich war mit ihr in Wien.«

»Wie alt ist sie?«

»Fünfundzwanzig Jahre!«

»Hast du ihretwegen seinerzeit das Geld gebraucht?«

»Teils, teils. Ihre Tante war sehr verschuldet.«

»Und du hast nie daran gedacht, mich mit deinem Wissen zu erpressen?«

Pater Rochus umgab sich mit einem Glorienschein. »Es gibt Grenzen, die man nicht überschreitet.«

Der stellvertretende Custos hielt ihm die Hand hin. »Von heute an werde ich immer für dich da sein.«

»Bring mich lieber zu deinem Propst.«

»Werde ich machen. Er heißt Jordanski und hat sich in Myszkow zur Ruhe gesetzt. Früher verwaltete er in Posen das Stift der ›Damen vom Herzen Jesu‹.« Pater Bazil kicherte. »Vielleicht hat er deshalb so viel Verständnis für Verstöße gegen das sechste Gebot.«

»Fragt er einen aus?«

Pater Bazil machte eine wegwerfende Bewegung. »Kein bißchen. Natürlich stöhnt er über die Verworfenheit der Welt. In manchen Dingen ist er auch komisch. So hat er sich zum Beispiel über die Vernichtung des Testamentes vom alten Pater Pius – Gott habe ihn selig – weitaus mehr aufgeregt als über meine Frauengeschichte.«

»Weiß er, daß wir siebentausend Rubel genommen haben?«

Pater Bazil lachte. »Da ich lediglich dreitausend erhielt, bekannte ich auch nur diesen Betrag. Für die restlichen viertausend bist du zuständig.«

»Du bringst mich zu ihm?«

»Selbstverständlich.«

Es wurde schon dunkel, als sie in das Kloster zurückkehrten. Pater Rochus war wie benommen. Ihm ging nicht aus dem Kopf, was ihm der Ordensbruder von seiner Freundin erzählt hatte. Er hatte sie im Beichtstuhl kennengelernt und nicht geahnt, daß sie vermögend war und ihn einmal zu Reisen nach Berlin und Prag, Paris und Rom einladen würde. Die Ewige Stadt hatte ihm am meisten gefallen; er trug sich mit dem Gedanken, sie im nächsten Jahr nochmals aufzusuchen.

»Die Beichte ist eigentlich etwas unglaublich Verlogenes«, sagte Pater Rochus kurz vor Erreichen des Klosters. »Wir lassen uns unsere Sünden vergeben und planen – siehe deine erneut in Aussicht genommene Reise – bereits den nächsten Sündenfall.«

»Sei froh, daß es so ist«, hielt Pater Bazil dagegen. »Stelle dir vor, es gäbe keine Vergebung. Dann würde der Druck, den du, wie du vorhin sagtest, seit Wochen in dir verspürst, unerträglich werden. Zwangsläufig würdest du eines Tages vor die Hunde gehen.«

»Wäre das nicht eine angemessenere Strafe als das Herunterleiern von einigen Gebeten?«

»Die Strafe soll nicht größer sein als die Schuld, heißt es bei Cicero. Wie groß kann eine Schuld aber schon sein, wenn sie ausschließlich für Priester erfunden wurde? Im Namen Christi werden die natürlichsten Triebe widernatürlich unterdrückt. Die Folge können nur Heimlichkeiten und Verfehlungen sein.«

Die Beichte bei Propst Jordanski verlief anders, als Pater Rochus es sich vorgestellt hatte. Der alte Geistliche war über die Vergehen des Pauliners entsetzt. Dabei hatte dieser den Tausch des Saphirs, der nicht für ihn, sondern für Pater Markus gewesen war, ebenso verschwiegen wie das Abmessen des Rubins. Noch stand ja nicht fest, ob es ihm gelingen würde, den feurigen Edelstein an sich zu bringen.

»Nicht Diener, sondern *Schakale Gottes* seid ihr!« empörte sich Propst Jordanski. »Beraubt die Schatzkammer, betreibt Leichenfledderei, verbuhlt euch mit sündigen Weibern! Ich hätte Lust, euch an den Bischof zu verweisen.«

Aber welche Vorhaltungen er auch machte, seine Auflehnung glich einem Licht, das noch einmal aufflackert und dann erlischt. Vielleicht ließ die Erfahrung seines langen Lebens ihn denken: Gott straft die Sünde und nicht den Menschen.

10

Pater Rochus bedachte nicht, daß die Zukunft nur denen hold gesonnen ist, die Geduld mit ihr haben. Nur wenige Tage genoß er das befreiende Gefühl, von aller Schuld losgesprochen zu sein, dann überwältigte ihn erneut die Sehnsucht nach Natascha und die Vorstellung, mit ihr zu verreisen. Seit Pater Bazil von Rom gesprochen hatte, wünschte er, Natascha die Ewige Stadt zu zeigen. Freie Urlaubstage aber standen ihm nicht mehr zur Verfügung, und so verfiel er auf den Gedanken, eine Arbeit über die Bedeutung des Vatikanischen Konzils im Hinblick auf die päpstliche Unfehlbarkeit und die Dogmatisierung der leiblichen Himmelfahrt Marias zu schreiben. Dies setzte ein gewissenhaftes Quellenstudium voraus, und Prior Rejman hatte Verständnis dafür, daß er sich vor allen Dingen auf die in der vatikanischen Bibliothek vorhandenen Unterlagen und speziell auf die ›Acta et decreta sacrosancti oecumenici concilii Vaticani‹ berufen wollte. Und er fand auch einen Grund, nach Warschau reisen zu müssen, denn viele Würdenträger der orthodoxen Christen, die Papst Pius IX. zur Teilnahme am Konzil aufgefordert hatte, waren nicht in Rom erschienen, und Pater Rochus gab der Hoffnung Ausdruck, über ihre Motive einige Hinweise in der 200000 Bände umfassenden Warschauer Bibliothek zu finden.

Natascha war glücklich, als sie die Mitteilung erhielt, daß ›Monsieur Dabrow‹ für einige Tage nach Warschau kommen würde. Dies um so mehr, als etwas eingetreten war, das sie nicht für möglich gehalten hatte. Sie liebte ihn. Unablässig beschäftigte sie sich in Gedanken mit ihm. Sie bangte um ihn und wurde von einer ihr bis dahin unbekannten Trauer befallen, wenn sie sich Fedor hingegeben hatte. Am liebsten hätte sie Schluß mit ihm gemacht. Aber das war leichter gesagt als getan. Sie hatte sich zu sehr an ihn gewöhnt, und es bestand wohl auch ein gewisses Hörigkeitsverhältnis.

Als Monsieur Dabrow ihr bei seinem neuerlichen Besuch wieder fünfzehntausend Rubel zuschob, nahm sie das Geld nur noch mit Befangenheit entgegen. Sie hatte Angst um ihn bekommen und brachte dies unmißverständlich zum Ausdruck.

Er beruhigte sie mit Erklärungen, deren Stichhaltigkeit nicht zu überprüfen war, und am Schluß machte er ihr eine Mitteilung, die sie alles vergessen ließ. »Im Frühjahr wäre es gewiß schöner gewesen«, sagte er geheimnisvoll betont, »aber auch im Spätherbst ist Italien zauberhaft. Gleich in der nächsten Woche geht's los! Wir fahren nach Rom!«

Natascha sah ihn beklommen an. »Erlaubst du dir einen Scherz?«

»Nein!« Er schloß sie in die Arme. »Morgen muß ich die hiesige Universitäts-Bibliothek aufsuchen, um mir die Titel einiger Bücher zu notieren. Danach stehe ich dir für zwei Tage zur Verfügung. Anschließend reise ich nach Jasna Góra zurück, und am kommenden Montag treffen wir uns in dem D-Zug, der über Czenstochau nach Krakau fährt. Die Papiere habe ich bereits. Ausgestellt auf Domnik Dabrow und seine Ehefrau Natascha, geborene Górski.«

»Dann brauchen wir uns nachts ja nicht mehr zu trennen!«

»Eben. Und wir werden in vielen interessanten Städten übernachten. Zunächst in Krakau, wo ich etwas zu erledigen habe. Dann in Triest, Mailand und Rom.«

Anstatt zu jubeln, machte sie einen verzagten Eindruck.

»Was hast du?« fragte er besorgt.

»Ich denke an das viele Geld, das die Reise kosten wird.«

»Fängst du wieder damit an?«

»Mein Gott, Domnik! Eben hast du mir noch fünfzehntausend Rubel gegeben, die ich auf das Konto einzahlen soll. Und nun diese Reise!«

»Für die werden mir fünftausend Rubel zur Verfügung gestellt«, behauptete er frech. »Offiziell fahre ich nämlich nicht zu meinem Vergnügen nach Rom. Ich muß dort die vatikanische Bibliothek aufsuchen. Allerdings nur aus erfundenen Gründen. Im Kloster habe ich vorgetäuscht, über eine bestimmte Sache eine Arbeit schreiben zu wollen, die ohne eingehende Information vor Ort nicht möglich ist.«

»Hast du deshalb auch hier in der Universitäts-Bibliothek zu tun?«

»Erraten.«

»Und ich brauche mir keine Sorge zu machen?«

»Ganz gewiß nicht.«

Natascha blieb dennoch skeptisch. Monsieur Dabrow mochte ihr erzählen, was er wollte, für sie war es unvorstellbar, daß ein Mönch binnen weniger Monate weit über fünfzigtausend Rubel aufbringen konnte. Irgend etwas stimmte da nicht. Sie lag deshalb auf der Lauer und war gleich voller Auflehnung, als er ihr sagte, daß er Fedor zum Abendessen einladen wolle. »Wieso gerade ihn?« fragte sie irritiert.

»Ist er nicht dein Bruder?«

»Aber du bist doch erst vor ein paar Stunden angekommen.«

Er suchte nach einer Ausrede. »Wir brauchen im Kloster etwas, das er besorgen soll und ich gleich mitnehmen möchte. Darum die Eile.«

Natascha war einigermaßen beruhigt. »Das wußte ich

nicht«, sagte sie kleinlaut. »Wenn du dich aber mit Fedor triffst, darfst du Babuschka nicht auslassen.«

Er war gerne bereit, die alte Dame aufzusuchen, und so verabredeten sie, den nächsten Abend in der Ujazdower Allee zu verbringen. Danach riefen sie Fedor an, der sich für die Einladung zum Essen herzlich bedankte und versicherte, pünktlich im Hotel zu sein. Er erschien in einem modischen Mantel mit Pelerine. Natascha verglich ihn unwillkürlich mit Pater Rochus. Nur ungern gestand sie sich ein, daß er gegen Fedor hausbacken wirkte. Das mochte an der Soutane liegen, die ihn zwar vorteilhaft kleidete, jedoch mit einem eleganten Anzug nicht konkurrieren konnte.

Anmaßend und frech aber war Fedors Verhalten nach der Begrüßung. Ungeniert zupfte er an einem Knopf des Priestergewandes und fragte süffisant: »Alles klargegangen?«

Pater Rochus nickte.

»Die Farbe war in Ordnung?«

»Sie hat genau gestimmt.«

»Wovon redet ihr?« fragte Natascha nervös.

»Von einem Saphir«, antwortete Pater Rochus sichtlich bestrebt, dem Goldschmied zuvorzukommen. »Wir brauchten ein Pendant zu einer Edelstein-Imitation, wie sie an Kirchengewändern Verwendung findet.« Er wandte sich an Fedor. »Die Arbeit war so ausgezeichnet, daß ein Ordensbruder mich bat, ihm eine Rubin-Imitation zu besorgen, die er während einer Prozession aus seiner Casula verloren hat.«

Natascha entging nicht, daß Fedors Augen aufleuchteten, als habe er eine ungewöhnlich erfreuliche Nachricht erhalten. Seine Züge spannten sich. Der Ausdruck seines Gesichtes wurde fast diabolisch.

»Wie groß müßte die Imitation sein?« erkundigte er sich mit erzwungener Gleichgültigkeit.

»Ich habe Ihnen eine kleine Skizze mitgebracht.«

»Darf ich sie sehen?«

Pater Rochus gab ihm einen Zettel. »Die Maße sind notiert.«

Fedor warf einen Blick auf das Papier und schmunzelte. »Ein Glück, daß der verlorengegangene Stein nicht echt war. Sein Verlust wäre unersetzlich gewesen.«

»Da haben Sie recht.«

»Der Wert würde schätzungsweise vierzig- bis fünfzigtausend Rubel betragen haben.«

»Das dürfte übertrieben sein.«

»Möglich. Es gibt ja Qualitätsunterschiede. Der Ceylon-Rubin ist meistens von hellerer Tönung und nicht so wertvoll wie der taubenblut-rote Rubin aus Birma. Die Farbe wechselt überhaupt ziemlich stark mit dem Fundort. In Siam haben die Rubine im allgemeinen ein granatähnliches Braunrot. Es lassen sich also Imitationen in allen Variationen herstellen, und ich müßte wissen, welche Tönung Ihr Ordensbruder bevorzugt.«

Pater Rochus gab sich nachdenklich. »Das hat er mir nicht gesagt. Ich könnte mir aber denken, daß ihm ein schönes Taubenblut-Rot gefallen würde.«

Das Gespräch beunruhigte Natascha. Warum hatte Pater Rochus ihr nicht gesagt, daß Fedor ihm eine Saphir-Imitation geliefert hatte? Und warum hatte der ihr verschwiegen, einen solchen Auftrag erhalten zu haben?

Der Goldschmied warf einen Blick auf die Zeichnung. »Wann müßten Sie den Stein haben?«

»Ich bleibe drei Tage in Warschau.«

»Dann könnten wir die unteren Facetten vielleicht noch mit einer Lackschicht überziehen. Die Brillanz wird dadurch wesentlich erhöht.«

»Das überlasse ich ganz Ihnen. Hauptsache, die Maße stimmen.«

Welche Maße, fragte sich Natascha. Und warum müssen sie stimmen, wenn die Nachahmung zur Verzierung eines Meßgewandes dienen soll? Ein beklemmender Verdacht stieg in ihr auf. Sie bangte um den Mann, der ihr Leben innerhalb von wenigen Monaten in völlig veränderte Bahnen gelenkt hatte. Ein prüfender Blick zu Fedor zeigte ihr, daß er wie jemand dasaß, der eine Schlacht gewonnen hat. Sein Lächeln war kalt und selbstsicher. Unwillkürlich dachte sie an den Tag, da er das erste Mal von Czenstochau zurückgekehrt war und begeistert von Pater Rochus erzählt hatte. Wie war er nur darauf gekommen, ihn mit Achilles zu vergleichen? Eher erinnerte Fedor an den Griechen, der seinen Widersacher erbarmungslos dreimal um Troja herumgeschleift hatte.

Angst beschlich sie. Nur mit Mühe gelang es ihr, sich nichts anmerken zu lassen. Als sie später aber mit Pater Rochus im Hotelfoyer allein war, machte sie aus ihrem Herzen keine Mördergrube. »Was hat es mit der Beschaffung der Edelstein-Imitation auf sich?« platzte es förmlich aus ihr heraus.

Er war sichtlich verwirrt. »Was soll es damit auf sich haben?«

Ihre Augen wurden flammend. »Hältst du mich für dumm? Ich habe einen Kopf und kann kombinieren. Wenn die Maße einer Imitation genau stimmen müssen, ist sie nicht für eine Casula gedacht!«

Sein Mienenspiel verriet Bestürzung. »Laß uns einen Spaziergang machen und die Sache in Ruhe besprechen. Hier können uns alle hören.«

Natascha erhob sich. Er führte sie zur Garderobe und war ihr beim Anziehen des Mantels behilflich.

Sie sprach kein Wort. Kaum aber waren sie in die Nacht hinausgetreten, da sagte sie mit kalter Stimme: »Vorab möchte ich eins klarstellen: Mein Vertrauen zu dir ist schwer erschüttert! Du verfügst über Gelder, die ein Mönch gar nicht haben kann. Du hast kein Hehl daraus gemacht, daß du deine Vorgesetzten irreführst, nur um nach Rom reisen zu können. Und nun stelle ich fest, daß du dir von Fedor Edelstein-Imitationen beschaffen läßt. Muß ich da nicht auf den Gedanken kommen, daß ein Mensch, der seine Vorgesetzten so geschickt an der Nase herumführt, in anderen Dingen nicht weniger raffiniert ist?«

Es dauerte eine ganze Weile, bis Pater Rochus Stellung nahm. Seine sonst so weiche Stimme klang brüchig. »Ich sehe ein, daß es keinen Sinn hat, dir weiterhin etwas vorzumachen. Deine Vermutung ist richtig. Aber die Dinge liegen nicht so, wie du denkst. Für mich selbst habe ich noch nie einen Edelstein besorgt. Das habe ich nur einmal für einen Ordensbruder getan, der nach Amerika auswandern will. Und jetzt wollte ich es für dich tun. Um dich abzusichern, wollte ich ...«

»Das ist doch Diebstahl!« fiel Natascha fast weinerlich ein. Empörung und Mitleid schwangen in ihr.

»Es kommt darauf an, von welcher Warte man die Sache betrachtet«, widersprach Pater Rochus um etliche Grade fester. »Wenn ein kleiner Mann sich etwas unerlaubt aneignet, dann nennt man es Diebstahl. Raubt ein Fürst jedoch ein ganzes Gebiet aus, dann wird er daheim gefeiert und seine Tüchtigkeit gelobt.«

»Komm mir nicht mit billigen Ausreden«, wies sie ihn zurecht.

»Das ist eine Tatsache!« begehrte er auf und verfiel, um Natascha abzulenken, in einen nicht enden wollenden Redefluß. »Denk nur an den Siebenjährigen Krieg, in dem Polen die Neutralität wahrte. Dennoch wurde unser Land als Aufmarschgebiet benutzt. Kriegsschäden von unübersehbaren Ausmaßen hatten wir zu tragen. Sie waren aber nichts gegen den Schaden, den Friedrich II. uns durch die von ihm vorgenommene Fälschung unseres Geldes zugefügt hat. Der größte Geldfälscher aller Zeiten ist er. Doch das kreidet ihm niemand an. Er war ja König, und wenn ein König fälscht, dann ist das etwas anderes. Natürlich hat er sich die Hände nicht selbst schmutzig gemacht. Er beauftragte seine Hofbankiers Gumpertz, Ephraim und Itzig, sich der in Sachsen erbeuteten Prägestempel der polnischen Münzanstalt zu bedienen und auf Teufel komm heraus Falschgeld zu prägen. Der Kern war freilich kein Silber, sondern billiges Blei. Seit jener Zeit prüft man die Echtheit einer Münze durch kräftiges Draufbeißen. Der Gesamtschaden, den unsere Volkswirtschaft durch die so entfesselte künstliche Inflation erlitt, wird auf 25 Millionen Taler oder etwa 200 Millionen polnische Gulden geschätzt. Zweimal mußten wir unsere Währung durch ›Münzreduktion‹ stabilisieren. Vergebens. Die preußischen Fälschungen, gegen die es keine Abwehrmaßnahme gab, trafen unser Land so schwer, daß man ohne Übertreibung sagen kann: die Finanzierung des Siebenjährigen Krieges hat Polen getragen.«

»Du bist wahnwitzig!« ereiferte sich Natascha. »Daraus kannst du doch nicht das Recht ableiten, dich an fremdem Gut vergreifen zu dürfen.«

Pater Rochus verrannte sich vollends in sein Ablenkmanöver. »Ich wollte nur dartun, daß meine Verfehlungen gegen die Friedrichs II., den man heute den Großen nennt, einem Hauch auf einer Glasscheibe gleichen. Jedenfalls habe ich niemanden geschädigt, was man von dem Preußenkönig nicht behaupten kann. Unentwegt hat er sich an uns versündigt. Und daheim hat er die Steuern so drastisch erhöht, daß über hundertfünfzigtausend Menschen aus allen Ständen in unser Land geflüchtet sind. Und das, obwohl er die Grenzen streng bewachen ließ und scharf geschossen wurde! Die Flucht nach Polen war unter Todesstrafe gestellt! Und warum flüchteten die meisten dennoch? Weil sie die Brutalität des brandenburgischen Militärs fürchteten! Siebzigtausend Deserteure hatte die preußische Armee in jener Zeit zu verzeichnen! Das war eine ›Abstimmung mit Füßen‹, und wo eine solche stattfindet, da herrschen Mißstände und triumphiert die Unterdrückung.«

Natascha blieb unwillig stehen. »Sind wir herausgegangen, um uns über die Geschichte Preußens und Polens zu unterhalten?«

»Entschuldige, ich wollte dir nur klarmachen ...«

»Das hast du zur Genüge getan«, unterbrach sie ihn aufgebracht. »Ich will jetzt wissen, woher du das viele Geld hast!«

Er sah die Unerbittlichkeit in ihren Augen und fürchtete sich, die Wahrheit zu sagen. Aber es gab keinen Ausweg mehr. Natascha würde nicht lockerlassen. »Also gut«, erklärte er matt. »Ich habe das Geld aus dem Tresor der Schatzkammer genommen.«

Natascha fuhr wie unter einem Peitschenhieb zusammen.

»Glaube ja nicht, daß ich der einzige bin, der so etwas getan hat«, fuhr er hastig fort. »Das machen eine ganze Reihe von uns.«

Wie erbärmlich, dachte sie angewidert.

»Das Kloster ist so immens reich, daß es auf hundert- oder zweihunderttausend Rubel mehr oder weniger überhaupt nicht ankommt.«

Natascha hätte fortlaufen mögen.

»Im Geheimfach eines kürzlich verstorbenen Ordensbruders haben wir Wertpapiere in Höhe von zweiundzwanzigtausend Rubel gefunden. Und auf die Idee, an den Tresor der Schatzkammer heranzugehen, bin ich erst gekommen, als ich sah, daß der stellvertretende Custos es so macht.«

Auf Natascha stürmten die sonderlichsten Gedanken und Überlegungen ein. Wenn sie sich von Pater Rochus trennte, war es aus mit dem bequemen und sorglosen Leben. Dann mußte sie sich wieder eine Stellung suchen. Und hatte er nicht recht? Waren die Fälschungen Friedrichs II. nicht tausendmal schlimmer als das, was er getan hatte? Das Kloster der Pauliner war tatsächlich unermeßlich reich. Sie hatte die Schätze selbst gesehen. Fast alles Stiftungen von Menschen, deren Vermögen aus Raubzügen stammte. Oder die ihre Untergebenen unterdrückt und ausgenutzt hatten. Tausend arme Bauern braucht es, um einen Gutsherrn reich zu machen. Nein, sie wollte ihr angenehmes Leben nicht aufgeben, wollte nicht zurück in die Schäbigkeit des Alltags. Mit billigem Diebstahl wollte sie allerdings ebenfalls nichts zu tun haben. »Hör zu«, sagte sie kurz entschlossen. »Erzähle mir genau, was du mit der Imitation des Saphirs gemacht hast.«

Ihr veränderter Tonfall ließ Pater Rochus aufhorchen. »Da ist nicht viel zu erzählen. Pater Markus und ich haben die Nachahmung gegen den echten Stein ausgetauscht.«

»Einfach so über Tag?«

»Selbstverständlich nicht.« Er erzählte von den Nachschlüsseln, die sie sich hatten anfertigen lassen, und von den nächtlichen Besuchen, die sie der Schatzkammer abgestattet hatten.

»Und der Tausch bereitete keine Schwierigkeit?«

»Nicht die geringste. Die Fassung wird hochgebogen, der echte Stein herausgenommen, die Imitation eingelegt und die Fassung wieder angedrückt.«

»Für wie groß schätzt du den Wert des Saphirs?«

»Er ist wahrscheinlich geringer als der des Rubins, den ich auf fünfzigtausend Rubel schätze. Ich wollte ihn für dich . . .« Er unterbrach sich. »Ich habe wirklich nur an dich gedacht, Natascha. Ich liebe dich! Verstehst du das nicht?«

»Doch«, erwiderte sie nachdenklich. »Mir geht es ja nicht anders.«

»Dann laß mich den Rubin noch für dich besorgen.«

»Kehren wir ins Foyer zurück«, sagte sie ausweichend. »Ich brauche jetzt dringend eine Zigarette und etwas zu trinken.«

Pater Rochus fiel ein Stein vom Herzen. Er hatte schon befürchtet, Natascha zu verlieren. Nun schöpfte er neue Hoffnung. Insgeheim rechnete er sogar damit, den Rubin jetzt mit ihrem Einverständnis beschaffen zu können. Das bedeutete unendlich viel für ihn; denn dann brauchte er sich in Zukunft nicht mehr zu verstellen und konnte offen mit ihr über alles reden.

Natascha ging in ihren Überlegungen einen entscheidenden Schritt weiter. Nur Schwache werden schwach, wenn Stärke gebraucht wird, dachte sie und sagte, nachdem sie ein Glas Danziger Goldwasser getrunken hatte: »Unser Verhältnis zueinander ist unmöglich und kann nicht ewig so bleiben. Könntest du dich entschließen, den Orden zu verlassen und mich zu heiraten?«

Pater Rochus schnappte förmlich nach Luft. »Ich habe ein Gelübde abgelegt ... Ohne weiteres würde es niemals möglich sein ... Natürlich würde ich gerne ... Wir werden dann aber das Land verlassen müssen.«

»Und anderswo neu anfangen«, fügte Natascha gelassen hinzu. »Einfach würde es nicht werden, es sei denn«, sie machte eine wohlberechnete Pause, »wir wären im Besitz einiger glitzernder Andenken, deren Verkauf uns auf Jahre hinaus unabhängig machen könnte.«

Seine Augen flackerten. »Du meinst ...?«

»... daß ein Pferd nur von einem guten Schmied richtig beschlagen wird.« Sie dämpfte ihre Stimme. »Wer in der Lage ist, seinem Freund einen Saphir zuzuschanzen und seiner Freundin einen kostbaren Rubin zu vermachen, müßte eigentlich auch an sich selbst denken und sich einige Diamanten, Smaragde und sonstige Edelsteine besorgen können.«

Pater Rochus kam aus dem Staunen nicht heraus. »Du bist kühner, als ich annehmen konnte.«

»Und du?«

»Was soll ich da noch sagen? Ich habe meinen Meister gefunden.«

Egoistische Motive hatten Natascha veranlaßt, das Heft in die Hand zu nehmen, aber ihr bangte vor der Rolle, die sie nun zu spielen hatte. Die Erkenntnis, entweder verzichten zu müssen oder alles gewinnen zu können, hatte sie eine fatale Entscheidung treffen lassen. Dazu war es nur gekommen, weil sie nichts hatte hinausschieben wollen. Die Folge war, daß sie sich ausgebrannt und hohl fühlte, als sie an diesem Abend nach Hause zurückkehrte. Wo mochte ihr Weg enden? Und was war mit Fedor? Er hatte ausgesehen wie ein Sieger, als Pater Rochus von der Rubin-Imitation sprach. Führte er etwas im Schilde? Wenn das der Fall sein sollte, würde sie sein Gegner werden. Aber vielleicht täuschte sie sich. Vielleicht hatte er sich nur zur Schau gestellt, um Pater Rochus zu übertrumpfen. Er mußte in ihm ja einen Rivalen sehen.

Natascha hoffte, am kommenden Abend, den sie gemeinsam bei Babuschka verbringen wollten, Klarheit zu gewinnen. Ihr ging es vor allen Dingen darum, das gute Einvernehmen zu erhalten. Ohne Fedor gab es keine Imitationen und ohne diese keine kostbaren Edelsteine.

Zu ihrer Überraschung erschien Fedor mit einem Karton, der so gar nicht zu seinem eleganten Äußeren paßte. »Was ist darin?« fragte sie verwundert.

»Wirst du schon sehen.«

Babuschka, die ihn von Monat zu Monat mehr in ihr Herz geschlossen hatte und bei ihm suchte, was Natascha ihr seit der Reise nach Wien nicht mehr gab, bewegte sich in katzenhafter Haltung auf Fedor zu. »Ich weiß, was in der Schachtel ist.«

Er umarmte sie. »Dann behalte es für dich und nimm mir meine Freude nicht.«

Sie blinzelte ihm zu. »Auf mich kannst du dich verlassen.«

Draußen fuhr ein Wagen vor.

»Pater Rochus kommt«, rief Natascha und warf schnell einen Blick in den Spiegel.

Fedor rümpfte die Nase. »Da hätte er mich gut mitnehmen können.«

Babuschka strich über ihr Taftkleid. »Eigentlich unmöglich, ihn hier im Entree zu empfangen.«

Fedor löste die Schnur vom Karton. »Er gehört doch schon zur Familie.«

Die alte Dame machte ein indigniertes Gesicht. Pater Rochus hatte sie zu sehr enttäuscht. Von sich aus hätte sie ihn nicht mehr eingeladen. Ihre Nichte war seit der Reise nach Wien völlig verändert und nicht mehr so natürlich wie einst. Das hielt Babuschka aber nicht davon ab, ihren Gast mit vollendeter Höflichkeit zu begrüßen und ihn um Entschuldigung für den ungebührlichen Empfang zu bitten.

»Wir standen gerade hier, als dein Wagen vorfuhr«, erläuterte Natascha.

Die beiden duzten sich? Babuschka schaute betroffen zu Fedor hinüber.

Der verstand, was sie meinte, und zuckte die Achseln.

Welch eine Welt, dachte die alte Dame und rauschte verstimmt in den Salon.

Pater Rochus und Natascha folgten ihr.

Sie bat den Pauliner, Platz zu nehmen.

Er schaute zum Entree zurück, wo Fedor immer noch mit der Schachtel beschäftigt war. Man hörte das Rascheln von Papier.

»Eine Überraschung«, sagte Natascha mit einem etwas überheblichen Unterton.

Babuschka blickte erwartungsvoll zur Tür. Am liebsten wäre sie jetzt mit Fedor allein gewesen.

Er erschien mit einem goldenen Tablett, auf dem ein schlanker, gehämmerter Kelch stand, den ein schlichtes Kreuz aus Lapislazuli zierte. Der obere Rand war glatt und poliert; er hob sich gegen den ansonsten stumpfen Körper wie ein Heiligenschein ab. Den Abschluß des Fußes bildete ein Lapis-Sockel, der die Schwere des Goldes aufzuheben schien. Neben dem Kelch standen zwei gleichgestaltete kleine Gefäße für Wein und Wasser.

»Fedor!« rief Natascha überrascht und sprang auf.

Sein Gesicht war anders als sonst. Ruhig. Männlich. Voller Stolz. »Wenn du nicht gewesen wärst, hätte ich diese Arbeit nie schaffen können«, sagte er und verneigte sich spöttisch.

Natascha starrte ihn aus geweiteten Augen an. Wollte er bekennen, daß sie ihm das Geld für das Material gegeben hatte?

»Erst durch dich kam Pater Rochus auf den Gedanken, uns zum Wohltätigkeitsball einzuladen, wo ich den ersten persönlichen Kontakt zu meinem Chef fand.«

Natascha konnte ihre Erleichterung nicht verbergen. Sie hatte schon das Schlimmste befürchtet.

Ihr wechselndes Mienenspiel entging Babuschka nicht. Im Augenblick aber beschäftigten sie der Kelch und die zu ihm gehörigen Gefäße mehr als ihre Nichte.

Fedor stellte das Tablett vor ihr ab.

»Mein Gott, ist das schön«, sagte sie sichtlich ergriffen.

Pater Rochus beugte sich vor. »Das ist mehr, als ich erwartet habe.«

Fedor reizte es, den Widerspruch zu wecken. »Mein Chef ist etwas enttäuscht. Ihm ist die Arbeit zu schlicht. Er meint, angesichts der pompösen Gewänder am Altar müßte auch das ›Handwerkszeug‹ üppig und sprießend sein.«

Pater Rochus nickte. »Ich verstehe das, bin jedoch der Auffassung, daß es nicht schaden kann, die Üppigkeit etwas einzuschränken. Denken Sie nur an die Edelsteine im Gewand der Schwarzen Madonna! Nicht zu zählen sind sie. Dabei gibt es sogar zwei Gewänder: eines, das mit Diamanten besetzt ist, und eines, das vor lauter Rubinen rot funkelt. Beide sind von unbeschreiblicher Schönheit.«

»Sie meinen von nicht abzuschätzender Kostbarkeit!« warf Fedor bissig ein. Es verstimmte ihn, daß angesichts des von ihm geschaffenen Werkes die Gewänder der Schwarzen Madonna gepriesen wurden.

»Nun ja . . .« Pater Rochus lächelte gequält. »In diesem Fall ist die Kostbarkeit wohl höher zu bewerten als die Schönheit.«

»Eben. Aber da wir gerade von Jasna Góra sprechen, habe ich eine Frage: Wäre es möglich, daß ich meine Arbeit dem Prior einmal zeigen darf?«

Der Pauliner wurde unsicher. »Gewiß. Ich befürchte nur . . . Ich habe Natascha schon gesagt . . .«

». . . daß das Kloster alles geschenkt bekommt und selbst nichts kauft!«

»So hart wollte ich mich nicht ausdrücken. Ich möchte lediglich davor warnen, sich zu große Hoffnungen zu machen.«

Fedor wurde aggressiv. »Große Hoffnungen mache ich mir inzwischen auf einem ganz anderen Gebiet.«

Natascha bekam eine Gänsehaut. Sie ahnte, woran Fedor dachte. Würde er es wagen, Pater Rochus zu erpressen?

»Ich will in der Sache aber nicht vorgreifen«, fuhr Fedor wie von oben herab fort. »Vielleicht unterhalten wir uns darüber, wenn Sie von Rom zurück sind.«

Babuschka blickte verwundert auf. »Sie fahren nach Rom?«

Fedor wandte sich mit erstaunter Miene an Natascha. »Hast du nicht darüber gesprochen?«

In ihren Augen lag Haß. »Ich bin noch nicht dazu gekommen.«

Er lachte abfällig. »Natascha begleitet Pater Rochus.«

Babuschka schaute von einem zum anderen. Was wurde hier gespielt?

Nataschas Wangen glühten. »Wenn Fedor nicht so taktlos gewesen wäre, hätte ich dir heute abend alles erzählt. Bitte, belassen wir es dabei. Ich spreche nachher mit dir.«

Nicht einmal Fedor wußte, warum er Natascha in Verlegenheit gebracht und den Abend für alle unerträglich gemacht hatte. Viele Dinge waren zusammengekommen. Seine Hoffnung, von den Paulinern Aufträge zu erhalten, war nur noch gering. Schlimmer aber war, und das verwirrte ihn am meisten, daß er zum erstenmal in seinem Leben Eifersucht verspürte. Und das ausgerechnet in einem Augenblick, da er eine Chance sah, mit Pater Rochus in ein dubioses Geschäft zu kommen. Natascha sollte von der Sache nichts erfahren. Wenn etwas schiefging, durfte sie nicht in die Schußlinie geraten. Es ärgerte ihn, daß er sich aus Nervosität falsch und dumm verhalten hatte.

Doch das hatte auch sein Gutes. Natascha fand dadurch genügend Zeit, sich eine plausible Erklärung für die bevorstehende Reise zurechtzulegen, und sie sagte Babuschka zu später Stunde: »Ich will dir reinen Wein einschenken. Domnik, das ist der bürgerliche Name von Pater Rochus, will seinen Austritt aus dem Orden beantragen. Wir lieben uns und möchten heiraten.«

Für die alte Dame brach eine Welt zusammen. Es dauerte

eine ganze Weile, bis sie sich von ihrem ersten Schreck erholt hatte.

»Weiß Fedor von eurem Plan?«

»Er scheint etwas zu ahnen. Darum wahrscheinlich seine Kratzbürstigkeit.«

»Ist Pater Rochus bekannt, daß du nicht Fedors Schwester bist?«

»Nein«, antwortete sie widerstrebend. Sie wollte keine Fragen beantworten, sondern ihre Reise begründen.

Babuschka schüttelte den Kopf. »Und wovon gedenkt ihr zu leben?«

»Domnik hat gute Beziehungen zum Vatikan. Er möchte dort den Posten eines Archivars übernehmen. Wir wollen nichts tun, ohne abgesichert zu sein. Darum auch jetzt die Fahrt nach Rom.«

Babuschka war zutiefst beunruhigt. Aber sie hatte, wie immer, für alles Verständnis. »Gott sei mit euch«, sagte sie und meinte es ehrlich. »Er verzeiht mehr, als der Mensch sündigen kann.«

Wie verabredet trafen sich Pater Rochus und Natascha im Abteil Erster Klasse des Zuges nach Krakau. Und wieder hatten sie das Glück, ein Coupé für sich zu haben, so daß Pater Rochus sich während der Fahrt umziehen konnte. Dies war gut, weil er in Krakau gleich eine Bank aufsuchen wollte, um sich einen Safe zu mieten. Er wünschte zu deponieren, was ihm der letzte ›Besuch‹ der Schatzkammer eingebracht hatte: einen herrlichen, vielkarätigen Rubin sowie zwölftausend Rubel, die er en passant hatte mitgehen lassen. Es erschien ihm zu riskant, das viele Geld und den kostbaren Edelstein mit nach Rom zu nehmen. Unabhängig davon war er zu der Überzeugung gelangt, daß es zweckmäßig sei, sich in dem von Österreich tolerant verwalteten Galizien ein Depot anzulegen. Und zwar auf Nataschas Namen. Dies war eine vielleicht etwas übertriebene Vorsichtsmaßnahme, aber er hielt es für notwendig, Natascha abzusichern. Das gespannte Verhältnis zwischen den ›Geschwistern‹ hatte ihn ebenso nachdenklich gestimmt wie Fedors Verhalten an dem Morgen, da er die Rubin-Imitation ins Hotel gebracht hatte. Er war von einer fast übertriebenen Höflichkeit gewesen, hatte es aber strikt abgelehnt, für die Nachahmung auch nur eine einzige Kopeke anzunehmen.

»Sie haben das letzte Mal zuviel gezahlt«, war seine Begründung gewesen. »Außerdem möchte ich mit Ihnen in ein Geschäft kommen, über das wir uns nach Ihrer Rückkehr unterhalten werden. Es könnte lukrativ für uns beide sein.«

Auf Pater Rochus' Bitte, sich nicht so geheimnisvoll auszudrücken, hatte er lachend erwidert: »Fahren Sie erst mal mit Natascha nach Rom.« Und hintergründig hatte er hinzugefügt: »Ich bin lieber in Warschau der Erste, als der Zweite in Rom.«

Pater Rochus hatte sich vergeblich gefragt, was Fedor damit wohl habe zum Ausdruck bringen wollen. Der Goldschmied beunruhigte ihn, und nicht zuletzt aus diesem Grund wünschte er, etwas zur Absicherung Nataschas zu tun.

Als er sich im Zug umgezogen hatte und wieder den englischen Zivilanzug trug, rief er Natascha mit gewichtiger Geste in das Abteil zurück. »Madame! Monsieur Dabrow steht Ihnen für die nächsten vierzehn Tage zur Verfügung.«

Sie umarmte ihn.

»In den Speisewagen kann ich dich heute leider nicht führen; dafür ist die Fahrt zu kurz. Wir werden aber nachher exquisit im Hotel Kleyn essen.«

»Wohnen wir dort auch?«

»Ich hoffe, daß ein Zimmer frei ist. Leider vergaß ich, von Warschau aus eine Reservierung vornehmen zu lassen. In Czenstochau wagte ich kein Telegramm aufzugeben.«

Sie erhielten in dem renommierten Hotel sogar ein sehr schönes Zimmer, in dem es allerdings kein fließendes Wasser, dafür jedoch eine prächtig gewachsene Stechpalme gab. Der Raum wirkte dadurch wohnlich-lauschig.

In der Nähe des Hotels befand sich die ›Galizische Bank für Handel und Industrie‹, in der Monsieur Dabrow auf Nataschas Namen einen Safe mietete und sich das Recht einräumen ließ, selbst Einlagen zu machen oder Entnahmen zu tätigen. Vorsorglich ließ er sich einen zweiten Schlüssel geben, so daß sie unabhängig voneinander den Safe öffnen konnten.

»Den ersten Rubin hätten wir in Sicherheit«, sagte er beim Verlassen des Geldinstitutes. »Schon jetzt könnten wir einige Jahre sorglos leben.«

Frohgestimmt wanderten sie um den weiten Ringplatz, vor dessen sehenswertem Tuchhaus völlig ungetarnt polnische Freiheitskämpfer exerzierten. Zu Mittag aßen sie einen delikaten Karpfen, und am Nachmittag bewunderten sie in der Marienkirche den von Veit Stoß geschnitzten Hauptaltar. Den Rest des Tages verbrachten sie auf dem ›Wawel‹, dem ehemaligen Sitz der Könige Polens. Berühmte Architekten, wie die Italiener Berecci und Francesco sowie der Pole Benedykt, hatten die alte Burg in ein grandioses Renaissance-Schloß umgebaut. Nach einem Besuch der Schloßkirche und der Grabstätten der polnischen Könige und Feldherren hatte Natascha nur noch den Wunsch, ins Hotel zurückzukehren.

Monsieur Dabrow war sehr damit einverstanden. Er vermutete, daß ihr Temperament durch die Müdigkeit ihrer Füße nicht beeinträchtigt sein würde.

Der zweite Reisetag führte das ›Ehepaar‹ Dabrow über Wien nach Triest, wo es im exklusiven Grand Hotel in der Nähe des künstlichen Canale Grande abstieg. Angesichts der im Hafen liegenden riesigen Ozeandampfer interessierte sich Natascha für die Sehenswürdigkeiten der Stadt überhaupt nicht. Auf der Piazza Grande sah sie weder die Marmorstatue Karls VI., noch den Maria Theresia-Brunnen, und auf der Piazza della Stazione würdigte sie das Denkmal der 500jährigen Zugehörigkeit Triests zu Österreich keines einzigen Blickes. Sie schaute unentwegt zu den stählernen Kolossen hinüber, die nach Indien und Ostasien, nach Bombay, Kalkutta, Singapur und Hongkong fuhren. Sogar die mächtigen schwarzen Rauchfahnen, welche die Schiffe beim Auslaufen aus dem Hafen hinter sich ließen, fand sie beeindruckend. Sie träumte nur noch davon, die Welt zu bereisen.

»Werden wir mit einem solchen Dampfer fahren?« fragte sie unvermittelt.

Der weniger phantasievolle Monsieur Dabrow fragte verwundert: »Wohin?«

»Nach Amerika, wenn wir auswandern.«

Er lächelte nachsichtig. »Noch ist es nicht soweit. Erst müssen wir uns die Steinchen besorgt haben.«

Natascha war enttäuscht. Wann immer sie der Zukunft vorausgriff, wurde ihr Partner nüchtern. Verstimmt, und um nicht weiter durch die Stadt laufen zu müssen, schlug sie vor: »Laß uns zum Lustschloß ›Miramar‹ fahren.« Sie wußte, daß die Schienen der Pferdebahn am Meer entlang führten.

Er war einverstanden und erzählte sofort lebhaft von dem tragischen Geschick des Erzherzogs Maximilian, der das Lustschloß einstmals bewohnt hatte. Sein Unglück war gewesen, daß Napoleon III. ihn dazu überreden konnte, die Kaiserkrone von Mexiko anzunehmen. Als die Vereinigten Staaten den Abzug der napoleonischen Truppen erzwangen, weigerte er sich, das Land mit ihnen zu verlassen, und geriet in die Gewalt des Präsidenten Juárez, der ihn zum Tode verurteilen und erschießen ließ.

Natascha hörte nur mit halbem Ohr zu. Sie schaute sehnsüchtig über das Meer, das in der Sonne wie ein Brillant glitzerte und ihr Fernweh in beängstigender Weise steigerte. Sogar das Lustschloß des unglücklichen Kaisers beachtete sie kaum. Einzig und allein sein Park, der einen Ausblick auf das Meer gestattete, fand Gnade vor ihren Augen. Und sie war nicht mehr zu halten, als sie feststellte, daß die Möglichkeit bestand, mit einer Barkasse nach Triest zurückzufahren.

Monsieur Dabrow war hiervon weniger erbaut. Er ließ sich jedoch nichts anmerken.

Am nächsten Morgen ging es weiter nach Mailand. Über der Po-Ebene lag trotz der fortgeschrittenen Jahreszeit noch ein so intensiv grüner Schimmer, daß die Nähe des Winters fast unglaublich erschien. Die Landschaft ließ Monsieur Dabrows Herz höher schlagen. Die Weite der Ebene, der Duft ihrer endlosen Felder, in denen wenige, aber reiche Gehöfte wie Schmuckstücke verstreut lagen, bewegte ihn. Etwas Gesundes und Natürliches ging von dieser Landschaft aus. Ihr Boden kannte keine Mißhandlung. Wege waren vom Tritt der Menschen gebildet und nicht künstlich angelegt. Erst mit der Annäherung an Mailand änderte sich das Bild. Die Luft wurde dunstig. Vor der Stadt wehte der rote Qualm eines Eisenwerkes.

Sie quartierten sich gleich am Bahnhof im riesigen Albergo Gallia ein. Hier war Natascha wieder in ihrem Element. Nicht zuletzt, weil es im Hotel eine Geschäftsstraße gab, wie sie sie noch nicht gesehen hatte.

Mit einem Fiaker fuhren sie zur Piazza del Duomo. Der Anblick der zweifellos schönsten gotischen Kathedrale Italiens schlug beide in Bann.

»Alles weißer Marmor vom Lago Maggiore«, schwärmte Monsieur Dabrow. »Wir werden auf das Dach steigen und dort an Babuschka die obligate Postkarte schreiben.«

»Das sollten wir nicht tun«, widersprach Natascha. »Babuschka könnte es als taktlos ansehen.«

»Du meinst, wegen des verunglückten Abends?« fragte er verwundert.

»Auch.«

»Dafür waren doch nicht wir verantwortlich.«

»Natürlich nicht. Aber ich mußte nachher mit Babuschka sprechen, und ich habe ihr, um die Reise nach Rom begründen zu können, erzählt, du trügst dich mit dem Gedanken, aus dem Kloster auszutreten und mich zu heiraten.«

Monsieur Dabrow, alias Pater Rochus, verlor die Beherrschung. »Bist du wahnsinnig geworden?« brauste er auf.

Natascha wurde ratlos. »Ich habe das doch nur gesagt ...«

Er fuhr mit den Händen erregt durch die Luft. »Wie stehe ich jetzt da! Was muß Babuschka von mir denken! Ein Pater, noch dazu ein Pauliner, der mir nichts, dir nichts seinen Orden verläßt ...?«

Natascha war entgeistert. »Ja, haben wir denn aneinander vorbeigeredet? Hast du nicht vor, mich zu heiraten und mit mir auszuwandern, wenn die Transaktion mit den Edelsteinen geklappt hat?«

»Es ist viel zu früh, um darüber jetzt schon zu sprechen«, entgegnete er unwillig. »Ich habe ein Gelübde abgelegt ...«

»Und was ist mit dem Gelübde der Keuschheit?« unterbrach ihn Natascha aufgebracht. Ihr Temperament ging mit ihr durch. »Um dieses Gelübde machst du dir keine Gedanken. Hauptsache, du bekommst, was du haben willst. Nachdenklich wirst du erst, wenn dir etwas abverlangt wird. Dann erinnerst du dich plötzlich an Gelübde und dergleichen Dinge.«

Um Natascha zu beruhigen, legte er beschwichtigend den Arm um sie. »Was ist nur in dich gefahren?«

Sie stieß ihn zurück. »Das solltest du dich mal fragen.«

Der Abend war nicht mehr zu retten. Wortlos aßen sie in der ›Galleria‹, einer imponierenden Passage, die elektrisch erleuchtet war. Beide ärgerten sich über sich selbst, bis Monsieur Dabrow sich sagte: Schnelles Nachgeben wird als Großzügigkeit empfunden, spätes hingegen als Schwachheit ausgelegt. Er ergriff ihre Hand. »Entschuldige, Natascha. Du hast absolut recht. Ich habe unverantwortlich egoistisch gedacht. Selbstverständlich werde ich dich heiraten, sobald sich unsere Pläne erfüllt haben. Ich werde es allerdings tun, ohne mich mit dem Orden herumzuschlagen. Wenn es soweit ist, verlassen wir einfach das Land und beginnen anderswo ein neues Leben.«

Natascha lenkte nur zu gerne ein. Es blieb aber ein Stachel in ihr, den sie auf der ganzen Reise nicht wieder los wurde. Immer wieder fragte sie sich, ob Monsieur Dabrow, alias Pater Rochus, es ernst meinte, wenn er erklärte, das Klosterleben aufgeben zu wollen. Offensichtlich bangte ihm vor dem Entschluß. Befürchtete er, gestraft zu werden?

Natascha fühlte sich erleichtert, als sie am nächsten Tag wieder im Zug saßen und die Landschaft ihre trüben Gedanken ablenkte. Sie konnte nicht schnell genug nach Rom kommen; es war, als erwarte sie das Heil von dieser Stadt. Aber hinter Bologna flößten ihr die Täler Angst ein. Sie waren ihr zu rauh, zu ausgewaschen, stellten Felsen in ihrer ganzen Nacktheit bloß und gewährten keinen Platz für menschliche Behausungen.

Als der Zug sich endlich Rom näherte und Vororte wie die häßlichen Arme eines Kraken in die Landschaft griffen, empfahl ihr Domnik: »Schau nicht mehr aus dem Fenster. Du bist sonst genauso enttäuscht, wie du es in Wien anfangs warst.«

Sie befolgte seinen Rat und war ihm dankbar dafür, als der Zug in die Stazione della Ferrovia einlief und sie sich von einem Häusermeer umringt sah, das Beklemmung auslöste. Doch der Schein trog. Sehr bald erkannte Natascha die großzügige Anlage der zumeist geradlinig verlaufenden Straßen. Über die Via Nazionale und den Corso Vittore Emanuele fuhren sie zum Albergo Minerva, einem neuen Hotel mit fließendem Wasser, das unmittelbar hinter dem Pantheon lag.

Nicht ohne Grund hatte Domnik dieses Hotel gewählt. Er wollte Natascha gleich am nächsten Morgen in den berühmten römischen Tempel führen, dessen Aussehen seit dem Jahre 130 n. Chr. völlig unverändert geblieben ist. Seine mächtige Kuppel ruht auf einem trommelförmigen Unterbau, und das Verhältnis der Kuppel zur Trommel ist so vollkommen und einfach, daß jeder Beschauer es als die einzige aller Möglichkeiten ansieht. Kreis und Kugel sind zu einem Element geworden.

Ganz bewußt führte Monsieur Dabrow Natascha als erstes in dieses Heiligtum. Ihn quälte immer noch ihre in Warschau ausgesprochene Anklage, er habe sich widerrechtlich bereichert. Wenn sie inzwischen auch auf seiner Seite stand, so kam er doch nicht über ihre erste Stellungnahme hinweg. Er wollte ihr die Kahlheit des Pantheons zeigen, um zu dokumentieren, daß höchste Würdenträger schlimmere Plünderungen durchgeführt hatten als er.

»Der letzte, der sich hier bereichert hat, war Papst Urban VIII. Barberini«, sagte er, als sie den alten Tempel aufsuchten. »Er raubte den kostbaren Belag der Decke, ohne deshalb unter Anklage gestellt zu werden. Nur ein bissiger Spruch erinnert an seine Tat: ›Quod non fecerunt barbari, fecerunt Barberini!‹ Machen wir uns also keine Gedanken um die paar Edelsteine, die wir an uns bringen wollen. Hier in Rom stößt man unablässig auf Namen von Männern, die sich ungeniert auf räuberische Weise bereichert haben, dabei selbst vor Morden nicht zurückschreckten und heute für würdig befunden werden, einer Straße ihren Namen zu geben.«

Unwillig entgegnete Natascha: »Warum verteidigst du dich mit dem, was andere getan haben? Es wird dadurch weder besser noch verständlicher. Es muß genügen, daß wir uns für einen bestimmten Weg entschieden haben. Betrachtungen über unsere Entscheidung anzustellen ist der Sache nicht dienlich. Unentschlossenheit führt nur ins Unglück.«

Immer wieder sprachen sie über ihren Plan, sich mit Hilfe eines raffinierten Edelsteintausches unabhängig zu machen. Ein großes Leben wollten sie führen, und Rom war gewiß nicht der Ort, diesen Wunsch abzuschwächen. Plätze wie das Forum Romanum steigerten ihr Verlangen nach Reichtum. Der dort erkennbare einstige Glanz erregte die Phantasie und ließ Traumbilder aufsteigen. Natascha und Monsieur Dabrow konnten gehen, wohin sie wollten, alles lenkte ihre Gedanken auf den einen Punkt zurück. In der Basilica di San Pietro war es der unermeßliche Reichtum, an der Fontana di Trevi der Wunsch, das Glück zu beschwören, auf dem Pincio der beherrschende Ausblick über Rom, im Colosseum der monumentale Ausdruck der Macht, am Konstantinsbogen der Triumph über den errungenen Sieg, in der Sixtinischen Kapelle die verschwenderische Pracht, in der umstrittene Päpste gelebt hatten. Ja, selbst die bedrückende Atmosphäre in den Katakomben an der Via Appia steigerte ihr Verlangen, das Leben in vollen Zügen zu genießen.

»Du mußt unbedingt das gute Verhältnis zu Fedor wiederherstellen«, sagte Monsieur Dabrow am Abend vor der Rückreise.

Verrückte Situation, dachte Natascha. Erst empfiehlt mir Fedor, mein Auge auf Domnik zu werfen, und nun bittet mich der, nett zu Fedor zu sein.

»Ohne ihn gibt es keine Imitationen«, fuhr er fast beschwörend fort.

»Die wird er dir schon liefern, wenn du ihn beteiligst.«

Monsieur Dabrow blickte nachdenklich vor sich hin. »Vielleicht hat Fedor den gleichen Plan wie wir. Die beiden Imitationen könnten ihn auf die Idee gebracht haben. Er sagte ja, daß er mit mir ein lukratives Geschäft machen möchte.«

»Sei nur vorsichtig, daß er dich nicht übers Ohr haut.«

»Wie sollte er das anstellen?«

»Indem er dich erpreßt. Du darfst nicht vergessen, daß er, wenn es soweit ist, nichts anderes tut, als dir Nachahmungen zu liefern. Da behält er eine saubere Weste und hat dich in der Hand.«

»Aber er ist doch dein Bruder!«

»Das hindert ihn nicht, eiskalt und berechnend zu sein. Vor allen Dingen jetzt, wo er enttäuscht darüber ist, als Goldschmied nicht in der erhofften Weise weiterzukommen.«

»Um so wichtiger ist es, daß du das gute Verhältnis zu ihm wiederherstellst!«

Von diesem Augenblick an graute es Natascha vor der Rückreise. Sie hatte sich in den vergangenen vierzehn Tagen gewissenhaft geprüft und vorgenommen, künftig nicht mehr beiden Männern zu dienen. Es mochte kindisch sein, aber sie hatte Angst, vom Schicksal bestraft zu werden, wenn sie nicht Tabula rasa machte. Und nun kam Domnik und predigte, sie solle das gute Verhältnis zu Fedor wiederherstellen. Das war unmöglich, wenn sie sich Fedor verweigerte. Verweigerte sie sich ihm aber nicht, dann kam sie nie mehr von ihm los. Er war der bessere Liebhaber. Sie würde immer wieder schwach werden.

Warum nur können Schwache nicht aufrichtig sein, fragte sie sich bedrückt.

11

Natascha war ermattet, als sie von Rom zurückkehrte. Tag für Tag war sie auf den Beinen gewesen, und in den Nächten hatte sie viele Stunden nicht geschlafen. Das würde ihr kaum etwas ausgemacht haben, wenn sie seelisch nicht so verwirrt gewesen wäre. Sie wollte allein Domnik gehören, spürte aber, daß sie von Fedor nicht loskam.

Er begrüßte sie bei ihrer Rückkehr, als sei sie eine sehnsüchtig erwartete Frau, und er tat alles, um ihr zu gefallen und vergessen zu machen, daß sie vor ihrer Reise in ein gespanntes Verhältnis geraten waren. Auch wurde erkennbar, daß er den guten Kontakt mit Pater Rochus wiederherzustellen wünschte. Seine Fragen betrafen weniger den Verlauf der Reise als das Wohlbefinden des Pauliners, und er bekannte in aller Offenheit, daß er ihn baldmöglichst sprechen müsse.

Natascha klopfte sogleich auf den Busch. »Möchtest du ihm den Kelch verkaufen?«

Er trat näher an sie heran. »Warum stellst du eine Frage, von der du weißt, daß sie unsinnig ist?«

Sie sah ihn unsicher an.

»Weil du nicht mehr an meiner Seite stehst?«

»Das ist nicht wahr«, verteidigte sie sich. »Meine Einstellung zu dir hat sich nicht geändert.«

»Aber deine Bindung an Pater Rochus wurde enger?«

»Ja. Sehr viel enger sogar.«

Fedor legte den Arm um sie. »Anständig, daß du das zugibst.«

Sie gab sich burschikos. »Bei dir ist das kein Problem. Dir macht es ja nichts aus, was ich denke und fühle.«

»Vielleicht doch.«

»Hast du nicht erklärt, daß ich tun und lassen kann, was ich will?«

»Wäre es nicht denkbar, daß ich das inzwischen bereue?«

Natascha stutzte.

»Deine Abwesenheit zwang mich, über einiges nachzudenken.«

»Und zu welchem Ergebnis bist du gekommen?«

Ihm war nicht anzusehen, daß er dachte: Ich wäre schön dumm, wenn ich ihr jetzt nichts vormachen würde. Er umarmte und küßte sie leidenschaftlich.

»War das deine Antwort?« fragte sie Luft holend.

»Ja. Ich liebe dich.«

In dieser Nacht blieb Fedor bei Natascha. Und sie war glücklich in ihrer Hingabe und trug am nächsten Morgen keinen Trauerflor im Herzen.

Bei Babuschka hatte sie jedoch ihren letzten Kredit verspielt. »Ich werde dir keine Vorschriften machen«, sagte die alte Dame, als sie mit Natascha frühstückte. »Ich bitte dich aber, zur Kenntnis zu nehmen, daß ich den Herrn Pauliner nicht mehr in meinem Haus sehen möchte.«

»Hat er dir was getan?«

»Ich wünsche ihn nicht zu sehen, weil ich ihm sonst die Wahrheit über Fedor und dich sagen müßte. Genügt dir das?«

Natascha beglückwünschte sich insgeheim. Sie hatte schon überlegt, wie sie sich verhalten sollte, wenn Pater Rochus zum Jahreswechsel nach Warschau kam. Weihnachten mußte er diesmal in Czenstochau sein, aber den Silvesterabend wollte er mit ihr verbringen. Nun brauchte sie auf Babuschka keine Rücksicht mehr zu nehmen.

Sorge bereitete ihr jedoch der Gedanke an ihren Bruder Roman. Wenn der kam und von Babuschka alles erfuhr, war mit dem Schlimmsten zu rechnen.

Natascha fühlte sich deshalb um vieles erleichtert, als der Bruder schrieb, daß er das diesjährige Weihnachtsfest leider allein verbringen müsse. Er stehe im letzten Semester und habe sich gründlich auf die Klausurarbeiten vorzubereiten.

Die wiedergewonnene Sicherheit gab ihr Auftrieb und ließ sie Fedor erneut fragen, was er so dringend mit Pater Rochus zu besprechen habe.

Er hätte Natascha gerne von seinem Plan erzählt, hielt es aber für richtiger, sie nicht einzuweihen.

Natascha deutete seine Zurückhaltung als Mißtrauen. Zwangsläufig erhöhte sich dadurch ihr Vertrauen zu Pater Rochus, dem sie gleich nach seiner Ankunft in Warschau erklärte: »Fedor brennt darauf, dich zu sprechen. Halte dich also zurück und mache nicht den Fehler, das Gespräch einzuleiten. Laß ihn den Anfang machen. Das stärkt deine Position.«

»Glaubst du wirklich, daß er in der gleichen Sache . . .?«

»Belegen kann ich es nicht«, fiel sie ungestüm ein. »Ich bin aber davon überzeugt, daß ich mich nicht täusche.«

»Von fünf Steinen habe ich schon die Maße genommen.«

Ihre Augen glänzten. »Dann haben wir es ja bald geschafft.«

»Nicht ganz. Ich möchte so viele Juwelen haben, daß wir für alle Zeiten über den Berg sind.«

Noch am gleichen Abend suchte Fedor das Hotel Bristol auf. Pater Rochus sah ihn kommen und ging ihm im Foyer entgegen. »Schön, Sie wieder einmal zu sehen«, begrüßte er ihn lebhaft.

»Ja, ich freue mich auch sehr«, erwiderte Fedor, im Bestreben, einen möglichst liebenswürdigen Eindruck zu erwekken.

»Natascha deutete an, Sie wünschten mich zu sprechen.«

»Das hab' ich Ihnen vor Ihrer Romreise doch selbst schon gesagt.«

»Ja, richtig! Sie wollten mir ein Geschäft vorschlagen.«

»Sogar ein ungewöhnlich lukratives«, bekräftigte Fedor und zog seinen Paletot aus.

Ein Boy eilte herbei und übernahm den Mantel.

Sie wählten zwei alleinstehende Fauteuils, so daß sie sich ungeniert unterhalten konnten.

»Möchten Sie etwas trinken?« fragte der Pauliner.

»Wodka paßt zu jeder Zeit.«

Pater Rochus winkte einen Kellner herbei und bestellte zwei Gläser des Nationalgetränkes.

Fedor beugte sich lässig vor und stützte seine Ellbogen auf die Knie. »Um es kurz zu machen: Ich war während Ihrer Abwesenheit in Czenstochau und habe mir bei einer Führung die Schatzkammer nochmals genau angesehen.«

»Sehr gut«, lobte ihn der Pauliner. »Beim ersten Mal erfaßt man nur die Hälfte.«

»Und beim zweiten Mal entdeckt man Fehler.«

Pater Rochus' Stirn legte sich in Falten.

»Ich entdeckte zum Beispiel einen Saphir und einen Rubin, die mir bekannt vorkamen. Und stellen Sie sich vor: es waren Imitationen.«

Pater Rochus wurde bleich.

Fedor lehnte sich genüßlich zurück und zog zwei säuberlich zusammengefaltete Zettel aus der Westentasche. »Die Maße der Steine habe ich hier. Sie, verehrter Pater Rochus, waren so freundlich, sie mir zu geben.«

Der Adamsapfel des Pauliners machte Sprünge.

Der Goldschmied lächelte maliziös. »Wenn Sie Schluckbeschwerden haben, weiß ich ein probates Mittel: Sie besorgen weitere Maße, und wir teilen brüderlich.«

Pater Rochus gelang es mit Mühe, sich zusammenzuraffen. Wozu sich aufregen? Die Katze war aus dem Sack; es gab keine Unklarheiten mehr. Natascha hatte recht. Ihr Bruder war gefährlich. Aber nur, wenn sie Gegner waren. Er zwang sich, gelassen zu bleiben. »Schade, daß Sie diesen Ton angeschlagen haben. Ich hatte nämlich ohnehin vor, Sie künftig zu beteiligen.«

Nun war es an Fedor, verblüfft zu sein. »Tatsächlich?«

»Ich kann es belegen.« Er faltete ein Blatt auseinander, auf dem fünf Edelsteine dargestellt und mit exakten Maßangaben versehen waren. »Zwei der Originale sind Ihnen zugedacht.«

»Drei!« erklärte Fedor kaltschnäuzig.

»Ich hätte Lust, die Sache fallenzulassen«, empörte sich Pater Rochus.

»Was hält Sie davon ab? Ihre Abhängigkeit von mir?«

Der Pauliner holte tief Luft. Er mußte nachgeben. Im Geiste sah er Natascha vor sich. Wie würde sie reagieren? Er suchte nach einem Ausweg. »Das ist keine Basis«, stammelte er.

Fedor kniff das Mundstück einer Papyrós zusammen. »Basis wofür?«

»Für . . . für eine Zusammenarbeit.«

»Suchen Sie eine solche?«

»Müssen wir darüber noch reden?«

»Dann sollten wir unser gegenseitiges Mißtrauen abbauen und uns als gleichberechtigte Partner auf der Basis fünfzig zu fünfzig anerkennen.« Er zündete sich die Zigarette an und blies den Rauch in Ringen vor sich hin. »Einigen wir uns auf zehn hochkarätige Edelsteine für jeden, und dann machen wir Schluß. Und zwar für immer! Denn einmal kommt es heraus! Wir müssen also auf einen Schlag . . .« Er unterbrach sich, da der Kellner erschien.

Pater Rochus machte einen verwirrten Eindruck.

Fedor griff nach seinem Glas. »Wollen wir darauf anstoßen?«

»Zehn, haben Sie gesagt?«

»Für jeden! Wennschon, dann mach' ich Nägel mit Köpfen. Na zdrowie!«

»Na zdrowie!«

Nachdem sie getrunken hatten, nahm Fedor das Gespräch wieder auf. »Ich habe mich in der Schatzkammer genau umgesehen und zwanzig allerliebste Steinchen ausfindig gemacht. Eine exakte Beschreibung kann ich Ihnen geben. Sie brauchen nur noch die Maße einzutragen.«

»Aber wie soll ich soviel Steine ... Da benötige ich mindestens zwei bis drei Nächte!«

»Über Tag können Sie keine Maße nehmen?«

»Ausgeschlossen.«

»Dann müssen Sie eben vorübergehend zum Nachtarbeiter werden.«

»Sie haben gut reden.«

»Dafür habe ich auch gute Ideen.«

Pater Rochus tat einen Seufzer. »Und wie soll der Tausch so vieler Imitationen auf einmal erfolgen?«

»Die Arbeit übernehme ich.«

Der Pauliner starrte ihn entgeistert an. »Sie ...?«

»Ja. Ich habe schon einen Plan. Die Sache ist ohne weiteres zu bewerkstelligen, wenn wir einen Zeitpunkt wählen, an dem Sie mit der Führung durch die Schatzkammer beauftragt sind. Ich stelle mich dann in die Reihe der Pilger, Sie übersehen mich am Schluß, sperren mich in die Schatzkammer ein und holen mich irgendwann in der Nacht wieder heraus. Mit Hilfe meines Spezialwerkzeuges, einer sogenannten ›Schaufel‹ und eines ›Bockfußes‹, kann ich in einer Stunde vier Edelsteine so ordnungsgemäß auswechseln, daß der Tausch nicht ohne weiteres auffallen wird. Sie haben leider ohne Werkzeug gearbeitet; ein Fachmann sieht sofort, daß da etwas nicht stimmt. Aber seien Sie unbesorgt. Ich werde die Sache in Ordnung bringen, wenn es soweit ist.«

Pater Rochus blickte nachdenklich vor sich hin. Der Plan des Goldschmiedes war gut und ließ sich durchführen. Nur eine Schwierigkeit gab es: nach Mitternacht konnte er niemanden aus dem Kloster herauslassen. Er mußte Fedor also für einige Stunden in seiner Zelle verstecken. »Überlegen wir einmal, wie das Ganze vor sich gehen könnte«, sagte er schließlich: »Für den Tausch von zwanzig Steinen würden Sie nach Ihrer Berechnung fünf Stunden benötigen, nicht wahr?«

»Ja. Wir sollten aber etwas mehr Zeit veranschlagen.«

Der Pauliner sinnierte halblaut: »Die Schatzkammer ist bis halb fünf geöffnet. Sie würden dann eingeschlossen werden. Kerzen müßten Sie bei sich haben. Licht dürften Sie jedoch nicht vor neun Uhr machen. Um diese Zeit findet der letzte Rundgang statt. Wenn Sie vorsorglich eine halbe Stunde länger warten, wird der unter der Tür sichtbare Lichtschein keinesfalls bemerkt werden. Fenster sind ja nicht vorhanden. Um halb vier könnten Sie dann fertig sein.«

»Die Reserve ist zu groß«, entgegnete Fedor nach kurzer Überlegung. »Sagen wir, um drei Uhr könnten Sie mich abholen.«

»Das wäre gut. Von den Laienbrüdern müssen nämlich einige schon um vier Uhr aufstehen.«

Fedor übergab die Liste der von ihm in Aussicht genommenen Edelsteine. »Wann werden Sie mir die Maße liefern können?«

»Die fünf, die ich schon habe, sollten wir auf alle Fälle einbeziehen. Weitere fünfzehn könnte ich Ihnen etwa Ende Januar zusenden.«

»Um Gottes willen! Nur keinen Leichtsinn! Ich komme

und hole mir die Aufstellung. Dann können wir auch nochmals alles in Ruhe besprechen. Bestimmt gibt es noch einige Punkte, die berücksichtigt werden müssen. Was ich Ihnen vortrug, ist ja nur ein Entwurf.«

»Der aber schon sehr weit gediehen ist.«

»Dennoch müssen wir alles tausendmal bedenken. Ein Geiger verbraucht viele Saiten, bis er ein Meister wird.«

Es wurde Anfang Februar, bis Pater Rochus die benötigten Maße bereit hatte. Er teilte dies dem Goldschmied mit und forderte ihn auf, keine Zeit zu verlieren und sofort zu kommen, da ihm laut Dienstplan am 1. März die Führung durch die Schatzkammer obliege. Sein Brief endete mit den Worten: ›Vorsorglich halte ich mich in den nächsten Tagen während der Mittagsstunde in der Basilika im ersten Beichtstuhl links auf. Dort können wir unbeobachtet miteinander sprechen.‹

Gleich am nächsten Morgen fuhr Fedor nach Czenstochau. Das Wetter war verheerend. Es schneite unablässig, und es war nicht leicht, am Bahnhof einen Droschkenfahrer zu finden, der sich bereit erklärte, nach Jasna Góra zu fahren. Oben angekommen, hatte Fedor alle Mühe, durch den Schnee zu stapfen, und er war durchnäßt und durchfroren, als er die Basilika erreichte, in der Pater Rochus – offensichtlich, um sich zu erwärmen – auf und ab marschierte. Als er den Goldschmied sah, eilte er gleich zum Beichtstuhl.

Fedor Zadek folgte ihm.

Durch das Gitter des Beichtstuhles blinzelten sie sich an.

»Wenn alles wie unser heutiges Treffen klappt, will ich zufrieden sein«, wisperte der Pauliner.

»Bitten Sie den Herrgott lieber, es wärmer werden zu lassen«, entgegnete Fedor und rieb sich die Hände. »Ich könnte sonst in der Schatzkammer zu einem Eisklumpen werden.«

»Dort ist es nicht so kalt wie hier.«

»Hoffentlich.«

Pater Rochus schob ein zusammengerolltes Papier durch das Sprechgitter. »Drei der von Ihnen ausgewählten Steine hatte auch ich ausgesucht. Wir haben somit die Maße von insgesamt zweiundzwanzig Exemplaren.«

»Um so besser.«

»Sprechen Sie bloß nicht mit Natascha über die Geschichte.«

Fedor nahm augenblicklich die Gelegenheit wahr, Pater Rochus' Glaubwürdigkeit zu prüfen. »Ich denke, Sie haben ihr alles gesagt.«

»Ich ...?« Der Pauliner stellte die Frage so gedehnt, daß seine Verstellung offensichtlich wurde. »Wie kommen Sie darauf?«

»Ich hab' nur so gefragt.«

»Ich werde doch nicht den Fehler begehen, Natascha in die Sache einzuweihen.«

Eine unbändige Wut überkam Fedor. Warum hatte Natascha kein Vertrauen mehr zu ihm? Weshalb verschwieg sie ihm, daß sie informiert war? Hatte Pater Rochus solche Macht über sie gewonnen? Er mußte sich zwingen, an etwas anderes zu denken. »Haben Sie meinen Plan nochmals gründlich durchdacht?«

»Wohl an die hundertmal. Anfangs glaubte ich, die Sache sei zu simpel, um klappen zu können. Inzwischen bin ich anderer Meinung geworden. Ihr Plan ist so genial einfach, daß Komplikationen nicht zu befürchten sind. Übrigens habe ich die benötigten Kerzen bereits in der Schatzkammer versteckt. Ebenfalls einen Teller, damit nirgendwo Wachstropfen entstehen. Und der Zeitplan für den nächsten Morgen ist auch schon klar. Sie verlassen meine Zelle, wenn unten im Refektorium das Mittagsgebet gesprochen wird. Zu der Zeit ist niemand auf den Gängen. Bis dahin werden Sie sich gedulden müssen.«

Sie besprachen noch einige Punkte, dann legte Pater Rochus ein kleines Paket auf den Rand der Tür des Beichtstuhles. »Nehmen Sie das im Weggehen an sich. Es ist das Geld für den Schleifer.«

Auf schnellstem Weg kehrte Fedor zum Bahnhof zurück. Wenn alles gutging, war er in vier Wochen ein reicher Mann.

Natascha war über alles genauestens informiert. Pater Rochus schrieb ihr regelmäßig, und so wußte sie, daß Fedor in Czenstochau gewesen war und am 1. März wieder dort sein würde, um sich in die Schatzkammer einschließen zu lassen. Sie bewunderte seinen Mut und hätte dies gerne zum Ausdruck gebracht, unterließ es jedoch, weil sie Pater Rochus versprochen hatte, sich unter allen Umständen unwissend zu stellen. Sein Wunsch kam ihr sogar entgegen. Die erpresserische Form, in der Fedor, ohne ihr auch nur die geringste Andeutung zu machen, an Pater Rochus herangetreten war, hatte sie tief verletzt. Sie traute ihm nicht mehr und hatte sich vorgenommen, ihr Verhältnis mit ihm nun endgültig zu beenden. Nur über das Wie war sie sich noch nicht im klaren. Sie suchte eine kameradschaftliche Lösung und hoffte, bei Fedor Verständnis zu finden, wenn sie sich ihm offenbarte und erklärte, nicht länger zwischen zwei Feuern stehen zu können. Aber sie schob das Gespräch immer wieder hinaus, bis der Tag heranrückte, an dem er nach Czenstochau fahren mußte.

»Hast du ein halbes Stündchen Zeit für mich?« fragte sie ihn, als er am Abend in der Ujazdower Allee erschien.

Er sah sie forschend an. »Gibt's etwas Besonderes?«

»Würde ich dich sonst bitten?«

Er glaubte plötzlich zu wissen, weshalb sie ihn sprechen

wollte. Sie weiß, daß ich morgen losfahre, sagte er sich. Wahrscheinlich will sie mir reinen Wein einschenken und auch Glück wünschen. Sollte das der Fall sein, werde ich alles andere vergessen und verzeihen. Und dann wandern wir aus und eröffnen irgendwo ein exquisites Juweliergeschäft. Mit einer halben Million läßt sich schon was anfangen. »Also gut«, sagte er voller Erwartung. »Wo sind wir ungestört?«

»Laß uns ein paar Schritte gehen.«

»Bei dem Schneematsch?«

Natascha nahm ihren Mantel von der Garderobe. »Sei nicht so zimperlich.«

Die Hoffnung, etwas Positives zu erfahren, machte ihn nachgiebig.

Um so schockierter war er, als ihm Natascha, kaum daß sie im Freien waren, ihr Herz ausschüttete und bekannte, bei Pater Rochus die Ruhe und Geborgenheit zu finden, die sie bei ihm vergeblich gesucht habe.

»Mit Erotik hat das nichts zu tun«, beteuerte sie nachdrücklich. »Im Gegenteil. In erotischer Hinsicht paßt du besser zu mir. Aber das andere fehlt mir, und ich kann auf die Dauer nicht zwei Herren dienen. So gehe ich vor die Hunde.«

»Und warum eröffnest du mir das gerade heute?«

Die Kälte seiner Stimme erschreckte sie. »Weißt du immer, warum du dieses oder jenes gerade in diesem oder jenem Augenblick tust?«

Seine Gedanken überschlugen sich. Ihr ist bekannt, daß ich nach Czenstochau fahre. Warum also vorher dieses Bekenntnis? Hat sie vor, mit Pater Rochus zu verschwinden? Dann soll sie mir das sagen und nicht um den heißen Brei herumreden.

Natascha schaute bittend zu ihm hoch. »Versteh mich doch! Ich will Klarheit schaffen!«

»Und wie soll es mit dir und Pater Rochus weitergehen?«

Sie zuckte die Achseln. »Er will versuchen, den Orden zu verlassen.«

»Um dich zu heiraten?«

»Wenn's geht.«

Fedor lachte gequält. »Muß Liebe schön sein!« Sein Stolz war getroffen. Natascha mochte tun, was sie wollte. Das hatte er ihr immer gesagt. Aber den Laufpaß ließ er sich nicht geben. Schon gar nicht in diesem Augenblick. Das sollte sie ihm büßen. Er würde sich zu rächen wissen. »Dann sollten wir gleich heute das Abschiedsfest feiern«, schrie er in ohnmächtiger Wut. »Am besten in deiner Wohnung. Da können wir noch einmal alle Stellungen durchprobieren. Was haltst du davon?«

Natascha blieb stehen. »Muß das Schöne, das wir erlebt haben, so billig enden? Können wir nicht Achtung voreinander behalten?«

Er wußte, daß er zu weit gegangen war. »Entschuldige«, sagte er. »Mir war der Kragen geplatzt. Ich hatte vorgehabt . . .«

»Was?«

»Ach, nichts. Gehen wir nach Hause.«

»Sonst hast du mir nichts zu sagen?«

»Nein. Ich werde meine Rache kalt verspeisen.«

Natascha überlief ein Schauer. Sie kannte Fedor und wußte, daß er seine Drohung wahrmachen würde. Und bereits eine Stunde später bekam sie zu spüren, wohin er steuerte. Denn er wandte sich, nachdem sie gemeinsam gegessen hatten, an Babuschka und sagte wie nebenbei:

»Ich fahre übrigens morgen nach Czenstochau.«

Die alte Dame sah ihn erstaunt an. »Zu Pater Rochus?«

»Ja, in einer Edelstein-Angelegenheit.«

Natascha war es, als bliebe ihr das Herz stehen.

»Man will mir den Auftrag erteilen, eine Nachbildung der berühmten Kordecki-Monstranz zu schaffen.«

»Und das sagst du, als wäre es nichts?«

»Die Entscheidung ist ja noch nicht gefallen. Die Aussichten sind aber gut. Ich habe die Edelstein-Imitationen schon anfertigen lassen und fahre nach Czenstochau, um sie mit den Originalen zu vergleichen.« Er erhob sich. »Ich habe sie im Mantel und werde sie euch zeigen. Von echten Steinen sind sie kaum zu unterscheiden.«

Natascha war die Kehle wie zugeschnürt. Worauf wollte Fedor hinaus?

Er ging nach draußen und kehrte mit einer Schachtel zurück, deren Inhalt er wie etwas Belangloses auf den Tisch schüttete. »Sehen die nicht phantastisch aus?«

Babuschka griff nach einem Smaragd. »Ist der wirklich nicht echt?«

Auf Nataschas Stirn perlte Schweiß.

Er lachte. »Alles, was du da siehst, ist geschliffenes Glas.«

Die alte Dame schüttelte den Kopf. »Dann ist es kein Wunder, daß es soviel unechten Schmuck gibt. Mit dem bloßen Auge sind echte und unechte Steine wahrhaftig nicht zu unterscheiden.« Sie betrachtete einen Diamanten. »Bei dem Licht hat der sogar Feuer.«

»Eben, das Licht ist fast entscheidender als die Qualität.«

»Aber die Schachtel, die du da hast, ist grauslich.«

»Ich hab' nichts Passendes gefunden.«

»Da kann ich dir helfen«, sagte Babuschka und entnahm einer Falte ihres Kleides ihren mit bunten Glasperlen bestickten Seidenbeutel. »Den leihe ich dir.« Sie leerte den Beutel. »Sonst haben die Pauliner kein Vertrauen zu dir. Und du weißt ja: Vertrauen weckt Vertrauen!«

Auf der Fahrt nach Czenstochau kam eine beängstigende Unruhe über Fedor Zadek. Er rauchte mehr als sonst, schaute aus dem Fenster, ohne die Landschaft zu sehen, stand auf und setzte sich wieder, fuhr sich durch das Haar und faßte immer erneut nach dem Beutel mit den Edelstein-Imitationen, der in seiner Manteltasche steckte. Zum Glück reiste er allein in dem Abteil. Seine Nervosität hätte jeden Mitfahrer stutzig gemacht. Sie wurde schließlich so stark, daß er sich besorgt fragte, ob er überhaupt in der Lage sein werde, die übernommene Aufgabe gewissenhaft zu erfüllen. Dabei hatte seine Unruhe ihren Grund nicht im bevorstehenden Risiko. Diese Gefahr erachtete er als gering. Es war vielmehr Pater Rochus, der ihn beschäftigte. An ihm wollte er seine Wut über Nataschas Entscheidung auslassen. Er hatte sich geschworen, den Mönch zu kujonieren, sobald es ›geschäftlich‹ nichts mehr zu erledigen gab.

Da er den Spätzug benutzte, kam er erst am Abend in Czenstochau an. Hier quartierte er sich in dem Gasthof ein, in dem er schon einmal übernachtet hatte. Damals hatte ihn seine Enttäuschung über die schon sicher geglaubten und dann verlorengegangenen dreißigtausend Rubel aus dem Postraub zum Wodka greifen lassen; diesmal trank er in dem Hochgefühl, am Abend einer großen Wende zu stehen. Als Millionär würde er ins Ausland gehen. Natascha und dieser Pauliner mochten sehen, was aus ihnen wurde. Sie konnten von Glück sagen, daß er nicht vorhatte, sie um ihren ganzen Anteil zu bringen.

Um so erstaunlicher war die verbindliche Art, mit der er Pater Rochus am nächsten Mittag begrüßte. Sie trafen sich am Kordecki-Denkmal auf der Potocki-Bastion, und selbst ein aufmerksamer Beobachter hätte nicht bemerken können, daß bei der Begrüßung ein vielfach zusammengefaltetes Blatt seinen Besitzer wechselte.

»Bis zur Führung durch die Schatzkammer haben Sie genügend Zeit, die Skizze gewissenhaft zu studieren«, sagte der Pauliner, nachdem er sich überzeugt hatte, daß niemand in der Nähe war. »Ich habe darin die Standorte der betreffenden Kunstwerke vorsorglich nochmals genau aufgezeichnet und jeweils vermerkt, welcher Edelstein zu tauschen ist. Die einzelnen Objekte sind Ihnen ja bekannt.«

»Sie scheinen bei Ihren Vorbereitungen tatsächlich den Kopf benutzt und nachgedacht zu haben«, mokierte sich der Goldschmied.

Pater Rochus hielt dies für einen Scherz und witzelte: »Mit dem Denken ist das so eine Sache; denn im Denken lauert die Gefahr zu denken, daß es Vernunft ist, was das Hirn uns sagt.«

Fedor quittierte diese Feststellung mit einem »Oh!«, das offenließ, ob es Erstaunen oder Belustigung zum Ausdruck bringen sollte.

Pater Rochus kam zur Sache zurück. »Bleiben Sie während der Führung in meiner Nähe. Ich werde Sie bei meinen Erklärungen und Erläuterungen durch Blicke und Gesten auf die auszutauschenden Edelsteine aufmerksam machen.«

»Ich werde meine Augen offenhalten.«

»Einem Glücksumstand ist es übrigens zuzuschreiben, daß einer der beiden Patres, die den heutigen Abschlußrundgang durchzuführen haben, plötzlich erkrankt ist. Ich habe mich sofort bereit erklärt, seine Aufgabe zu übernehmen, und mache nun den letzten Rundgang mit. Vor der Schatzkammer werde ich absichtlich laut reden, so daß Sie mich hören können. Sie brauchen dann nicht mehr lange zu warten. Eine Minute danach dürfen Sie getrost Licht machen.«

»Unter diesen Umständen sollten Sie mich schon um halb drei abholen.«

»Den Vorschlag wollte ich gerade machen.«

Nach diesem wie zufällig arrangierten Treffen kehrte Fedor nochmals für zwei Stunden in den Gasthof zurück, wo er ausgiebig aß und sich die ihm übergebene Skizze in allen Teilen genau einprägte. Anschließend kehrte er zum Kloster zurück und stellte sich in die Reihe derer, die die Schatzkammer besichtigen wollten.

Pater Rochus erschien pünktlich um halb drei, und er nahm die Führung so geschickt vor, daß Fedor nochmals eingehend jeden der Edelsteine betrachten konnte, die in der Nacht auszuwechseln waren. Seine Nervosität hatte sich weitgehend gelegt. Dafür war eine Art Rennfieber über ihn gekommen. Er beschäftigte sich nicht mehr mit Rachegedanken, sondern ausschließlich mit der vor ihm liegenden Aufgabe, die er sich relativ leicht vorstellte. Doch er täuschte sich. Nachdem Pater Rochus alle Pilger hinausgeführt, das Licht gelöscht und die Tür verriegelt hatte, überkam ihn so etwas wie Platzangst. Es war gar nicht so leicht, von halb fünf bis neun Uhr, also viereinhalb Stunden, untätig in einem dunklen Raum zu verbringen. Nicht einmal ein Stuhl stand ihm zur Verfügung. Er mußte sich auf den kalten Steinboden setzen und war froh, daß er sich besonders warm angezogen hatte.

Die Stunden zerrten an seinen Nerven. Immer wieder stand er auf und schlug die Arme um sich. Immer wieder rieb er sich die Hände. Die Angst, daß sie klamm und steif werden könnten, ließ ihn nicht los. Er nahm den wie eine Kugel geformten Griff der kleinen ›Schaufel‹, mit der die Juwelen zu lösen waren, in die Hand und machte Bewegungen, als fahre er mit ihrer hauchdünn auslaufenden, leicht gebogenen Fläche unter die Fassung eines Edelsteines. Sehr behutsam mußte dies geschehen. Da brauchte er warme Hände. Besonders bei den spröden Smaragden.

Nach einer Zeit, die ihm wie eine Ewigkeit erschien, hörte er draußen Pater Rochus und einen anderen Mönch laut lachen. Endlich war es so weit, daß er Licht machen konnte. Nie wieder würde er sich für viereinhalb Stunden in einen dunklen Raum einsperren lassen.

Er hielt den Atem an und lauschte. Die Stimmen wurden leiser, verklangen.

Eine Minute wartete er noch; er zählte langsam bis sechzig. Dann zündete er ein Streichholz an und ging mit schnellen Schritten und blinzelnd zugekniffenen Augen auf eine Nische zu, in der Pater Rochus die Kerzen und den Teller verborgen hatte.

Das Zündholz erlosch. Er ließ ein zweites aufflammen, griff nach einer Kerze, entzündete ihren Docht und atmete befreit auf. Es währte jedoch eine ganze Weile, bis sich seine Augen an das Licht gewöhnt hatten und er die Kerze mit Wachstropfen auf dem Teller befestigen und mit der Arbeit beginnen konnte.

Systematisch ging er vor. Als erstes verteilte er die Imitationen, so daß er später nicht zu prüfen und zu suchen brauchte. Danach entzündete er, um besseres Licht zu haben, eine zweite Kerze und wandte sich der eigentlichen Arbeit zu. Nicht die geringste Unruhe steckte mehr in ihm. Er legte die Uhr vor sich hin, löste behutsam eine Fassung nach der anderen, hob die Edelsteine heraus, steckte sie in Babuschkas Seidenbeutel, legte die Imitationen in die Fassungen und drückte deren ›Griffe‹ mit dem ›Bockfuß‹ vorsichtig wieder an.

Es war kalt in der Schatzkammer. Nachdem Fedor Zadek aber einen Saphir und einen besonders schönen Diamanten ausgewechselt hatte, fror er nicht mehr. Und als fünf Edelsteine im Beutel lagen, wurde ihm sogar warm. Beim zehnten lockerte er seinen Kragen, und als die Arbeit nach gut vier Stunden beendet war und zweiundzwanzig kostbare Rubine, Smaragde, Diamanten und Saphire gegen billige Imitationen ihren Besitzer gewechselt hatten, stand ihm der Schweiß auf der Stirn, und er wünschte sich nichts sehnlicher, als herausgeholt zu werden. Er sah das Tor zur Unabhängigkeit bereits weit geöffnet.

Pünktlich um halb drei erschien Pater Rochus in der Schatzkammer. Der Ausdruck seines Gesichtes war voll gespannter Erwartung. »Alles klargegangen?« fragte er gedämpft.

Fedor Zadek hielt den Seidenbeutel wie eine Trophäe hoch.

»Alle zweiundzwanzig?«

»Denken Sie, ich hätte einen Stein ausgelassen?«

Pater Rochus wollte ihn umarmen.

Der Goldschmied trat augenblicklich einen Schritt zurück. »Es könnte ein Judaskuß werden!« warnte er dabei hintergründig.

Der Pauliner stutzte. »Was soll das?«

»Später«, antwortete Fedor Zadek. Ihn ritt plötzlich der Teufel. Jede Freude des anderen wollte er im Keim ersticken. »Kontrollieren Sie erst mal, ob ich auch keine Spuren hinterlassen habe. Vier Augen sehen mehr als zwei.«

Verwirrt nahm Pater Rochus den Teller, auf dem zwei brennende Kerzen in einer ausgelaufenen Wachsschicht standen. Er begriff den Goldschmied nicht, sah jedoch ein, daß die Schatzkammer einer gewissenhaften Prüfung unterzogen werden mußte. Langsam ging er an den Monstranzen, Kelchen, Kerzenleuchtern und Kruzifixen entlang. Nirgendwo war etwas Verdächtiges zu entdecken. Alles stand an seinem ordnungsgemäßen Platz. »Von mir aus können wir gehen«, sagte er nach seinem Kontrollgang.

Fedor zog seine Schuhe aus, band die Riemen zusammen und hängte sie sich über die Schulter.

»Haben Sie den Beutel mit den Juwelen?«

Er klopfte auf seine Manteltasche.

Der Pauliner steckte die übriggebliebenen Kerzen ein und wies zum Eingang. »Gehen Sie vor und bleiben Sie gleich hinter der Tür stehen. Sobald ich sie verschlossen habe, lösche ich das Licht. Sie geben mir dann die Hand und folgen mir so leise wie möglich.«

»Was wird mit dem Teller?«

»Den behalte ich.«

»Lassen Sie ihn bloß nicht fallen.«

»Ich habe in der Kutte eine große Tasche.«

Von diesem Augenblick an wurde kein Wort mehr gesprochen. Langsam, Schritt vor Schritt setzend, stiegen sie Treppen hinauf und gingen über endlos erscheinende Gänge. Es war so finster, daß nicht das Geringste zu sehen war. Deutlich aber wurde erkennbar, daß Pater Rochus den Weg nicht zum erstenmal in der Dunkelheit zurücklegte.

Fedors Abneigung schlug in Bewunderung um. Der Pauliner bewegte sich, ohne ein Geräusch zu verursachen. Nirgendwo stieß er an. Es war, als besitze er einen sechsten Sinn. Mit untrüglicher Sicherheit steuerte er nach rechts, dann wieder nach links, bis er schließlich seine Zelle erreichte, sie öffnete, ihn in den Raum schob, die Tür hinter sich schloß und Licht machte.

»Das wäre geschafft«, sagte er, befreit aufatmend.

Der Goldschmied kniff die Augen zusammen. Die Zelle war kahl. In ihr gab es außer einem Bett noch ein Wachstuchsofa, vor dem ein Tisch stand. An der hinteren Wand befand sich ein Schrank, seitlich davon eine Gebetsecke. Das Fenster war mit einer Wolldecke verhangen. »Weshalb das?« fragte Fedor verwundert.

»Der Lichtschein könnte jemanden wecken und neugierig machen.«

»Beruhigend, daß Sie an alles gedacht haben.«

»Sogar an einen stärkeren Trunk!« Der Pauliner entnahm dem Schrank eine Wodkaflasche.

»Her damit! In meinem Mund staubt es schon seit Stunden.«

Pater Rochus füllte ein Wasserglas und reichte es Fedor.

Der leerte es in einem Zug.

»Zeigen Sie unsere Beute.«

»Erst noch ein Glas.«

»Können Sie soviel vertragen?«

»Jede Menge. Besonders an einem Tag wie diesem.«

»Dennoch sollten wir vorsichtig sein. Noch sind Sie nicht heraus aus dem Kloster.«

Der Goldschmied grinste. »Und wann wollen Sie es verlassen?«

Pater Rochus blickte erstaunt auf. »Hat Natascha Ihnen erzählt, was wir vorhaben?«

»Beiläufig.« Er leerte zum zweitenmal das Glas. »Ganz beiläufig hat sie mir alles anvertraut. Alles!« betonte er. »Auch, daß Sie sie bewogen haben, so zu tun, als wisse sie von unserem heutigen ›Spaziergang‹ nichts.«

Der Pauliner fuhr sich über die Stirn. »Das verstehe ich nicht.«

Fedor Zadek setzte die Flasche an den Mund. Er ärgerte sich über sich selbst. Warum nur konnte er es nicht erwarten, sich zu rächen? Weshalb schob er seine Rache nicht hinaus, bis er das Kloster verlassen hatte? Befürchtete er, den Rivalen dann so schnell nicht wiederzusehen? »Sie werden sich noch über vieles wundern«, prophezeite er grimmig, als er die Flasche abgesetzt hatte. »Über sehr vieles! Und zwar heute noch!« Er nahm auf dem Liegesofa Platz. »Jawohl, noch heute wird aufgeräumt. Jetzt und hier in Ihrer Zelle. Hier sitzen wir gewissermaßen gemeinsam in einem Boot. Keiner kann aussteigen, ohne Gefahr zu laufen, augenblicklich abzusaufen. Aber machen Sie sich keine Sorge. Ihren Anteil werde ich Ihnen nicht nehmen. Den mache ich Ihnen nicht streitig. Ob Sie aber Natascha bekommen, das steht noch dahin.«

Pater Rochus wurde böse. »Deshalb also Ihre Bemerkung vom Judaskuß. Sie wollen mir Ihre Schwester verweigern?«

»Meine was?« Fedor lachte und setzte die Flasche erneut an.

Der Pauliner entriß sie ihm. »Es kann doch nicht Ihr Wunsch sein, uns mit Gewalt ins Unglück zu stürzen.«

Der Goldschmied ließ sich zurücksinken und streckte sich auf dem Wachstuchsofa aus. Ein Schwindelgefühl erfaßte ihn. Gleichzeitig überkam ihn ein Wonnegefühl. »Wenn ich nicht so müde wäre, würde ich Sie bis morgen mittag quälen. Langsam würde ich Ihnen das Herz aus dem Leibe reißen. Ganz langsam. Stück für Stück. Millimeterweise. Aber so . . .« Er gähnte. »Wir teilen jetzt unseren Gewinn. Allerdings unter der Bedingung . . .« Seine Stimme wurde lallend. »Quatsch«, korrigierte er sich. »Ich stelle keine Bedingung. Ich stelle lediglich fest, daß Natascha nicht meine Schwester, sondern meine Geliebte ist. Und das seit Jahren!«

Pater Rochus wandte sich angewidert ab. »Sie sind ja betrunken.«

»Das bin ich nicht!«

»Leise!« flehte der Pauliner.

»Den Wunsch erfülle ich Ihnen in meinem eigenen Interesse.« Fedor richtete sich auf, fiel aber gleich darauf wieder zurück. Warum gefährdete er leichtfertig, was er mit Mühe erreicht hatte? Er richtete sich nochmals auf. »Was ich Ihnen gesagt habe, stimmt! Natascha ist nicht meine Schwester. Ich heiße Zadek und nicht Górski. Ihr wirklicher Bruder ist Roman Górski. Der war nicht ohne Grund gegen Sie eingestellt. Wir hatten ihn bewogen, sich als Vetter auszugeben. Nur widerstrebend hatte er eingewilligt. Die Gründe zu nennen, erspare ich mir. Und Babuschka hat mitgespielt, weil ... Ach, ist ja egal. Fest steht auf jeden Fall, daß Natascha meine Geliebte ist. Aber von mir aus können Sie sie jetzt behalten. Sie werden sie nur nicht mehr wollen. Oder doch? Maria Magdalena war ja auch eine Sünderin. Warum also nicht?«

Pater Rochus hielt sich die Ohren zu. »Hören Sie auf. Alles, was Sie reden, ist Lüge!«

Fedors Gesicht verzerrte sich. Rachegefühle übertrumpften Verstand und Vernunft. Er belauerte den Pauliner, wartete, bis der die Hände vom Kopf nahm. »Ist die Wohnung in der Jerusalimskaja auch eine Lüge?«

Der Pauliner taumelte, griff nach einem Stuhl.

Im Nu nahm ihm Fedor die Flasche ab. »Na?« Er trank gierig. »Glauben Sie mir jetzt?«

Pater Rochus rang nach Luft. »Was wissen Sie von der Wohnung?«

»Vor allen Dingen, daß Natascha und ich das Liebesnest eingeweiht haben. Auf den Eisbärenfellen und vor dem Spiegel haben wir es getrieben. Natürlich auch im Bett. Unter dem Lampion mit dem roten Licht. Das letzte Mal vorgestern abend«, log er hinzu.

Der Pauliner sah aus, als würde ihm der Schädel platzen. Seine Stirnadern schwollen, seine Augen traten hervor. »Wissen Sie, was Sie sind? Sie ... Sie Satan!« Er erhob sich, eilte zur Tür, blieb dort wie mit sich kämpfend stehen und lief dann plötzlich davon.

Fedor stellte die fast geleerte Flasche zurück und streckte sich auf dem Sofa aus. In seinem Kopf drehte sich alles. Vage wurde er sich bewußt, daß er unrecht getan hatte. Der Pater tat ihm irgendwie leid. Er war der Blitzableiter gewesen. An ihm hatte er seine Wut ausgelassen. Um jeden Preis hatte er Rache nehmen wollen. Die Augen fielen ihm zu. Ein paar Stunden Schlaf noch, dann lag das böseste Kapitel seines Lebens hinter ihm. Der Weg in die Freiheit hatte sich geöffnet. Er würde ihn gehen. Allein. Ein ganz neues Leben ... Er schlief ein.

Pater Rochus kehrte zurück. Sein Gesicht war kreidebleich. Die Augen blickten wie die eines Irren. Seine Lippen waren fast blau. In der Hand hielt er ein Beil. Wie in Trance ging er auf den Goldschmied zu, holte aus, schlug zu, zertrümmerte den Schädel.

Blut spritzte an die Wand.

Er holte ein zweites Mal aus.

Fedor Zadek bäumte sich auf. Das Beil sauste auf ihn herab. Er fiel zurück, rutschte vom Sofa, lag auf dem Boden – röchelte.

Der Pauliner stürzte sich auf ihn, griff nach der Kehle und drückte sie mit aller Kraft zu. »Das ist die Strafe«, keuchte er wie von Sinnen. »Die Strafe für das, was du mir angetan hast. Aber ich vergebe dir. Ich erteile dir die Absolution. Ego te absolvo!«*

Pater Rochus' weiteres Vorgehen war von einer kaum begreiflichen Kaltblütigkeit diktiert. Als erstes wischte er das Beil an seiner blutverschmierten Kutte sauber. Anschließend trug er die Mordwaffe in die Gerätekammer zurück. Dann entnahm er seinem Schrank eine Rolle Schnur und tat etwas, das unsinnig erschien. Er, der vor Monaten nicht gewagt hatte, an das Bett des verstorbenen Paters Pius heranzutreten, band die Beine des Toten zusammen und schnürte dessen Hände fest an den Körper. Es war, als hätte er seit Wochen überlegt, was in einem solchen Fall zu tun sei. Behutsam kippte er das

* Protokollarisch erfaßte Aussage!

Liegesofa um, schnitt zwei jener Bänder auf, welche die Spiralfedern halten, entfernte einige von ihnen, so daß ein Hohlraum entstand, und begann mit der schwierigen Arbeit, den Ermordeten in die Matratze hineinzuschieben. Mit den Füßen nach vorn schob und zerrte er Fedor Zadek zentimeterweise in das Liegesofa hinein. Und als die Arbeit im Morgengrauen geschafft war, band er ein Kissen unter den Kopf des Toten, um zu verhindern, daß weiter Blut herabtropfen konnte. Ohne allzu große Mühe kippte er das Sofa dann langsam zurück und hatte so die Leiche fürs erste fortgeschafft. Wären an der Wand und auf dem Boden keine Blutspritzer gewesen, würde von der Schreckenstat nichts zu sehen gewesen sein.

Auch weiterhin ging Pater Rochus kaltblütig und systematisch wie nach einem wohlüberlegten Plan vor. Er zog seine Kutte aus und wischte mit ihr den Boden und das Wachstuchsofa ab. Die Blutspuren konnte er freilich nicht ganz beseitigen, aber es bestand wenigstens keine Gefahr mehr, sich Flekken zuzuziehen. Dann schlüpfte er in seine ›Ausgangskutte‹ und begab sich zu seinem Vertrauten, Pater Markus, der noch in tiefem Schlaf lag.

Er schüttelte ihn. »Werde wach, Markus! Ich muß dich unbedingt sprechen. Es ist etwas Schreckliches geschehen.«

Der Ordensbruder rieb sich die Augen. »Was ist denn los?«

»Das sage ich dir später. Du mußt mir helfen. Ich bin auf dich angewiesen. Lauf zu unserem Bauern. Du weißt schon, wen ich meine. Er soll noch heute eine große Kiste oder einen Korb besorgen. Irgendeinen Behälter, der mindestens achtzig Zentimeter breit und ein Meter siebzig lang ist.«

»Wofür brauchst du den?«

»Das erkläre ich dir nachher. Mach dem Bauern klar, daß er die Kiste – oder was immer es ist – noch heute beschaffen muß. Er soll den Kasten aber nicht hierherbringen, sondern in der kommenden Nacht um elf Uhr am Ende des Westausganges abstellen.«

»Der wird mich für verrückt halten.«

»Er wird den Auftrag aber ausführen, wenn du ihm diese hundert Rubel in die Hand drückst. Sag ihm, er könne den Rest für sich behalten.«

»Und warum gehst du nicht selber zu ihm?«

»Ich kann nicht fort, muß in meiner Zelle ... Ich muß Blutspuren beseitigen.«

Pater Markus saß im nächsten Moment kerzengerade im Bett. »Blutspuren hast du gesagt?«

Pater Rochus machte eine verzweifelte Geste.

»Du hast doch nicht ...?«

»Stell jetzt keine Fragen!«

»Sag mir die Wahrheit: Hast du jemandem etwas angetan?«

»Niemandem aus dem Kloster.«

Der Ordensbruder bekreuzigte sich.

»Man wollte mich erpressen. Du, Bruder Bazil und ich – wir drei wären vor den Kadi gekommen! Ich hatte meiner Freundin, die unbedingt wissen wollte, woher ich soviel Geld habe, in einer schwachen Stunde eingestanden ...«

Pater Markus stöhnte. »Wie konntest du nur einem Weibsbild trauen?«

Sie wird mir dafür büßen, schwor sich Pater Rochus. Fedors Worte hallten ihm in den Ohren. Mit meinen eigenen Händen werde ich sie erwürgen. In der Jerusalimskaja 23! »Laß mich jetzt nicht im Stich!« flehte er seinen Ordensbruder an.

»Besteht Gefahr für Bazil und mich?«

»Nein, aber wir müssen sofort handeln. Ich erzähle dir heute abend alles.« Seine Hände fuhren zitternd durch die Luft. »Das Wichtigste hätte ich beinahe vergessen. Du mußt zwei Droschken mieten. Sie sollen in der Nacht um zwölf Uhr am Ende des Westausganges sein. Ohne Lichter. Erkläre den Kutschern, es handle sich um eine Nachtfahrt in Richtung Nowo-Radomsk. Jeder erhält zweihundert Rubel.«

»Ist das nicht zuviel?«

»Laß das meine Sorge sein. Ich muß mich auf die Kerle verlassen können.«

Wohl oder übel versprach der Ordensbruder, alles Geforderte zu tun, und Pater Rochus eilte schnellstens in seine Zelle zurück. Siedendheiß war ihm eingefallen, daß sich der Beutel mit den Edelsteinen noch im Mantel des Toten befand. In dem grauenhaften Geschehen hatte er vergessen, ihn an sich zu nehmen.

Fedor Zadek steckte so im Sofa, daß Pater Rochus leicht an seine Manteltasche herankommen konnte. Als er aber den mit Glasperlen bestickten Seidenbeutel in der Hand hielt, hätte er ihn am liebsten an die Wand geschleudert. Natascha hatte den Beutel bei ihrem ersten Besuch im Hotel Bristol auf dem Schoß liegen gehabt.

Natascha!

Er schaute wie hilfesuchend zur Schwarzen Madonna auf, deren Nachbildung über dem Wachstuchsofa hing. »Ich habe dich bestohlen«, murmelte er. »Und nun brennen mir die Juwelen in den Händen. Ich kann nichts mehr mit ihnen anfangen, will sie nicht mehr. Natascha aber soll ihre gerechte Strafe erhalten! In deinem Namen werde ich mich rächen! *Du* wirst den Schmuck zurückerhalten, das schwöre ich dir! Hilf mir dabei. Vielleicht könnte ein Wunder ... Das Kloster darf nicht belastet werden.« Er kniete nieder und betete, flehte um Vergebung und Erleuchtung. Die Rückgabe der Edelsteine war ihm plötzlich wichtiger als alles andere.

Um neun Uhr morgens zelebrierte er die Heilige Messe, als wäre nichts geschehen. Eine Stunde danach besorgte er sich beim Klostermaler Piotr Farbe und Pinsel und begann damit, die Blutspuren in seiner Zelle zu überstreichen. Als er am Spätnachmittag damit fertig war, brachte er die Utensilien zurück und eilte zu Pater Markus.

»Wie steht's?« fuhr er ihn beinahe grob an. »Hast du alles erledigt?«

»Natürlich.«

»Warum hast du mir dann keinen Bescheid gegeben?«

Der Ordensbruder druckste herum. »Ich wollte ... dich nicht stören. Du sagtest, daß du ... daß du Blutspuren beseitigen mußt.«

»Das ist bereits geschehen. Nichts ist mehr festzustellen.«

»Und wo ist der ...?«

»In der Matratze meines Sofas.«

Pater Markus' Augen weiteten sich. Auf seinem Nasenrükken perlte Angstschweiß.

»Niemand kann etwas sehen«, beruhigte ihn Pater Rochus.

»Wer ist der Tote überhaupt?«

»Der Bruder meiner Freundin. Du weißt, der Goldschmied. Wenn er nicht verlangt hätte, ihm Einlaß in die Schatzkammer zu gewähren, wären mir die Nerven nicht durchgegangen. Ich konnte ihn doch nicht einfach kostbare Kunstgegenstände stehlen lassen.«

»Und wie soll es weitergehen?«

»Wir tun heute abend so, als wollten wir mein Sofa zur Reparatur zum Klostersattler bringen, gehen dann aber nicht zur Werkstatt, sondern biegen zum Westausgang ab.«

Der Ordensbruder starrte ihn entgeistert an. »*Ich* soll dir dabei helfen?«

»Wer denn sonst?« beschwor ihn Pater Rochus. »Es darf doch nicht herauskommen, daß du dir einen kostbaren Saphir angeeignet hast.«

Pater Markus bäumte sich auf, doch alles Sträuben half ihm nichts. Der Stärkere setzte sich durch. Aus Verzweiflung wurde schon manch verloren geglaubte Schlacht gewonnen.

Pater Rochus' Zeitplan hätte von einem Generalstab entworfen sein können. Der Bauer kippte in der Nacht wenige Minuten vor elf Uhr einen riesigen Korb, den ein Czenstochauer Händler zufällig auf Lager gehabt hatte, in eine verfallene Schneewehe am äußersten Ende des Westausganges. Im Hintergrund warteten die Patres Rochus und Markus bereits mit dem Liegesofa, das sie, ohne Aufsehen zu erregen, aus dem Kloster herausgebracht hatten. Eine kurze Besichtigung des Korbes zeigte ihnen, daß er groß genug war, um das Sofa aufzunehmen, und es war noch nicht halb zwölf, als das belastende Indiz verschwunden und der Korb mit Hilfe einer Wäscheleine gut verschnürt war.

Pater Markus flehte händeringend, ihn in das Kloster zurückkehren zu lassen, doch Pater Rochus blieb unerbittlich. Er drohte ihm schließlich: »Wenn du mich jetzt im Stich läßt, werde ich dich verfluchen!«

Der Gedanke, mit einem Fluch belastet zu werden, löste in dem schlichten Ordensbruder eine Panik aus. »Nur das nicht«, beschwor er Pater Rochus.

Der beruhigte ihn und setzte sich ohne Skrupel auf den Korb. Er konnte sich kaum noch auf den Beinen halten. Eine Nacht und einen vollen Tag hindurch war er nicht zur Ruhe gekommen, und seit dem vorigen Abend hatte er nichts mehr gegessen. Es war ihm unmöglich gewesen, etwas zu sich zu nehmen. »Hoffentlich kommen die Wagen bald«, sagte er wie zu sich selbst. »Mir ist richtig schwindelig.«

Gut eine Viertelstunde vor der verabredeten Zeit erschienen die beiden Droschken. Die Fahrer waren aber außer sich, als sie hörten, daß einer der Wagen mit einem Korb beladen werden sollte.

»Wir sind doch keine Fuhrunternehmer«, schimpften sie.

»Was denkt ihr wohl, weshalb ich euch eine so hohe Entlohnung angeboten habe?« fuhr Pater Rochus sie an.

Sein resolutes Auftreten unterband jede weitere Diskussion. Gemeinsam hoben sie den Korb in eine der offenen Kutschen. Er war so groß, daß er hinten schräg herausragte. Aber das war in der Dunkelheit nicht zu sehen. Eine schmale Mondsichel, die hinter Wolken lag, spendete nur spärliches Licht.

»Und wohin geht die Reise?« fragte der ältere der beiden Kutscher.

»Zunächst einmal in Richtung Nowo-Radomsk. Kennt ihr an der Strecke einen Weg, der zur Warthe führt?«

»Da gibt's die Straße nach Garmek«, antwortete der jüngere. »Wenn Sie dorthin wollen, müssen wir zwischen Rudniki und Klomnice abbiegen.«

»Übernehmen Sie die Führung«, erklärte Pater Rochus fast militärisch und stieg mit seinem Ordensbruder in den Wagen des älteren Fahrers. Dabei schob er einen Koffer, den er nach Einbruch der Dunkelheit zusammen mit einem fest verschnürten Paket am Westausgang abgestellt hatte, in das Fahrzeug hinein.

»Was ist darin?« fragte Pater Markus.

»Sachen, die verschwinden müssen.«

Das entsprach nur zum Teil der Wahrheit. Wohl befand sich in dem Bündel die blutbefleckte, in Streifen gerissene weiße Mönchskutte, im Koffer aber lagen säuberlich gefaltet eine Soutane und ein Zivilanzug. Pater Rochus dachte nicht daran, nach Jasna Góra zurückzukehren. Er wollte auf schnellstem Weg nach Warschau fahren. Natascha sollte ihre Strafe erhalten. Er sah den Verlauf des nächsten Tages schon genau vor sich, war sich nur noch nicht klar darüber, wie er den Schmuck dem Kloster zurückerstatten sollte. Es war ihm zur fixen Idee geworden, mit Hilfe der Schwarzen Madonna ein Wunder zu vollbringen. Zunächst hatte er vorgehabt, den Beutel mit den Edelsteinen einfach auf den Altar der Gnadenkapelle zu legen. Er nahm jedoch Abstand davon, weil er glaubte, daß die Rückgabe dann kaum als Wunder zu bezeichnen wäre. Auch wollte er feststellen, ob die Schwarze Madonna ihm verziehen hatte und schützend ihre Hand über ihn hielt. In seinem Denken lagen Verworrenheit und Klarheit dicht nebeneinander. Zeitweilig war er unfähig, überhaupt einen Gedanken zu fassen. Es lag wohl an dem Schock, den er erlitten hatte. Möglich auch, daß Übermüdung und fehlende Nahrungsaufnahme das ihre taten. Was immer es aber sein mochte, es gab nur noch zwei wichtige Dinge für ihn: die Edelsteine mit Hilfe der Schwarzen Madonna in das Kloster zurückzuleiten und Natascha aufzusuchen. Auf diese beiden Punkte konzentrierte er sich, und es interessierte ihn herzlich wenig, was weiterhin mit dem Ermordeten geschah. Irgendwann würde es ›Plumps‹ machen, und dann war er weg.

Natürlich kam Pater Rochus nicht daran vorbei, seinem Ordensbruder zu schildern, was sich ereignet hatte und wie es dazu gekommen war. Seine Erzählung entsprach jedoch nicht den Tatsachen. Sie war ein Seiltanz zwischen Dichtung und Wahrheit, doch gerade die daraus resultierende Konzentration hielt ihn wach und steigerte sein Verlangen, vor den Augen der Madonna Gnade zu finden. Ihr galten all seine Gedanken. Auf sie übertrug er, was er für Natascha empfunden hatte.

Nach langer Fahrt wurde die Warthe erreicht, und hier veranstaltete der ängstliche Pater Markus, nachdem der Korb aus dem Wagen gehoben und in den Fluß geworfen worden war, ein hektisches Theater. »Kniet euch nieder!« forderte er die

Kutscher auf und ließ sie bei der Jungfrau Maria, bei Jesus Christus, Gottvater und allen Heiligen schwören, zu niemandem über die Fahrt zu sprechen und eher zu sterben, als den Schwur zu brechen. Immer wieder ließ er sie schwören und beten, bis es Pater Rochus zuviel wurde.

»Genug«, unterbrach er ihn unwillig. »Jetzt bekommen die beiden erst mal ihren Lohn.« Er griff in die Kutte und zog ein Bündel Banknoten hervor. »Zündet eine Laterne an.«

Im Schein der Lampe, die er gleich danach wieder löschen ließ, gab er den Männern je zweihundert Rubel. Dann traten sie die Rückfahrt an, in deren Verlauf sie in Rudniki von einigen Betrunkenen, die ihnen sagen sollten, wo in der Ortschaft noch eine Flasche Kwaß zu erhalten sei, lauthals verlacht und gehänselt wurden.

»Ich kann es vor Durst kaum aushalten«, sagte Pater Rochus, als sie weiterfuhren. »Seit gestern abend habe ich keinen Schluck mehr getrunken.«

In der nächsten Ortschaft war das Fenster einer kleinen Hütte erleuchtet. »Halte an!« kommandierte er augenblicklich. »Da bekomme ich bestimmt Wasser.«

Der Kutscher brachte den Wagen zum Stehen.

Pater Rochus sprang auf die Straße, lief durch tiefen Schneematsch auf das Haus zu und klopfte an das Fenster.

Hinter der Scheibe tauchte der Kopf einer Frau auf.

»Kann ich etwas Wasser haben?«

»Nu, gewiß doch!« Sie wies um das Haus herum.

Er ging zum Eingang.

Die Tür wurde geöffnet, und eine Bäuerin erschien mit einem Becher Wasser. »Gelobt sei Jesus Christus«, rief sie bewegt, als sie sah, daß ein Mönch vor ihr stand. »Kommen Sie herein, Hochwürden. Ich hatte nicht gesehen . . .«

»Keine Umstände, gute Frau«, unterbrach er sie. »Ich muß weiter und habe nur furchtbaren Durst.«

Sie reichte ihm den Becher. »Wir waren gerade aufgestanden, weil eine Kuh kalbt.«

Er leerte das Glas ohne abzusetzen.

»Vergelt's Gott«, stöhnte er erlöst. »Wie heißt dieser Ort eigentlich?«

Sie nannte den Namen.

Seine Augen leuchteten auf. »Ist hier nicht ...« Er unterbrach sich, als hätte er schon zuviel gesagt. Ein faszinierender Gedanke war ihm gekommen. »Wer ist der Büttel dieses Dorfes?«

»Tadeusz Minka.«

Er sandte ein Stoßgebet zum Himmel. »Und wo wohnt der?«

»In Richtung Czenstochau in der vorletzten Hütte links. Kennen Hochwürden ihn?«

»Nein, nein«, antwortete er. »Ich fragte nur so.«

Pater Rochus war völlig geistesabwesend, als er zur Kutsche zurückkehrte.

Tadeusz Minka! Seit gut einem Jahr wußte er, daß sein ehemaliger Militärausbilder der Büttel dieses Ortes geworden war. Er hatte sich schon einige Male vorgenommen, ihn zu besuchen, aber dann war immer wieder etwas dazwischengekommen. Hatte das Schicksal es so gewollt? War es höhere Fügung, daß er gerade heute ...?

Seine Gedanken kreisten. Er hatte vorgehabt, sich in Czenstochau am Bahnhof absetzen zu lassen, um mit dem Frühzug nach Warschau zu fahren. Darum hatte er seinen Koffer auch bereits mitgenommen. Wenn er nun ... Der alte Tadeusz Minka war zuverlässig. Niemals würde er etwas unterschlagen. Bestimmt würde er zum Kloster eilen, und dann ... Es wäre ein Wunder, ein echtes Wunder!

»Hör zu«, sagte er gedämpft, an Pater Markus gewandt. »Ich steige gleich aus und gehe zu Fuß weiter.«

»Warum denn das?« fragte der Ordensbruder, den es im Grunde genommen erleichterte, sich von Pater Rochus trennen zu können. Er verging vor Angst.

»Ich kehre nicht nach Jasna Góra zurück.«

Dem Herrn sei Dank, dachte Pater Markus.

»Ich habe vor, nach Warschau zu reisen. Bestimmt würde es auffallen, wenn ich stundenlang am Bahnhof herumstehe.«

»Das ist richtig.«

»Nur einen Fehler habe ich gemacht. Ich will von Warschau nach Galizien und von dort ins Ausland, habe jedoch meine Papiere im doppelten Boden meines Schrankes liegengelassen. Nimm sie an dich und schicke sie mir morgen, allerspätestens übermorgen postlagernd nach Koniecpol.«

Nie im Leben werde ich deine Zelle nochmals betreten, dachte Pater Markus, fragte aber unbefangen: »Warum gerade dorthin?«

»Weil ich nicht mehr über Czenstochau fahren kann. Ich muß vorsichtig sein und mich auf Nebenstrecken bewegen. Da fahre ich am besten über Kielce, Koniecpol und Myszkow nach Krakau.«

»Willst du Propst Jordanski aufsuchen?«

»Vielleicht.«

»An deiner Stelle würde ich das nicht tun«, riet ihm Pater Markus.

»Und weshalb nicht?«

»Es ist immerhin ... Wer weiß, wie der Propst reagiert, wenn er erfährt, was du getan hast.«

»Das Beichtgeheimnis wird er niemals verletzen.«

»Das gewiß nicht. Aber ...« Er zuckte die Achseln.

»Ich werde es mir noch genau überlegen.« Er reichte dem Ordensbruder die Hand. »Mach's gut, Markus.«

»Hier im Wald willst du aussteigen?«

»Warum nicht? Und zögere nicht zu lange mit der Reise zu deiner Familie. Wer weiß, was sich in Jasna Góra noch alles tut.«

Pater Markus machte das Kreuzzeichen über seinen einstigen Ordensbruder. »Der Herr sei mit dir.«

Pater Rochus geriet in einen ekstatischen Taumel, als er durch tiefen Schneematsch in das Dorf zurückeilte, in dem Tadeusz Minka das Amt eines Büttels übernommen hatte. Seinen Koffer schwenkte er wie einen Spazierstock. Erlösungssehnsucht verdrängte jedes Schuldgefühl. Die Schwarze Madonna würde ihm vergeben, wenn sie die Edelsteine zurückerhielt, die ihr einst von Königen und Fürsten zu Füßen gelegt worden waren. Für sich persönlich hätte er sie niemals gestohlen. Wenn Natascha nicht gewesen wäre ...

Natascha!

Die vorletzte Hütte links, hatte die Bäuerin gesagt. Was mochte der Büttel denken, wenn er am Morgen den hübschen Seidenbeutel ...? Konnte es wahr sein, daß auch Babuschka ...? Oder hatte Fedor ihn belogen?

Unsinn! Wozu sich Illusionen hingeben? Der Goldschmied hatte die Wohnung in der Jerusalimskaja 23 genau gekannt! Natascha hatte ...

Natascha!

Am Himmel wurden erste graue Streifen sichtbar. Er mußte sich beeilen, durfte nicht mehr im Dorf sein, wenn die Bewohner ihre Betten verließen.

Tadeusz Minka würde Augen machen, wenn er sah, was der Beutel enthielt. Bei diesem Gedanken verfiel Pater Rochus in ein irres Lachen. Edelsteine im Wert von Millionen an der Tür einer armseligen Hütte.

Natascha hatte die Juwelen haben sollen. Nun erhielt sie die

Schwarze Madonna zurück! Der Büttel wurde zum Werkzeug einer höheren Macht.

Die Umrisse der ersten Hütte wurden erkennbar. Wer hätte gedacht, daß er seinen militärischen Ausbilder eines Tages zum Vollstrecker eines Wunders machen würde. Der Gedanke übermannte Pater Rochus. Er stellte seinen Koffer ab und kniete nieder. »Herrgott, ich danke dir, daß du mich auf den richtigen Weg zurückgeführt hast. Der Teufel hatte Besitz von mir ergriffen.« Er stand auf, zeichnete in alle Richtungen ein Kreuz in die Luft, nahm seinen Koffer wieder auf und hastete weiter. Wenn er sich nicht täuschte, hatte er eben Natascha gesehen.

Er kicherte. Mit seinen Kreuzzeichen hatte er den Teufel vertrieben!

Die zweite Hütte tauchte auf. Zwischen ihr und der Landstraße war ein Graben, über den eine kleine Brücke führte. Pater Rochus lief auf die Hütte zu, entnahm seiner Kutte den Seidenbeutel und hängte ihn an die Klinke der Haustür. Dann kehrte er wie gehetzt zurück und rannte durchs Dorf, bis das letzte Haus hinter ihm lag. Erst hier erkannte er, daß er die falsche Richtung eingeschlagen hatte. Sollte er umkehren oder nach Rudniki weitergehen? Gewiß war es gut, nicht in Czenstochau in den Zug einzusteigen. Hatte die Schwarze Madonna verhindern wollen, daß er den Schnellzug nach Warschau bestieg?

Ein Wahnfieber hatte Pater Rochus erfaßt. Augenblicke, in denen er absolut klar denken konnte, wechselten mit Perioden, in denen sich seine Sinne verwirrten. Erst als er in Rudniki in den Zug eingestiegen war, kam Ruhe über ihn und kehrte die Vernunft zurück. Betroffen fragte er sich, was er getan hatte. Völlig falsche Voraussetzungen hatten ihn bewogen, den Beutel mit den Edelsteinen an die Haustür des Dorfbüttels zu hängen. Für ihn selbst waren die kostbaren Juwelen untrennbar mit Jasna Góra verbunden, ein Tadeusz Minka aber würde beim Anblick der blitzenden Steine wohl kaum an die Schwarze Madonna denken. Eher war zu vermuten, daß er den Fund an seine vorgesetzte Dienststelle weiterleitete.

Verzweiflung überkam Pater Rochus. Er hatte alles falsch gemacht, hätte die Edelsteine auf den Altar der Gnadenkapelle legen sollen. Oder sonst wohin im Kloster. Wie hatte er nur an ein Wunder glauben können? Am liebsten hätte er alles rückgängig gemacht. Wenn er nicht bereits im Zug gesessen hätte, wäre er auf der Stelle umgekehrt.

Mach keine weiteren Fehler, beschwor er sich. Fahr nicht nach Warschau. Du hast kein Recht, den Richter zu spielen. Außerdem liebst du Natascha trotz allem. Du würdest gar nicht die Kraft haben, sie zu töten. Bei Fedor war das etwas anderes. Da hast du im Affekt gehandelt. Wenn sein Tod dich aus vielerlei Gründen auch kalt läßt, so wirst du doch eines Tages bereuen, ihn erschlagen zu haben. Fahr nicht nach Warschau! Steig aus! Verlaß den Zug!

Pater Rochus fühlte sich krank. Es wurde Mittag. Seine Kehle war trocken, der Magen leer. Bei der Einfahrt in Petrikau entschloß er sich, nicht weiterzureisen und in der Stadt zu bleiben.

In einem kleinen Gasthof fand er Unterkunft. Er aß und trank etwas und legte sich aufs Bett. Ein Schüttelfrost erfaßte ihn. Obwohl völlig entkräftet, fiel er nur in einen unruhigen Halbschlaf. Alpträume schreckten ihn hoch. Nein, er würde Natascha nicht umbringen. Er würde auch nicht zu ihr fahren. Wozu? Um ihr zu sagen, daß er gemordet hatte? Eine Nachricht aber mußte er ihr geben. Doch was sollte er ihr schreiben?

Nachdem er achtundvierzig Stunden wie krank im Bett gelegen hatte, teilte er Natascha lakonisch mit: ›Schreckliches ist geschehen. Fedor wird nicht zurückkehren. Ich weiß nicht, was ich tun werde. Bin nicht mehr im Kloster.‹ Nach längerem Zögern setzte er hinzu: ›Wenn ich Abstand gewonnen habe, melde ich mich.‹

Noch einen Tag blieb er in Petrikau. Die Wirtsleute rieten ihm, einen Arzt aufzusuchen. Er versicherte, dies zu tun, fuhr aber über Kielce, wo er nochmals übernachtete, nach Koniecpol, um in den Besitz des postlagernden Briefes mit seinen Auslandspapieren zu gelangen.

Die Fahrt war vergeblich. In Koniecpol lag keine Post für ihn. Warum hatte Pater Markus seinen Wunsch nicht erfüllt? Hatte es Schwierigkeiten gegeben? Vorsorglich blieb er einen weiteren Tag. Ihm war hundeelend. Er verbrachte die ganze Zeit im Bett.

Am nächsten Morgen berichtete die Zeitung von dem schaurigen Fund in der Nähe von Gidle. Mit Erleichterung stellte Pater Rochus fest, daß es keinerlei Verdachtsmomente gab. Was sollte er tun? Weiterhin auf Post warten? Er zog es vor, Tadeusz Minka aufzusuchen. Die Frage, was der Büttel mit den Edelsteinen gemacht hatte, beschäftigte ihn Tag und Nacht.

Ein Bauer nahm ihn mit nach Mokrzesz. Von dort ging er nach Zawada. Hier fand er ein anderes Fahrzeug, das ihn nach Mstów und damit in die unmittelbare Nähe seines Zieles brachte. Die letzte Wegstrecke legte er zu Fuß zurück, und er erreichte die Hütte seines ehemaligen Ausbilders gerade in dem Moment, da dieser mit seiner Frau und einer dritten Person am Kaffeetisch saß. Es kam zu einer lebhaften Begrüßung, in deren Verlauf er erfuhr, daß der andere Gast mit der Aufklärung des Mordfalles beauftragt war. Nur mit Mühe gelang es ihm, sein Erschrecken zu verbergen und sich interessiert zu erkundigen, ob schon etwas ermittelt worden sei. Der Kriminalist bedeutete ihm, daß der oder die Täter höchstwahrscheinlich des Nachts mit zwei Droschken durch Rudniki gefahren seien. Er befinde sich auf dem Weg nach Czenstochau, um dort alle Kutscher zu vernehmen.

Vor Aufregung fiel Pater Rochus erneut in einen religiösen Wahn. Er war überzeugt, daß eine Fügung des Himmels ihn mit dem Beamten zusammengeführt hatte. Er sollte gewarnt werden, und er fühlte sich in seiner Auffassung bestärkt, als er nach Verabschiedung des Kriminalisten erfuhr, daß Tadeusz Minka vor wenigen Tagen in Jasna Góra gewesen war. Der Büttel sagte zwar nicht, was er dort gemacht hatte, sein Hinweis aber, die spiegelnden Fliesen des Rittersaales im Kloster hätten ihn an Jugendtage erinnert, in denen er gerne geschlittert habe, ließ eindeutig erkennen, daß er im Officium gewesen war. Pater Rochus fühlte sich wie von einer Zentnerlast befreit. Unzweifelhaft war ein Wunder geschehen. Die Schwarze Madonna hatte ihre Juwelen zurückerhalten! An ihm lag es nun, den Ordensbruder Markus schnellstens über die drohende Gefahr zu informieren. Er mußte ihm ein verschlüsseltes Telegramm schicken. Am besten: Von 17 und 22 droht Gefahr. Die Nennung der Droschkennummern würde ihm genug sagen. Auch wollte er ihm empfehlen, das Weite zu suchen. Bei einem Verhör würde Bruder Markus bestimmt zusammenbrechen. Wenn er verschwunden war, gab es keinen Zeugen mehr.

Pater Rochus spürte neue Kräfte in sich aufsteigen. Noch war nicht alles verloren. Vielleicht sollte er Natascha verzeihen. Ihre Schuld war geringer als die seine. Sie würde ihn wahrscheinlich auch verstehen. Er hatte im Affekt gehandelt. Im Willen liegt die Schuld, nicht in der Tat.

In Rudniki hatte Pater Rochus das Telegramm an seinen Ordensbruder aufgeben wollen, doch diese Bahnstation besaß kein Telegrafenamt. Ihm blieb nichts anderes übrig, als nach

Nowo-Radomsk zu fahren, und da er von hier aus nicht nochmals den weiten Weg über Petrikau und Kielce nach Koniecpol zurücklegen wollte, begab er sich auf die Chaussee, um sich von einem Bauern in Richtung Süden mitnehmen zu lassen. In der Regel waren viele Fuhrwerke unterwegs, und er hatte das Glück, schon bald einen Wagen zu finden, der ihn nach Cieżkowice brachte. Am nächsten Morgen fuhr er weiter nach Koniecpol, wo er mit Erbitterung feststellte, daß immer noch kein Brief für ihn eingegangen war. Ohne Papiere aber konnte er nicht unangefochten nach Krakau gelangen. Er kannte in Czenstochau einen Paßfälscher, der ihm binnen weniger Stunden einen neuen Ausweis hätte anfertigen können, es erschien ihm jedoch zu riskant, ihn aufzusuchen. So blieb er nochmals zwei Tage in Koniecpol, und als auch dann noch keine Post eingegangen war, informierte er sich über alle nach Czenstochau abgehenden und von dort auslaufenden Züge und forderte noch am gleichen Tage seinen Ordensbruder telegrafisch auf, ihm am nächsten Vormittag mit dem um 9 Uhr 10 in Poraj einlaufenden Zug ›die dringend benötigten Reiseunterlagen‹ zu bringen. Er faßte diesen Entschluß, obwohl er dadurch gezwungen war, über Czenstochau nach Poraj zu fahren. Ihm blieb keine andere Wahl.

Nachdem er das Telegramm abgeschickt hatte, kamen ihm Bedenken, die Reise im Mönchsgewand anzutreten. Er erzählte deshalb seinen Wirtsleuten, er müsse in einer geheimen Mission nach Krakau fahren. Aus Tarnungsgründen sei es erforderlich, daß er sich den Bart abnehmen lasse und in der Soutane reise, und er verpflichtete sie, über sein Tarnmanöver absolutes Stillschweigen zu bewahren.

Als er am nächsten Morgen den Zug bestieg, war er froh, die weiße Kutte der Pauliner abgelegt zu haben. Sein Schuldgefühl dem Orden gegenüber wuchs mit jedem Tag. Er bangte darum, das Ansehen von Jasna Góra zu gefährden.

Seit er glaubte, annehmen zu dürfen, daß die Schwarze Madonna die Edelsteine zurückerhalten habe, ging überhaupt ein erstaunlicher Wandel in ihm vor. Er las wieder das Brevier, schloß den Ermordeten in seine Gebete ein und überlegte sogar, ob es nicht besser sei, sich der Polizei zu stellen. Diesen Gedanken schob er zwar immer wieder schnell beiseite, doch es blieb jedesmal etwas hängen, das sein mystisch begründetes Verlangen nach tätiger Reue steigerte.

Ein Schock aber war es für ihn, als er in Poraj plötzlich den Kriminalmeister, den er bei Tadeusz Minka kennengelernt hatte, aus dem Bahnhof herausstürzen und um das Gebäude laufen sah. Augenblicklich wußte er, daß er gesucht wurde. Sein Telegramm mußte in falsche Hände geraten sein. Kein Zweifel konnte mehr darüber bestehen, daß er als Täter erkannt war. Er vermutete, daß Pater Markus ein Bekenntnis abgelegt hatte. Hätte er an diesem Morgen nicht zufällig die Soutane gewählt und sich den Bart abnehmen lassen, wäre er unzweifelhaft verhaftet worden.

Glücklicherweise forderten ihn einige Bauersleute auf, zu ihnen in den Wagen zu steigen; er hätte sich sonst wahrscheinlich doch noch verraten.

Fieberhaft überlegte er, was er nun tun sollte. Wenn er festgenommen wurde, geriet Natascha über kurz oder lang in einen Strudel, aus dem es keine Rettung gab. In Anbetracht des vielen Geldes, das sie auf ihrem Konto hatte, würde sie zumindest der Mitwisserschaft beschuldigt werden. Er hatte keine Rachegefühle mehr. Natascha mußte das Land so schnell wie möglich verlassen.

Die Bauern nahmen ihn mit nach Zarki. Von hier gelangte er mit einem anderen Fuhrwerk nach Myszkow, jenem kleinen Städtchen, in dem Propst Jordanski sich zur Ruhe gesetzt hatte. Bevor er aber seinen Beichtvater aufsuchte, schrieb er auf der Post einen Brief an Natascha, der er nun ohne Umschweife reinen Wein einschenkte. Er riet ihr dringend, sofort alles Geld von der Bank abzuheben, die Koffer zu packen und so schnell wie möglich nach Krakau zu fahren. Des weiteren schrieb er:

›Wenn Du den Nachtzug nimmst, bist Du, wie ich eben festgestellt habe, um 10 Uhr 20 in Krakau. Gehe dort zur Bank und nimm den Inhalt des Safes an Dich. Du bist dann für viele Jahre versorgt. Um 1 Uhr 30 kannst Du weiterfahren nach Wien. Von dort aus steht Dir die Welt offen.‹

Es war Dienstag. Pater Rochus rechnete sich aus, daß Natascha den Brief am Donnerstag erhalten und gleich handeln würde. Das bedeutete, daß sie frühestens am Freitag, spätestens aber am Samstag in Krakau eintreffen konnte. Bis dahin wollte er ebenfalls in der Stadt sein. Ohne Papiere war das freilich nicht leicht; er mußte den Weg über die ›grüne Grenze‹ wählen. Bis dorthin waren es nur noch wenige Kilometer.

Nachdem er den Brief per Eilboten aufgegeben hatte, besuchte er seinen Beichtvater. Der Propst war über die Veränderung seines Äußeren sehr erstaunt und nahm seine Behauptung, er müsse in einer Sondermission nach Krakau reisen, höchst skeptisch auf. Es kam zu einem kleinen Wortgefecht, das durch einen Bauern unterbrochen wurde, der den Propst dringend ersuchte, mit ihm zu kommen und seiner im Sterben liegenden Frau die Letzte Ölung zu geben. Der alte Geistliche war jedoch nicht in der Lage, das Haus zu verlassen. Er bat deshalb den Pauliner, ihn zu vertreten, und so fuhr Pater Rochus, statt zu beichten, wie er es vorgehabt hatte, mit dem Bauern in ein kleines Dorf und erteilte der Bäuerin die Sterbesakramente. Bis zu ihrem Tod, der spät in der Nacht eintrat, blieb er bei ihr. Während dieser Zeit steckte er heimlich eine auf dem Nachttisch liegende Brille ein. Die Sterbende brauchte sie ja nicht mehr, ihm konnte sie aber gute Dienste leisten. Mit der Brille sah er völlig verändert aus. Dem Bauern gab er, gewissermaßen als Äquivalent, beim Abschied fünf Rubel.

Von Lazy, wo er sich in der Apotheke ein Mittel gegen Gliederschmerzen kaufte, brachte ihn ein Fuhrmann über Olkusz zum Grenzgänger Wadas, mit dem er am Donnerstagabend in das von Österreich verwaltete Gebiet hinüberwechselte und sich in Zabrierźow, nur wenige Kilometer von Krakau entfernt, in einer dürftigen Dorfgaststätte einquartierte. Dem Inhaber drückte er zehn Rubel in die Hand und bat ihn, Verständnis dafür zu haben, wenn er sich am nächsten Morgen nicht in der Soutane, sondern im Zivilanzug in die Stadt begeben werde.

Der Wirt blinzelte verschmitzt. »Für zehn Rubel können Sie sich noch ganz andere Dinge leisten.«

»Dann besorgen Sie mir einen Wagen, der mich morgen, und vielleicht auch übermorgen, nach Krakau fährt, dort bis zum Nachmittag auf mich wartet und mich dann nach hier zurückbringt.«

»Was werden Sie zahlen?«

»Zehn Rubel für den Tag.«

»Die Fahrten übernehme ich selber.«

Pater Rochus war dies recht, und so fuhr er am nächsten Morgen in aller Frühe nach Krakau. Hier suchte er als erstes die ›Galizische Bank für Handel und Industrie‹ auf, bei der er mit Natascha einen Safe gemietet hatte. In ihm lagen etliche tausend Rubel und der kostbare Rubin, der als langfristige Sicherung dienen sollte. Er betrachtete den Edelstein mit Bitterkeit, legte ihn dann wie angeekelt zurück und fügte, bis auf einen geringen Rest, alles Geld hinzu, das er noch besaß. Dann begab er sich zur Bahn und hielt sich im Hintergrund, als der Zug aus Warschau einlief. Natascha aber entstieg ihm nicht.

Bedrückt fuhr er nach Zabrierźow zurück. Hatte es in Warschau schon Komplikationen gegeben, oder war Natascha nur nicht fertig geworden? Er machte sich Sorgen um sie. Unbegreiflich war es ihm, daß er einmal vorgehabt hatte, sich an ihr zu rächen. Mochte sie getan haben, was sie wollte, sie hatte ihm unvergeßliche Stunden geschenkt. Gewiß, die Folgen waren verheerend, sein Leben war verpfuscht. Doch das war nicht ihre, sondern seine Schuld. Den Preis mußte er nun zahlen.

Am nächsten Vormittag, an dem er wieder am Bahnhof wartete, sah er Natascha aus dem Zug steigen. Die Kehle war ihm wie zugeschnürt. Sie hatte ein elegantes schwarzes Kostüm angelegt, das mit einem Zobelkragen besetzt war. Ein weitgeschwungener Hut und ein an einer langen Kette hängender kleiner Muff gaben ihr jenen Chic, der der neuesten Pariser Mode entsprach. Mit der Selbstverständlichkeit einer ›Grande Dame‹ beorderte sie ihr aus drei schweren Lederkoffern bestehendes Gepäck zur Aufbewahrungsstelle, ließ sich den Depotschein vom Träger zum Fiaker bringen, entlohnte ihn und fuhr ab.

Pater Rochus folgte ihr in einem zweiten Wagen. Das Herz blutete ihm. War es angesichts dieser ungewöhnlich schönen Frau nicht töricht, sich der Polizei stellen zu wollen? Er schwankte, war nahe daran, seinen Entschluß rückgängig zu machen, sagte sich dann jedoch: So gelöst und sicher ist Natascha noch nie aufgetreten. Sie ist befreit von den Schatten, die Fedor und ich auf sie geworfen haben. Eine neue Verbindung zwischen uns könnte nur in einer weiteren Katastrophe enden.

Natascha fuhr zur Bank. In angemessenem Abstand ließ Pater Rochus seinen Wagen halten. Er sah Natascha in das Gebäude eintreten, sah sie wieder herauskommen und in das Restaurant des Hotel Kleyn gehen, sah sie später zum Bahnhof zurückfahren und – folgte ihr nicht mehr. Ein Traum war ausgeträumt.

Nach einer ruhelosen Nacht begab sich Pater Rochus am nächsten Vormittag in der Soutane zum Bahnhof und bestieg den Zug nach Krakau. Er hatte den gegen ihn erlassenen Steckbrief am Tage zuvor gesehen und wußte, daß er seiner Verhaftung entgegenfuhr. Ruhe war über ihn gekommen. Wenn er Geschehenes auch nicht ungeschehen machen konnte, so war es ihm, wie er glaubte, mit Hilfe der Schwarzen Madonna doch gelungen, den Orden der Pauliner und das Kloster Jasna Góra nicht öffentlich zu belasten. Was mochte der aufrechte Prior Rejman denken, wenn er erfuhr, daß er sich gestellt hatte? Er sah ihn im Geiste vor sich und hörte ihn sagen: Auch in der Arche Noah ist ein Rabe gewesen.

Kurzer Abriß der Geschichte Polens

Mit Gewißheit kann nicht gesagt werden, wer die erste polnische Dynastie gegründet hat. Der Sage nach war es Piast, ein Bauer aus Kruswitz. Wahrscheinlich ist das ursprünglich zwischen Warthe, Weichsel und Netze gelegene Reich aber um 840 n. Chr. von einem Stamm erobert worden, dessen Mitglieder sich Szlachta, Edle, nannten. Sie nahmen eine beherrschende Stellung ein und sprachen sich allein das Recht zu, Waffen zu tragen. Ihnen untertan war der Bauernstand.

Der Überlieferung nach wurde der vierte Nachfolger des Gründers des polnischen Reiches, Mieczyslaw I., tributpflichtiger Lehnsmann des deutschen Kaisers Otto II. Er trat zum römisch-katholischen Glauben über und gab dem Magdeburger Sprengel die Erlaubnis, das Bistum Posen zu gründen.

Sein Nachfolger Boleslaw I. eroberte Pommerellen mit Danzig und brachte Krakau sowie Schlesien an sich. Nach dem Tode Kaiser Ottos III., mit dem er in gutem Einvernehmen gestanden hatte, fiel er in das Deutsche Reich ein. Er eroberte die Lausitz, und Kaiser Heinrich II. mußte seine Unabhängigkeit anerkennen. Weitere Kriegszüge verschafften ihm Gebiete in Rotrußland.

Seinem Sohn Mieczyslaw II. entrissen die Dänen Pommerellen. Auch die eroberten Distrikte in Rotrußland gingen wieder verloren. Daraufhin unternahm Mieczyslaw II. verwüstende Heerzüge bis vor Magdeburg. Er wurde jedoch von Kaiser Konrad II. besiegt und gezwungen, die deutsch-slawischen Marken abzutreten und Polen seinem Bruder Otto zu überlassen. Dieser regierte nun als Herzog unter deutscher Lehnshoheit. Aber Gewalt war zu allen Zeiten ein probates Mittel. Mieczyslaw II. ermordete seinen Bruder und erhielt die Herrschaft über Polen zurück, nachdem er 1032 auf dem Hoftag zu Merseburg die deutsche Oberhoheit anerkannt hatte.

Für seinen unmündigen Nachfolger Kasimir I. führte dessen Mutter Richeza, eine Tochter des Pfalzgrafen bei Rhein, zunächst die Regierung. Nach anfänglichen Streitigkeiten mit den Adeligen konnte Kasimir I., unterstützt von Kaiser Heinrich III., den polnischen Thron übernehmen. Er hinterließ die Herrschaft 1058 so gefestigt, daß sein Sohn Boleslaw II. erneut erobernd auftreten konnte. Als dieser sich aber hinreißen ließ, den Bischof von Krakau in der Kirche zu erschlagen, mußte er Polen verlassen.

Sein Bruder und Nachfolger Wladislaw I. bemühte sich, das Land der Pommern wiederzugewinnen. Daran wurde er jedoch durch seinen ›natürlichen‹ Sohn Zbygniew gehindert, dem sich später sein ›legitimer‹ Sohn Boleslaw (Schiefmaul) anschloß. Beide erkämpften sich noch zu Lebzeiten des Vaters große Teile des Landes, und als Wladislaw I. 1102 starb, teilten sie sich den Rest Polens. Es dauerte aber nicht lange, bis sie sich entzweiten. Boleslaw III. überbrückte die Mißhelligkeiten, indem er seinen Bruder ermorden ließ. Danach leitete er mehrere Kriegszüge nach Pommern, Mähren und Rußland ein, konnte jedoch nur Pommern nebst Rügen erobern, für das er dem deutschen Kaiser Lothar die Oberherrschaft zusicherte. Bei seinem Tode teilte er Polen unter seinen vier Söhnen dergestalt auf, daß der älteste, Wladislaw II., Krakau und Schlesien sowie das Prinzipat über seine Brüder erhielt, denen er Masovien, Kujavien, Gnesen und Pommern vererbte.

Dies hatte verheerende Folgen. Wladislaw II. mußte vor seinem Bruder Boleslaw nach Deutschland flüchten. Das nahm Kaiser Friedrich I. zum Anlaß, einen Feldzug nach Polen zu unternehmen, auf dem er bis Posen vordrang und Boleslaw IV. zur Anerkennung der deutschen Oberhoheit zwang. Die Zersplitterung nahm ihren Anfang. Polen verlor seinen Einfluß auf Pommern; Schlesien wurde durch starke deutsche Einwanderungen germanisiert; Herzog Konrad von Masovien sah sich genötigt, den Deutschen Orden zur Bekämpfung der in sein Land einfallenden heidnischen Litauer und Prußen herbeizurufen. (Die Prußen besiedelten das Gebiet des späteren ›Ostpreußens‹.) Als Preis für diese Hilfeleistung bot Herzog Konrad das Kulmer Land und Löbau an. Darüber hinaus gab er die Eigentumszusicherung für alle Regionen, die im Kampf erobert werden würden. Die Folge: zwischen Polen und dem Baltischen Meer entstand ein Ordensstaat, der nach und nach völlige Selbständigkeit erlangte.

Polen aber war ausgezehrt, und die durch die vielen Kriege bewirkte Entvölkerung des Landes förderte die Einwanderung von Deutschen, die sich gegen Verbürgung ihrer persönlichen Freiheit und des Erbrechtes an Grund und Boden in urbar zu machenden Distrikten niederließen und deutsches Gemeinderecht einführten. Klerus und Adel begünstigten diese Einwanderung um so mehr, als sich aus den Dörfern Städte entwickelten und Handel und Gewerbe einen ungeahnten Aufschwung nahmen. Selbst polnische Städte bemühten sich, deutsche Einwohner heranzuziehen, um durch die Einführung der deutschen Gemeindeverfassung größere Selbständigkeit zu erreichen.

Unter diesen Umständen sank Ende des 12. Jahrhunderts die Macht der zersplitterten Teilfürstentümer zu einem Schatten herab. Kleinpolen unterwarf sich König Wenzel von Böhmen, und im Jahr darauf, 1293, anerkannte auch Großpolen Wenzels Herrschaft. Als aber das böhmische Königsgeschlecht der Przemysliden mit Wenzels Tod erlosch, faßte Wladislaw Lokietek (Ellenlang), der vor den Böhmen hatte flüchten müssen, in Krakau Fuß und eroberte Masovien,

Kujavien sowie eine Reihe Herzogtümer. Mit Zustimmung des Papstes Johann XXII. setzte er sich 1320 in Krakau die Königskrone auf und vererbte sie seinem Sohn Kasimir (der Große), der mit Böhmen Frieden schloß und Schlesien als böhmisches Lehen deklarierte. Auch mit dem Deutschen Orden, dem er den Besitz von Pommerellen und Kulm verbriefte, suchte er Frieden. Dafür eroberte er im Osten die russischen Fürstentümer Halicz und Wladimir. Er förderte die deutsche Einwanderung, sorgte für die Einhaltung der Gesetze und besserte die Lage der niederen Stände so außerordentlich, daß er bald ›Bauernkönig‹ genannt wurde. Seine Duldsamkeit gegen griechische Christen und Juden war ein hervorstechendes Merkmal. Er stiftete die Universität Krakau und sicherte die Einkünfte des Reiches durch strenge Steuerverordnungen.

Da er keine Söhne hinterließ, ging die Krone auf den vorsorglich zuvor schon von den Ständen bestätigten Sohn seiner Schwester Elisabeth, Ludwig von Anjou, König von Ungarn, über, der die Regierung zunächst seiner Mutter und später dem zum Gubernator ernannten Herzog Wladislaw von Oppeln überließ. Ludwig von Anjou, der nur zwei Töchter hatte, wünschte seiner Tochter Jadwiga als Nachfolgerin den Thron zu sichern. Um dieses Ziel zu erreichen, machte er dem Adel, dessen Zustimmung er benötigte, ungewöhnliche Zugeständnisse. Aber trotz seines Entgegenkommens sträubte sich der Adel nach seinem Tode gegen eine weitere Personalunion mit Ungarn. Er verweigerte die Anerkennung der inzwischen vollzogenen Ehe Jadwigas mit dem deutschen Herzog Wilhelm von Österreich. Erst als ihre Ehe getrennt war, wurde Jadwiga (1384) zum ›König‹ von Polen gekrönt. Danach wurde sie gedrängt, Jagello, den Großfürsten von Litauen, zu heiraten. Um die Eheschließung zu ermöglichen, trat der Fürst zum Christentum über und wurde 1386 zu Krakau gekrönt. Mit ihm beginnt das Herrscherhaus der Jagellonen.

Durch die Verbrüderung des polnischen und litauischen Adels erhielt Polen einen bedeutenden Machtzuwachs. Außerdem wurden Rotrußland und Podolien einverleibt und dem mächtigsten der Vasallen, dem Gubernator Wladislaw von Oppeln, die ihm zugesprochenen Lehen wieder abgenommen. Vor allem aber erlangte Polen das Übergewicht über den Deutschen Orden, dessen Streitkräfte es 1410 bei Tannenberg* vernichtete.

Im eigenen Land mußte Wladislaw II. Jagello dem Adel jedoch wichtige Vorrechte zugestehen. Er verpflichtete sich zur Löhnung in Kriegsfällen und verordnete, daß kein Edelmann – es sei denn, er würde bei einem Kapitalverbrechen ertappt – der Freiheit beraubt werden dürfe. Damit wurde der Schwerpunkt der Staatsgewalt in die Hand des Adels gelegt, und Wladislaw II. Jagello bekam dies 1426 zu spüren. Als er sich weigerte, die von ihm eingeräumten Vorrechte auch für seinen Nachfolger zu bestätigen, wurde die für seinen Sohn entworfene Anerkennungsurkunde im Reichstag mit Säbeln zerhauen. Erst unmittelbar vor seinem Tode (1434) fügte sich Jagello in das Unvermeidliche.

Für seinen zehnjährigen Nachfolger Wladislaw III. führte zunächst der Bischof von Krakau die Regierung. In dieser Zeit erwirkte die päpstliche Kurie, der es darum ging, den Türken im Osten eine Macht entgegenzustellen, die Wahl Wladislaws auch zum König von Ungarn. Doch in einer Schlacht gegen die Türken verlor Wladislaw III. Kampf und Leben.

Die Polen beriefen nun seinen jüngeren Bruder Kasimir IV. auf den Thron. Diesem bot sich eine günstige Gelegenheit zur

* Im Ersten Weltkrieg fand 1914 in der Nähe von Tannenberg eine zweite große Schlacht statt, in der die russische Narew-Armee (unter Samsonow) von der deutschen 8. Armee (unter Hindenburg und Ludendorff) geschlagen wurde.

Vermehrung des polnischen Einflusses, als ihm 1453 die unzufriedenen Städte des deutschen Ordensstaates unter Vorbehalt einer gewissen Autonomie die Herrschaft anboten. Nach langwierigen Auseinandersetzungen gelang es ihm, das heutige Gebiet Westpreußen nebst Ermland zu erwerben und damit Zugang zum Meer zu gewinnen. Preußen (Ostpreußen) verblieb dem Orden, wurde aber polnisches Lehen.

Nach dem Tode Kasimirs IV. regierten seine ältesten Söhne nur für kurze Zeit, dann übernahm der Jüngste, Sigmund I., die königliche Gewalt. Gleich zu Beginn seiner Regierung sah er sich zum Kampf gegen Iwan I. von Rußland genötigt, der Litauen, Nowgorod und große Teile von Weißrußland an sich gerissen hatte. Wohl siegte Sigmund I., aber es kam erst zum Frieden, als die Türken mit ihm ein Bündnis schlossen. Ein Versuch des Hochmeisters Albrecht von Brandenburg, verlorengegangene Gebiete zurückzugewinnen, konnte vereitelt werden. Der Brandenburger sah sich 1525 gezwungen, mit Sigmund I. einen Vertrag einzugehen, in dem er als Herzog von Preußen (Ostpreußen) anerkannt wurde und in der Reihe der polnischen Senatoren den Sitz neben dem König erhielt. Dafür mußte er sich der polnischen Lehnshoheit unterwerfen.*

Der Höhepunkt der Entwicklung Polens wurde unter Sigmund II. August erreicht, der den Plan einer Vereinigung von Litauen, Preußen (Ostpreußen), der russischen Provinzen

* Hierdurch wurde aus dem kirchlichen Ordensstaat ein weltliches Fürstentum. Für das Haus Brandenburg sollte dies noch sehr bedeutungsvoll werden. Denn um seinen Rang zu erhöhen, stellte Generationen später der eitle und zu Pracht neigende brandenburgische Kurfürst Friedrich III. dem österreichischen Herrscherhaus ein teures Hilfskorps zur Verfügung und ließ sich dafür das Recht einräumen, das Herzogtum Preußen (Ostpreußen) in ein Königreich umzuwandeln. Am 18. Januar 1701 fand in Königsberg die Krönung statt, und der Kurfürst nannte sich fortan König Friedrich I. Damit ging der Name ›Preußen‹ auf den gesamten Staat des bisherigen Kurfürstentums Brandenburg über.

Wolhynien, Podolien, Podlachien und der Ukraine mit Polen zu einem Staatskörper betrieb und sein Ziel 1569 in der ›Lubliner Union‹ verwirklichen konnte. Durch glücklich geführte Kriege gegen die Walachei und Rußland wie auch durch geschickte Ausnutzung der Auflösung der deutschen Ordensschaft in Livland brachte er das polnische Reich zu unvorstellbarer Größe. Von den Küsten des Baltischen Meeres bis zum Dnjestr, von der Mündung der Netze bis zur Desna maß Polen nun 940000 qkm! (Deutschland vor dem Ersten Weltkrieg: 550000 qkm.)

Im Inneren des Landes hatte Sigmund II. allerdings große Schwierigkeiten zu überwinden. Seine Heirat mit Barbara Radziwill, einer Frau aus dem Landadel, erregte die Eifersucht der höhergestellten Edelleute. Hinzu kam eine religiöse Spaltung, da die Reformation in Polen zahlreiche Anhänger fand. Schon hatten sich fünf Sechstel aller Einwohner der neuen Lehre angeschlossen, als die Jesuiten im Bestreben, zwischen dem protestantischen Deutschland und dem schismatischen Rußland ein Herrschaftsgebiet zu gewinnen, Polen zum Hauptfeld ihrer gegenreformatorischen Tätigkeit machten. Und es gelang ihnen, den Adel auf ihre Seite zu ziehen. Für ihn war der Bestand einer wohlgegliederten Hierarchie vorteilhafter als die Gleichheit aller Gläubigen.

Mit Sigmund II. erlosch 1572 der Mannesstamm der Jagellonen. Das bisher nur in der Theorie bestehende Recht der Königswahl bekam nunmehr praktische Bedeutung. Mit der Königswahl war der Thron aber allen Ränken des herrschsüchtigen Adels sowie den Umtrieben auswärtiger Mächte ausgeliefert. Man zögerte denn auch nicht, die günstige Gelegenheit beim Schopf zu fassen. Gleich der erste Wahlkönig, der Franzose Heinrich von Anjou, der durch Bestechungen seiner Mutter, Katharina von Medici, 1573 zum polnischen Regenten gewählt wurde, mußte sich verpflichten, auf Kosten

Frankreichs eine Flotte zu liefern, welche für Polen die Herrschaft über die Ostsee erringen sollte. Ferner war er angehalten, für alle etwaigen Kriege Hilfsgelder aus Frankreich zu beziehen. Heinrich fand die ihm aufgedrängte Krone so wenig begehrenswert, daß er Polen vier Monate nach seiner Krönung bei Nacht und Nebel verließ.

Der Reichstag wählte nun Stephan Báthori von Siebenbürgen zum König. Dieser erzwang mit Waffengewalt die Anerkennung der Oberhoheit über Preußen (Ostpreußen) und Danzig. Rußland besiegte er 1578, und ein Jahr später eroberte er Polozk sowie das nördliche Livland mit Riga, so daß Zar Iwan IV. (der Schreckliche) sich genötigt sah, einen zehnjährigen Frieden abzuschließen. Stephan Báthoris Bestrebungen, mit Hilfe des niederen Adels dem Königtum größere Selbständigkeit zu verschaffen, scheiterten jedoch und kamen den Jesuiten zustatten, denen er im Interesse seiner Innenpolitik größte Förderung zuteil werden ließ. Zwangsläufig griff die katholische Restauration im Adel immer mehr um sich; von einer Gleichberechtigung der Protestanten konnte bald keine Rede mehr sein. Aller politischen Rechte beraubt und in ihrer Religionsfreiheit bedroht, begann die deutsche Bevölkerung auszuwandern. Damit verschwand in Polen das selbständige bürgerliche Element fast ganz.

Die römische Kurie und die Jesuiten schlugen nach dem Tode Stephan Báthoris den Sohn König Johanns von Schweden zum Regenten vor. Die gemäßigte Partei des Adels wünschte sich jedoch den Erzherzog Maximilian von Österreich. Nach heftigen Parteikämpfen brach ein Bürgerkrieg aus, der mit der Gefangennahme Maximilians endete.

Sigmund III., der erste aus dem schwedischen Geschlecht der Wasa auf dem polnischen Thron, ließ den Jesuiten freie Hand. Ämter und Würden verlieh er nur Katholiken. Die erhoffte Vereinigung Schwedens mit Polen aber erfolgte nicht, da Sigmund III. nach dem Tod seines Vaters vom schwedischen Thron ausgeschlossen wurde. Sein Versuch, ihn mit Waffengewalt zu erringen, scheiterte kläglich. Der Krieg mit König Gustav Adolf kostete Polen Livland und einen Teil Preußens (Ostpreußens).

Nach dem Tod Sigmunds III. (1632) wurde sein Sohn Wladislaw IV. zum König gewählt. Er schloß mit den Schweden Frieden und gewann den von seinem Vater abgetretenen Teil Preußens (Ostpreußens) zurück.

Ihm folgte sein Bruder Johann Kasimir, ehemals Jesuit und Kardinal. Nach seiner Krönung brach ein gefährlicher Aufstand der vom Adel unterdrückten und durch Zwangsbekehrungen gereizten Kosaken und Tataren aus, der Rußland zum Einfall in Polen ermutigte. Lemberg ging verloren. Überdies gab Johann Kasimir durch seinen Protest gegen die in Schweden erfolgte Thronbesteigung des Pfälzers Karl Gustav diesem ehrgeizigen Fürsten den erwünschten Anlaß, Polen den Krieg zu erklären. In raschem Siegeslauf wurden Groß- und Kleinpolen sowie Warschau und Krakau vom schwedisch-brandenburgischen Heer erobert. Lediglich das zur Festung ausgebaute Kloster der Pauliner in Czenstochau konnte nicht eingenommen werden. Eine zu diesem Zeitpunkt erfolgte Kriegserklärung Dänemarks an Schweden und die Parteinahme Österreichs für Polen retteten das Reich vor der Gefahr der Teilung, die Karl Gustav plante. Zugunsten Brandenburgs mußte Johann Kasimir jedoch auf die Lehnshoheit über Preußen (Ostpreußen) und auf Livland verzichten und die Städte Smolensk, Siewierz und Tschernigow an Rußland abtreten.

Noch schlimmer war die Lage im Inneren. Infolge des ›Liberum veto‹, wonach der Reichstag durch den Einspruch eines einzigen Abgeordneten vertagt und alle Beschlüsse für null und nichtig erklärt werden konnten, geriet die Staatsmaschinerie völlig ins Stocken. Als ebenso schädlich erwies sich das Recht der ›Konföderation‹, das dem Adel zubilligte, einen Kampfbund zu bilden, um seinem Willen – und sei es dem einer Minderheit – mit Waffengewalt Geltung zu verschaffen. So kam es 1669, als Johann Kasimir sich in ein Kloster zurückzog, wegen der Neuwahl des Königs zum offenen Krieg zwischen den Anhängern der verschiedenen Parteien. Und als endlich der Edelmann Michael Wisniowiecki gewählt worden war, wurde das uneinige Polen von Kosaken, Tataren und Türken überfallen. Trotz glänzender Kriegstaten des polnischen Feldherrn Johann Sobieski mußte Kamenez-Podolsk abgetreten werden. Der Nachfolger Michael Wisniowieckis wurde Johann Sobieski. Seine Siege über die Türken bei Lemberg und vor Wien blieben aber ohne Ergebnis. Es gelang ihm nicht, Podolien dem Gegner wieder zu entreißen.

Die Weitergabe der Krone an seinen Sohn Jakob vereitelte Sobieskis eigene Frau, Maria Kasimira, die für den französischen Prinzen Conti intrigierte. Das veranlaßte Österreich zu intensiven Gegenbemühungen. Mit Hilfe von Versprechungen und Bestechungen gelang es den Habsburgern, dem Kurfürsten Friedrich August von Sachsen, der eigens zum katholischen Glauben übertrat, zum Sieg zu verhelfen. Mit ihm beginnt die Zeit der Herrschaft der sächsischen Könige aus dem Hause Wettin.

Die Wahl Augusts II. war für Polen insofern von Vorteil, als Österreich ihm das verpfändete Wielicka zurückgab und von den Türken die Freigabe Podoliens erwirkte. Durch seinen Bund mit Rußland und Dänemark verwickelte er das Reich allerdings in den Nordischen Krieg, in dem Karl XII. von Schweden in Polen einfiel, Warschau einnahm und bis Krakau vordrang. Der Schwede verlangte nun die Wahl Stanislaw Leszczynskis (des Schwiegersohnes Louis XV.) zum König von Polen und zwang August II., auf den Thron zu verzichten. Drei Jahre später (1709) wurde Karl XII. jedoch bei Poltawa geschlagen, Stanislaw Leszczynski von russischen und sächsischen Truppen davongejagt und August II. unter dem Schutz von Zar Peter I. (der Große) wieder eingesetzt.

Der König faßte nun den Plan, der Herrschaft des bestechlichen Adels durch die Errichtung eines absoluten Königshauses ein Ende zu bereiten. Um sich den Beistand der angrenzenden Mächte zu sichern, trat er Litauen an Rußland, Westpreußen an das Haus Brandenburg, Zips an Österreich ab. Hierdurch forderte er das Verlangen dieser Staaten, sich auf Kosten Polens zu vergrößern, geradezu heraus. Dies bewog den empörten Adel, nach dem Tod von August II. (1763) erneut Stanislaw Leszczynski zum König zu wählen. Aber die Rechnung war ohne Rußland gemacht, das mit Hilfe bestochener Edelleute die Wahl August III. durchsetzte. Dieser hatte sich durch die Anerkennung der Pragmatischen Sanktion, die bestimmte, daß alle österreichischen Erblande ungeteilt beisammen bleiben und im Falle des Fehlens männlicher Nachkommen auf die Töchter des Kaisers übergehen (Maria Theresia), die Gunst Österreichs erworben und sich durch die Preisgabe Kurlands (an den russischen Günstling Biron) unter den Schutz Rußlands gestellt. Aus seiner Wahl entstand der Polnische Erbfolgekrieg, in dem ein russisches Heer in Polen einrückte und mit den kursächsischen Truppen Danzig belagerte, wohin Stanislaw Leszczynski geflüchtet war. Jetzt verband sich Frankreich mit Spanien und Sardinien gegen das österreichische Herrscherhaus. Den drei Staaten ging es jedoch keineswegs um die polnische Thronfolge. Ihnen war es ausschließlich um eine Schwächung Österreichs in Italien und um leichte Eroberungen am Rhein zu tun. Nach Einmarsch französischer Heere in Lothringen und Italien, wo Mailand, Neapel und Sizilien erobert wurden, schloß man mit August III. den Wiener Präliminarfrieden, der ihn als König von Polen bestätigte und Stanislaw Leszczynski mit Lothringen entschädigte.

Die Ränke der Nachbarstaaten und die Selbstsucht des Adels machten es August III. unmöglich, die dringend erforderliche Reform der Verfassung durchzuführen. Außerdem zeigte sich die klägliche Ohnmacht Polens in den Auseinandersetzungen jener Zeit. So mußte das Land im Siebenjährigen Krieg, den Kaiserin Maria Theresia von Österreich in der Hoffnung führte, das an Friedrich II. (den Großen) verlorene Schlesien wiederzugewinnen, Plünderungen über Plünderungen über sich ergehen lassen. Zu allem Übel kam es 1762 auch noch zum Einmarsch Rußlands, als der dritte Sohn des Polenkönigs in Kurland die Regierung übernahm. Und als August III. im folgenden Jahr starb, betrieb Kaiserin Katharina II. in der Absicht, eine polnische Verfassungsreform zu vereiteln, die Wahl ihres Geliebten Stanislaw Poniatowski zum König von Polen. Damit waren die Russen Herren des Landes. Wie sehr, das zeigte sich, als im Reichstag die Bestrafung der Dissidenten gefordert wurde, die sich Schutz suchend an das Ausland gewandt hatten. Sogleich rückte eine Armee von 40000 Russen nach Warschau und erwirkte, daß die Gleichstellung der Dissidenten als unantastbare Grundlage in die Verfassung aufgenommen wurde. Ihre Gegner aber mußten den Weg in die sibirische Verbannung antreten.

Zur Verteidigung des katholischen Glaubens erhob sich nun die Konföderation zu Bar, der sich weitere Kampfbünde anschlossen. Daraufhin verlangte der russische Gesandte vom polnischen Senat, sein Land um Hilfe anzurufen, und als dies geschehen war, fielen überlegene russische Truppen über die Konföderierten her. Ein schonungsloser Krieg entbrannte, in dem die polnischen Verbände geschlagen und besiegt wurden.

Für Österreich und Preußen war dies eine günstige Gelegenheit, ein Friedensangebot zu unterbreiten, das Rußland gefallen konnte. Die Teilung Polens schien das einfachste Mittel zu sein, um die russische Eroberungsgier zu befriedigen und gleichzeitig eigene Interessen wahrzunehmen. So kam man am 5. August 1772 in Petersburg überein, daß Österreich Ostgalizien und Wladimir, Rußland das frühere litauische Gebiet, Preußen den Netzedistrikt und Westpreußen (ohne Danzig und Thorn) erhalten sollten. Damit war Polen um 5000000 Einwohner dezimiert, und man scheute sich nicht, diese schier unglaubliche Abtretung durch den polnischen Reichstag gutheißen zu lassen.

Das hereingebrochene Unheil brachte viele Edelleute zur Besinnung. Man entfernte den jeder Bestechung zugänglichen Senat, führte ein neues, modernes Gesetzbuch ein und brachte es fertig, die Einkünfte des verkleinerten Landes durch eine umfassende Steuerreform auf die frühere Höhe zu steigern. Der Reichstag erarbeitete eine Verfassung, die 1791 beschworen wurde. Doch dann sah sich Preußen, das die Konstitution anfangs begünstigt hatte, obwohl von einer Abschaffung der Leibeigenschaft noch nicht die Rede war, durch die Ereignisse in Frankreich (Revolution) so in Anspruch genommen, daß Rußland erneut freie Hand gewann. Es unterstützte eine Konföderation gegen die neue Verfassung und ließ sich von den Konföderierten zum Schutz anrufen. Vergeblich leistete die polnische Armee Widerstand. Nach einem ruhmvollen Sieg, den der Freiheitskämpfer Kościuszko am 17. Juli 1792 errang, lieferte König Stanislaw Poniatowski, der Günstling Katharinas II., Polen in die Hände Rußlands.

In der Besorgnis, Rußland könnte sich des ganzen Landes bemächtigen, rückte Preußen ebenfalls in Polen ein. Es besetzte Großpolen mit Danzig und Thorn, während Rußland sich die östlichen Provinzen aneignete. Und man zwang den nach Grodno berufenen Reichstag, seine Zustimmung auch zu dieser zweiten Teilung Polens zu geben.

Empört hierüber bereiteten Kościuszko, Kolontaj, Potocki und andere Mitglieder der nationalen Partei von Dresden aus einen Aufstand vor, der zum Ausbruch kam, als General Madlinski sich weigerte, die vom russischen Befehlshaber befohlene Entwaffnung der polnischen Armee durchzuführen (1794). Kościuszko übernahm die Regierung, bewaffnete das Volk, dem er die Aufhebung der Leibeigenschaft versprach, und befreite Warschau und Wilna von den Russen. Doch nun entzweiten sich die Polen, weil die Adelspartei die Aufhebung der Leibeigenschaft verhindern wollte. Die Folge: der Bauernstand hatte kein Interesse mehr am Kampf, und Kościuszko sah sich außerstande, gegen die Übermacht der Preußen und Russen anzutreten, zu denen sich nun auch noch die Österreicher gesellten. Während preußische Truppen Warschau belagerten, erstürmten die Russen die Vorstadt Praga und veranstalteten ein furchtbares Gemetzel. Dann schritten die Siegermächte zur dritten, nunmehr völligen Teilung Polens. Preußen erhielt Podlachien und Masovien mit Warschau, Österreich Kleinpolen mit Krakau, Rußland ganz Litauen. Das polnische Reich hatte aufgehört zu bestehen.

Die Führer des Aufstandes flohen ins Ausland, insbesondere nach Frankreich, wo die Revolution ihrem Ende entgegenging. Ihnen folgten freiheitsliebende Polen, die 1797 unter General Jan Henryk Dabrowski in Italien eine ›Polnische Legion‹ aufstellten und im Dienste der Cisalpinischen Republik gegen Österreich kämpften. Ihr Lied, das Jósef Wybiki nach einer volkstümlichen Mazurka fern von der Heimat geschrieben hatte: »Solange wir leben, ist Polen nicht verloren ...«, wurde zum Symbol der Standfestigkeit und zur späteren Nationalhymne des unterdrückten Volkes.

Im 2. Koalitionskrieg bildete Kniaziewicz eine weitere polnische Legion, die den Franzosen ebenfalls große Dienste leistete.

Die Interessen Polens aber wurden rücksichtslos preisgegeben und die Legion schließlich von Frankreich nach Haïti geschickt, wo sie Negertruppen, die sich gegen die Sklaverei erhoben hatten, niederschlagen sollten. Infolge tropischer Krankheiten wurden die polnischen Einheiten jedoch völlig aufgerieben.

Dennoch setzte Polen weiterhin auf Frankreich. Napoleon wurde wie ein Befreier begrüßt, als er 1806, nachdem Preußen unterworfen war, seinen Einzug in Warschau hielt. Polens Hoffnung ging aber nicht in Erfüllung. Aus dem Teil, der Preußen abgenommen worden war, schuf der Korse lediglich ein ›Großherzogtum Warschau‹, welches durch das von Österreich abgetretene Westgalizien mit Krakau vergrößert und dem König von Sachsen unterstellt wurde.

Die Freude über diesen minimalen Erfolg war nur von kurzer Dauer. Napoleons mißglückter Feldzug gegen Rußland ließ das Großherzogtum wieder zusammenbrechen. Das Schicksal Polens bildete nun eine der schwierigsten Fragen des Wiener Kongresses, der damit endete, daß 1815 eine vierte Teilung vorgenommen wurde.

Preußen erhielt Westpreußen und Posen; Österreich Galizien außer Krakau, das als Freistaat belassen wurde; Rußland den Rest Polens, das sogenannte ›Kongreß-Polen‹.

Zar Alexander I. gab seinem Verwaltungsgebiet eine erstaunlich liberale Verfassung (die Revolutionsfurcht gewann die Überhand), welche der polnischen Bevölkerung unter dem russischen Vizekönig, dem Großfürsten Konstantin, ein selbständiges nationales Leben ermöglichte. Der Adel aber versuchte die gewährte Freiheit auszubeuten. In ihrem unausrottbaren Dünkel strebten die Magnaten nach früherer Herrschaft. Der niedere Adel erging sich in radikalen Doktrinen. Es kam zum Novemberaufstand des Jahres 1830. Das Schloß des Großfürsten, der nur mit knapper Not dem Meuchelmord entgehen konnte, wurde gestürmt. Seine Generale verloren ihr Leben. Die völlig überraschten Russen flohen aus Polen. Der polnische General Chlopiki versuchte mit Petersburg Verhandlungen zu führen, doch der Nachfolger Alexanders, Zar Nikolaus I., forderte die Unterwerfung auf Gnade und Ungnade. Daraufhin erklärte der polnische Reichstag das russische Kaiserhaus des Thrones für verlustig und setzte unter dem Vorsitz des Fürsten Adam Czartoryiki eine Nationalregierung ein. Neun Monate währte der nun beginnende Kampf, der die leidenschaftliche Rache des Zaren weckte. Nach anfänglichen Siegen der Polen rückte der russische Oberbefehlshaber Paskewitsch in Warschau ein, wo der Reichstag in Parteien zerrissen war und das Volk sich gegen die Abgeordneten empörte. Anstelle der Selbstverwaltung trat nun die russische Bürokratie, die jedes geistige und wirtschaftliche Leben im Keim erstickte.

Die in Frankreich und Deutschland lebenden Emigranten faßten jetzt Galizien und Posen für ihre Aufstandspläne ins Auge. In Posen kam ihnen jedoch die preußische Regierung zuvor. In Galizien wandten sich die Bauern gegen die Edelleute und Priester, die sie aufhetzen wollten. Über 2000 Geistliche und Adelige wurden ermordet. Dies hatte zur Folge, daß der Freistaat Krakau wieder mit Österreich vereinigt wurde.

Die ins Ausland flüchtenden Freiheitskämpfer wurden in Deutschland lebhaft begrüßt und gefeiert, in Polen aber kam es zu keinem weiteren Aufstand. Erst Jahre später, als Zar Alexander II. Reformen anordnete, geriet das Volk wieder in Bewegung. Dabei hatte der Reformplan, der von dem Polen Wielopolski ausgearbeitet worden war, die Errichtung von nationalen Lehr- und Bildungsanstalten zum Inhalt. Doch der hohe Adel besetzte alle Ämter mit seinen Anhängern, und damit war die demokratische Partei nicht einverstanden. Straßenaufläufe, Mordanschläge und Attentate jagten sich in einem Maße, daß Zar Alexander II. 1862 nicht umhin konnte, den Großfürsten Konstantin zum Statthalter zu ernennen. Von diesem Tage an lähmte eine geheime Nationalregierung, das sog. Zentralkomitee, jeden Schritt der Russen und machte eine Auseinandersetzung unvermeidlich. Im Januar 1863 war es soweit. Als zur Beseitigung der radikalen Elemente alle jungen Leute rekrutiert werden sollten, sammelten sich die nationalen Kräfte des Landes unter Führung von Langiewicz in den Wäldern und begannen einen Guerillakrieg, in dem wohl hier und dort Vorteile errungen werden konnten, Wesentliches jedoch nicht erreicht wurde. Der in Rußland erwachte nationale Geist spornte die Regierung zu energischen Maßnahmen an. Frankreich, England und Österreich intervenierten, aber Preußen sperrte seine Grenzen. Die Intervention wurde dadurch zu einem Schlag ins Wasser. Und dennoch: die Unterdrückung des Aufstandes bedeutete nicht das Ende des polnischen Nationalbewußtseins. Das Volk glaubte an eine Wiedervereinigung aller Gebiete seiner Heimat in Freiheit und war bereit, zur Erreichung dieses Zieles jedes Opfer zu bringen. Vergebens versuchte Rußland die Bauern zu versöhnen, indem es sie mit dem Grundbesitz der nach Sibirien verschickten Edelleute ausstattete. Anders verfuhr man mit der Kirche. Bis auf den Orden der Pauliner in Czenstochau wurden alle Klöster geschlossen, die Behörden aufgehoben und Polen, das nun die Bezeichnung ›Weichselland‹ erhielt, in zehn Gubernien eingeteilt. Die Amtssprache wurde russisch, die Universität in Warschau russifiziert, das russische Zivil- und Strafrecht eingeführt.

Nur in Galizien, das unter österreichischer Verwaltung stand, konnte sich das Polentum behaupten. Hier wurde die polnische Sprache sogar zur Amtssprache erhoben und ein nationaler Landtag sowie eine nationale Verwaltung eingeführt. Außerdem wurden zwei polnische Universitäten, eine Akademie und viele Mittel- und Volksschulen errichtet. Sogar im Reichsrat erhielten die Polen Einfluß; es zeichnete sich ein Bündnis der galizischen Aristokratie mit dem österreichischen Kaiserhaus ab, das ein starkes polnisches Beamtentum entstehen ließ.

Anders lagen die Dinge in dem von Preußen verwalteten Gebiet. Hier wurde die Polenpolitik durch Bismarck belastet, der repressive Maßnahmen gegenüber der polnischen Schule und Sprache durchzusetzen vermochte. Ihm ging es um eine Einschränkung des polnischen Volkstums. Deutsch wurde die Unterrichts- und Amtssprache. Der katholischen Kirche wurde die Schulaufsicht entzogen. Erzbischof Ledóchowski und weitere fast hundert Geistliche einschließlich des Bischofs von Kulm wurden verhaftet, so daß zahlreiche Pfarreien verwaist waren. Aber obgleich sich diese Maßnahmen als verfehlt erwiesen, schreckte man nicht davor zurück, 26000 ›fremde‹ Staatsangehörige (darunter ein Drittel Juden) aus den preußischen Ostprovinzen auszuweisen.

Angesichts dieser Lage, die in gewisser Hinsicht mit der Unterdrückung im russischen Verwaltungsgebiet vergleichbar war, blieb den nationalen polnischen Kräften nichts anderes übrig, als auf einen alles verändernden großen Weltkrieg zu hoffen und bis dahin soviel Männer wie möglich militärisch auszubilden. In Galizien, dem von Österreich tolerant verwalteten Territorium, ließ sich dies unschwer bewerkstelligen. Man entwickelte eine Untergrundtätigkeit, in welcher der junge Jósef Pilsudski, der von den Russen für fünf Jahre nach Sibirien verbannt worden war, bald eine führende Rolle spielte.

In dieser Zeit nun nimmt der vorliegende Roman seinen Anfang.